导弹装备管理决策方法

汪民乐　吴超杰　梁中雨　徐子彬　著

西北工业大学出版社

西　安

【内容简介】 本书针对导弹装备管理中面临的主要决策问题，在导弹装备管理决策方法方面进行深入研究。全书共分3篇15章。第1篇（第1～5章）构建基于仿真的导弹装备采办决策系统框架，建立导弹装备效能预先评估模型，构造导弹装备全寿命周期费用预测的模糊神经网络，提出导弹装备采办综合评价决策方法；第2篇（第6～10章）以提高导弹装备维修管理的效率和效益为目的，建立导弹装备维修资源、维修过程和维修费用的管理决策模型，并提出相应的导弹装备维修管理对策；第3篇（第11～15章）从影响导弹装备退役的关键因素出发，分析导弹装备剩余效能和剩余寿命周期费用概念的内涵并给出评估方法，建立基于Bayes统计分析方法的导弹装备当前可靠性评估模型，提出导弹装备退役多属性综合决策方法。

本书的主要读者对象为导弹研制和采办部门中从事导弹装备技战术指标分析与论证的人员、作战部队中从事导弹装备维护管理与作战保障的人员以及从事与导弹装备管理相关工作的其他人员。

图书在版编目（CIP）数据

导弹装备管理决策方法/汪民乐等著. —西安：
西北工业大学出版社，2020.4
ISBN 978-7-5612-6973-2

Ⅰ.①导… Ⅱ.①汪… Ⅲ.①导弹-武器装备管理
Ⅳ.①E145.1

中国版本图书馆 CIP 数据核字（2020）第 052803 号

DAODAN ZHUANGBEI GUANLI JUECE FANGFA
导 弹 装 备 管 理 决 策 方 法

责任编辑：孙 倩		**策划编辑**：雷 鹏	
责任校对：朱辰浩		**装帧设计**：李 飞	

出版发行：西北工业大学出版社
通信地址：西安市友谊西路127号　　　　邮编：710072
电　　话：(029)88491757，88493844
网　　址：www.nwpup.com
印刷者：陕西向阳印务有限公司
开　　本：710 mm×1 000 mm　　1/16
印　　张：13.75
字　　数：285千字
版　　次：2020年4月第1版　　2020年4月第1次印刷
定　　价：88.00元

如有印装问题请与出版社联系调换

前　言

　　20世纪90年代至今发生的局部战争已经表明，在未来信息化战争中，导弹的地位和作用越来越重要，类似于远程打击、防区外攻击、超视距作战以及非接触作战等新概念和新战术已经形成并在实战中经受了检验。正因如此，提高导弹的作战能力已成为世界上许多军事强国追求的共同目标。在有效提高导弹作战能力的各种途径中，从导弹装备的科学化管理决策入手，提高导弹装备管理的效率、效果和效益，充分保持和发挥导弹装备的作战效能，是一个不可或缺的重要方面。

　　目前，在导弹装备的研制、采办和作战运用领域，迫切需要系统的、全面的导弹装备管理决策理论和方法为指导，本书正是基于这一需要，在笔者多年研究成果的基础上，参考国内外大量文献撰写而成的。本书以现代军事装备管理理论和武器系统效能分析方法为基础，针对导弹装备管理中所面临的主要决策问题，以提高导弹装备管理决策的科学性和效益为目的开展研究，主要内容包括以下3篇：

　　第1篇导弹装备采办管理决策方法（第1～5章）。以导弹装备采办管理决策为研究对象，全面详细地分析基于仿真的导弹装备采办决策系统框架，分析导弹装备采办的关键决策因素，在此基础上，建立综合导弹装备可用性、可信性和能力的导弹装备效能预先评估模型，构建导弹装备全寿命周期费用的体系结构，提出基于模糊贴近度的导弹装备全寿命周期费用预测的神经网络模型，以导弹装备的全寿命周期费用、效能和效费比为采办决策的主要因素，运用模糊综合评价方法，建立导弹装备采办综合评价决策系统。

　　第2篇导弹装备维修管理决策方法（第6～10章）。以导弹装备维修管理决策为研究对象，以提高导弹装备维修管理的效率和效益为目的，针对导弹装备维修管理中存在的维修资源管理、维修过程管理和维修费用管理等主要决策问题开展研究，提出维修力量需求分析与优化、维修备件需求预测以及维修备件库存管理分类等决策方法，建立维修方式决策模型、维修间隔期优化模型和基于区间数的维修保障方案不确定性多属性决策模型，构建导弹装备寿命期内的维修费用结构，定量分析维修人员数量、维修间隔期等因素对导弹装备维修费用的影响，并提出相应的导弹装备维修费用管理对策。

　　第3篇导弹装备退役管理决策方法（第11～15章）。以导弹装备退役管理决策为研究对象，以提高导弹装备退役管理的科学化水平为目的，从影响导弹装备退役的关键因素出发开展研究,分析导弹装备剩余效能和剩余寿命周期费用概念的内涵,给出剩余效能和剩余寿命周期费用的评估方法,建立基于 Bayes 统计分析方法的导弹装备当前可靠性评估模型,并进行导弹发射可靠性、飞行可靠性以及储存可靠性的仿真分析。在以上研究的基础上,运用基于有序加权平均算子的多属性决策方法,建立导弹装备退役综合决策模型,并通过实例进行仿真验证。

本书由汪民乐提出立题,并设计全书的总体框架和编写纲目,由汪民乐、吴超杰、梁中雨和徐子彬共同撰稿,最后由汪民乐负责对全书进行修改和统稿。

本书的出版得到军队院校"双重"建设工程及火箭军工程大学学术专著出版基金的资助,并得到火箭军工程大学基础部的领导和同志们的大力支持与帮助,在此一并致谢!

由于水平所限,书中疏漏之处在所难免,恳请读者批评指正!

著 者

2019 年 11 月

目 录

第1篇 导弹装备采办管理决策方法

第1章 导弹装备采办管理决策导论 ········· 3
1.1 引言 ········· 3
1.2 国内外研究现状及发展趋势 ········· 3
1.3 本篇主要内容 ········· 6
参考文献 ········· 7

第2章 基于仿真的导弹装备采办管理决策方法概述 ········· 9
2.1 基于仿真的导弹装备采办系统框架概述 ········· 9
2.2 基于仿真的导弹装备采办决策因素分析 ········· 12
2.3 本章小结 ········· 17
参考文献 ········· 17

第3章 导弹装备效能预先评估建模方法 ········· 19
3.1 导弹装备效能评估概述 ········· 19
3.2 导弹装备效能评估的现状与重点 ········· 20
3.3 导弹装备效能预先评估模型 ········· 21
3.4 本章小结 ········· 33
参考文献 ········· 34

第4章 导弹装备费用预测建模方法 ········· 35
4.1 导弹装备费用预测概述 ········· 35
4.2 导弹装备费用预测存在的主要问题和发展趋势 ········· 36
4.3 导弹装备费用预测的一般程序 ········· 38
4.4 导弹装备费用预测模型 ········· 41
4.5 导弹装备全寿命周期费用时间性处理 ········· 53
4.6 本章小结 ········· 53

参考文献 ·· 54

第 5 章　导弹装备采办综合决策方法 ······························ 55
　　5.1　效能-费用比决策模型 ·· 55
　　5.2　基于模糊评判的导弹装备采办综合决策模型 ················· 61
　　5.3　本章小结 ·· 65
　　参考文献 ·· 65

第 2 篇　导弹装备维修管理决策方法

第 6 章　导弹装备维修管理决策导论 ······························ 69
　　6.1　引言 ·· 69
　　6.2　国内外研究现状及发展趋势 ······································ 70
　　6.3　本篇主要内容 ·· 75

第 7 章　导弹装备维修管理中的决策问题 ························ 76
　　7.1　现代维修管理的基础理论 ··· 76
　　7.2　导弹装备维修管理 ·· 82
　　7.3　导弹装备维修资源管理中的决策问题 ·························· 84
　　7.4　导弹装备维修过程管理中的决策问题 ·························· 87
　　7.5　导弹装备维修费用管理中的决策问题 ·························· 89
　　7.6　本章小结 ·· 91

第 8 章　导弹装备维修资源管理决策方法 ························ 92
　　8.1　导弹装备维修力量需求分析与优化 ····························· 92
　　8.2　导弹装备维修备件需求预测 ······································ 102
　　8.3　导弹装备维修备件储存管理中的分类方法 ··················· 108
　　8.4　本章小结 ·· 120

第 9 章　导弹装备维修过程管理决策方法 ························ 121
　　9.1　导弹装备维修方式决策 ·· 121
　　9.2　导弹装备维修间隔期优化 ··· 126
　　9.3　导弹装备维修保障方案决策 ······································ 132
　　9.4　本章小结 ·· 145

第 10 章 导弹装备维修费用管理决策方法 ·········· 146

10.1 导弹装备寿命期维修活动 ·········· 146
10.2 导弹装备维修费用结构分析 ·········· 147
10.3 导弹装备维修管理要素对维修费用的影响分析 ·········· 148
10.4 导弹装备维修费用管理对策分析 ·········· 154
10.5 本章小结 ·········· 156
参考文献 ·········· 156

第 3 篇　导弹装备退役管理决策方法

第 11 章　导弹装备退役管理决策导论 ·········· 165

11.1 引言 ·········· 165
11.2 国内外研究现状及发展趋势 ·········· 166
11.3 本篇主要内容 ·········· 170

第 12 章　导弹装备退役决策因素分析 ·········· 171

12.1 导弹装备及其组成 ·········· 171
12.2 导弹装备退役的关键因素 ·········· 172
12.3 导弹装备退役的形式 ·········· 176
12.4 本章小结 ·········· 177

第 13 章　导弹装备的剩余效能与剩余寿命周期费用评估 ·········· 178

13.1 导弹装备的剩余效能评估 ·········· 178
13.2 导弹装备的剩余寿命周期费用评估 ·········· 181
13.3 本章小结 ·········· 185

第 14 章　导弹装备的当前可靠性评估 ·········· 186

14.1 基本可靠性分析 ·········· 187
14.2 基于 Bayes 方法的可靠性建模 ·········· 187
14.3 Bayes 方法在导弹装备当前可靠性评估中的应用 ·········· 189
14.4 发射可靠性评估 ·········· 193
14.5 飞行可靠性评估 ·········· 196
14.6 储存可靠性评估 ·········· 198

14.7 本章小结 …………………………………………………………… 200

第 15 章　导弹装备退役综合决策方法 …………………………………… 201

15.1 基于有序加权平均算子的导弹装备退役综合决策建模……………… 201

15.2 导弹装备退役决策评价指标值计算示例……………………………… 203

15.3 导弹装备退役综合决策仿真示例……………………………………… 207

15.4 本章小结 …………………………………………………………… 208

参考文献 ………………………………………………………………………… 209

第1篇　导弹装备采办管理决策方法

第1章 导弹装备采办管理决策导论

1.1 引　言

在导弹装备研制论证过程中,尤其是在虚拟采办仿真的过程中,决策行为存在于导弹装备的设计、研制、采购、使用及维护等各个阶段中,对于导弹装备的发展具有重要的意义。在导弹装备采办决策中,起决定作用的因素有两个:一是导弹装备的效能,二是导弹装备的寿命周期费用。前者决定了导弹装备能否完成任务,是军事效益的体现;后者决定了有限的军费开支能否负担导弹装备的采购与维护,是经济效益的体现。决策工作在导弹装备采办中具有重要地位,经过10年左右的发展,已经形成了许多成熟的决策模型和方法。但随着基础理论的发展,导弹装备采办中的费用、效能预测方法还有待进一步发展。

基于仿真采办的思想,在参考导弹装备寿命周期费用模型和效能评估模型的基础上,结合新方法对导弹装备的费用、效能进行预测研究,在此基础上,基于模糊综合决策模型对导弹装备采办提出合理的决策方法。

1.2 国内外研究现状及发展趋势

1.2.1 国内外研究现状

当今国际形势复杂多变,国家防务面临多方威胁,现代战争对武器系统的要求越来越高,需要设计和开发具有更先进性能的现代武器系统。按照传统的武器采办方法,现代武器系统的开发时间和开发成本不断上升,无法应对现代战争的挑战,必须彻底改变传统的采办方法,有效地降低武器系统的开发成本,缩减开发时间,增强武器性能,因此,世界上许多国家已经开始改革原有的武器采办方式,越来越重视建模与仿真(M&S,Modeling and Simulation)在武器采办中的作用,开始着手基于仿真的采办(SBA,Simulation Based Acquisition)的研究工作,其中尤以美国最为重视,走在最前列。

基于仿真的采办是美国国防部于20世纪90年代中期率先提出来的武器装备采办思想,因此近年来它逐步得到美国国防部和国防工业界认可的一种新的采办理念。

澳大利亚国防部认识到M&S在发展国防力量上的重要性,于1999年3月发布了一份关于M&S的报告,随即成立了澳大利亚国防部建模与仿真办公室[2]。英国于1998年成立了综合环境协调办公室,为了强调对建模仿真产品的关注,英国用"综合环境"一词取代"建模与仿真"[3]。法国于1996年开始考虑M&S系统集成,1998年由M&S系统集成技术专家组成的筹委会召开了关于M&S系统集成会议,并起草了对M&S系统集成有指导意义的文献[4]。荷兰武装部致力于仿真技术(尤其是分布式交互仿真)的研究,以支持后勤保障、训练以及军事演习[4],位于海牙的物理电子实验室开发了一个M&S综合环境——电子战场设备(EBF,Electronic Battle space Facility)。北大西洋公约组织(NATO,North Atlantic Treaty Organization)已通过了北约建模及仿真总计划(NMSMP,NATO Modeling and Simulation Master Plan),并正在酝酿一个包括对SBA提供M&S支持的工作计划[5]。

美国军方在采办改革方面走在世界各国的前列,美国国防部于1994年就开始寻求建立新的采办体系的途径,首次提出了基于仿真的SBA方法。1994年,美国的许多有关SBA研究报告描述了类似SBA实践所能带来的好处[6],但并未在整个国防部内产生对SBA的一致响应;为确保6个月后可以开发出一种能被国防部及工业部门直接使用的产品,以加速实现SBA的步伐,国防部通过了采办任务小组关于建模及仿真的最终报告,采办任务小组在报告中强调了"协同应用"和"跨采办阶段和跨采办项目"的概念,并认识到结构化过程在采办中获取用户输入信息的必要性;美国海军部门发布了《海军研究顾问委员会关于建模与仿真的报告》。1995年,美国海军部门发布了《协同虚拟样机开发》报告[7-8];美国空军部门召开M&S四星高层会议,制定了M&S远景规划。1996年,美国国防部发布了《建模及仿真在武器系统采办过程中的有效性研究》报告,首次正式使用SBA概念[9-10]。1997年12月,美国建模与仿真执行委员会采办委员会明确了SBA的定义及目标。1998年3月美国成立了由服务部门及数个国防部门代表组成的联合SBA任务小组,为国防部实现SBA提供了一个概念化的采办路线图[11];采办委员会为任务小组制定了SBA相关的参考术语,提出了概念体系结构、技术挑战和系统体系结构中模块的所有权、重用的可能性和对制定路线图的建议;12月SBA路线图草案发布,提出了一个未来的SBA体系结构,确定了协同环境、分布式产品描述、美国国防部/工业部门资源库和数据交换格式等SBA关键概念,探讨了由传统采办过程向SBA转变中所面临的文化冲击、技术挑战和采办过程的变革,并提供了24条实现SBA的建议。1999年,美国国防部在《武器及自动化信息系统采办管理策略》(DoD 5000.2-R change 4 of May 1999)中确定了M&S在项目采办决策中的关键地位。同时,《最高采办指南》(DoD 5000.1)的修订版将SBA视为装备采办的基本策略和原则,要求项目管理者有效地利用M&S。美国在许多重大项目中进行了卓有成效的SBA研究与应用,如联合歼击机(JSF,Joint Strike Fighter)、波音777项目等,并获得了巨大的成功。

SBA的诸多优势建立在拥有成熟、可信的模型基础上。美国军方与武器装备研制单位一直很重视模型和数据的建立工作,并且已经建立了较为完善的校核、验证与确认(VV&A,Verification Validation and Accreditation)过程和配套制度;多年来已经建立、积累了大量的武器装备作战模型、各种试验数据库等,为SBA研究应用奠定了雄厚的基础,使得其SBA的应用顺理成章,成为提高重大武器装备研制、采办效率的有效工具,并在实际作战使用中的作战仿真、作战预案拟定中发挥了重要作用。

俄罗斯、日本和以色列等军事强国也在进行SBA的研究,纷纷提出建模与仿真应用计划,用于支撑武器装备的研制和采办全过程的多学科优化,以有效提升综合国防能力。

国内关于SBA的研究基本上处于跟踪国外SBA的研究应用的状态,许多单位组织了相关资料、书籍等的翻译以及有关理论的研讨等工作,但离实际应用尚有一定差距。可以说,我国在SBA研究及应用方面还处于起步阶段。原因是多方面的,其主要是观念问题、制度问题和实施问题等。

1.2.2 发展趋势

随着科学技术尤其是高新技术的迅猛发展,世界新军事变革风起云涌,武器装备更新换代步伐加快,各国防务面临的局面日益复杂,军队对武器系统的综合性能和效能要求越来越高。以中远程精确制导武器为代表的高技术武器装备成为新军事变革倡导的现代信息化战争的主战武器,但是,高技术武器装备的"高",既在于其技术附加值高、战术技术指标高和作战效能高,也包含着经济成本投入高、研制风险高、研制周期长和采办难度大。如何改进、优化高新武器装备的研制、采办过程,提高军队装备采办部门的决策能力、过程控制力度,缩短先进武器装备的开发、研制周期,降低开发、研制和维护费用,用有限的军费买得起、用得起和打得起高技术武器装备,提高军队的综合作战和保障能力,已经成为世界各国面临的共同问题。例如[12],美国B-2隐身战略轰炸机单机造价高达20亿美元,一枚巡航导弹约100万美元,高投入、高成本和高效益,符合美国的综合国力和"零伤亡"军事目标,但也面临着降低成本的要求。SBA正是在新军事变革和信息技术的推动下提出和逐步发展起来的,是并行工程、系统工程、建模与仿真技术和定性、定量结合思想在武器装备研制及其采办管理中的应用,势必引起武器装备采办的一场变革。

高技术武器装备的成功开发离不开先期论证和开发过程中各个阶段进行的一系列系统试验及相应的效能评估,而武器系统的生命周期有多个阶段,包括制定武器系统中长期发展规划、确定战术技术指标、可行性论证、方案论证、方案设计、初样研制、试样研制、设计定型、工艺定型、批量生产、训练使用维护、改进更新阶段和淘汰退役阶段等。在技术开发阶段,很难就武器系统的作战效能进行较准确的评估,如果等到设计定型阶段以后再进行武器系统的作战效能评估,然后针对评估意见进行设计改进,则武器系统的研制周期太长,经济上也难以承受,即便如此也很难具备真实在实战环境条件下进行单一武器系统的作战效能评估,特别是大规模、强攻防对抗环境的现代高技术战争环境的模拟较难实现,因而武器装备开发早期的效能评估将直接影响到武器装备研制、采办部门的决策以及判断实际战场条件下武器装备的效能。西方国家多采用计算机仿真技术与实弹试验相结合的方法,逐步积累模型和数据,以保证战时作战预案的科学、可行。美国参与的多次现代局部战争中作战仿真技术的成功应用已经证明,系统仿真技术,特别是基于多武器平台的分布交互仿真(DIS/HLA)技术,可以较好地解决在武器系统发展的各个阶段,根据不同需要、有针对性地进行武器系统乃至某一局部子系统的功能仿真、性能仿真和作战效能仿真等,甚至可以根据作战需求提出武器装备的研制采办要求。

目前,国防军事仿真技术发展有两个主要特点,即武器系统仿真应用分别朝着纵向(全生命周期)和横向(多武器平台)扩展,这也是当前国际形势的需要。如何应用建模与仿真技术减少武器系统的研制、采办风险,并提高武器系统的综合性能的问题,已经摆在武器装备研究、采办、使用部门面前。基于仿真的采办 SBA 正是源于这种思想,率先由美国国防部提出,并应用于武器系统研制、采办的管理和过程优化,达到合理削减研制采办成本、缩短研制周期的目的。

1.3 本篇主要内容

本篇在基于仿真采办理念的基础上,结合导弹装备采办的特点,着重研究导弹装备采办决策模型和综合决策方法。本篇主要内容如下:

(1)提出导弹装备基于仿真的采办(SBA)的框架结构,分析框架结构中关键构件的功能和特点,为导弹装备采办决策提供基础。由于决策因素是导弹装备 SBA 框架结构的重要组成部分,也是整个决策模型的关键,所以首先研究导弹装备采办的决策因素是首要任务。通过分析导弹装备全寿命周期费用因素的概念、预测方法和预测模型,为导弹装备的费用预测奠定坚实的基础。通过分析导弹装备效能因素的概念、评估方法和评估模型,为导弹装备的效能评估提供重要依据。

(2)建立导弹装备效能预先评估模型。通过对导弹装备效能评估过程的研究,在对导弹装备可用性、可信性和能力分析的基础上,建立其可信性分析的马尔可夫(Markov)随机过程模型和能力预测的神经网络模型,为导弹装备效能预先评估提供正确的理论依据和模型支撑。

(3)建立导弹装备费用预测模型。在对导弹装备全寿命周期费用结构进行分析的基础上,运用 SPSS 统计方法对导弹装备费用预测进行多元线性回归分析,并运用基于模糊贴近度的神经网络对导弹装备费用进行仿真预测计算,为导弹装备采办综合决策提供数据支持。

(4)提出导弹装备采办综合决策方法。在以上研究的基础上,建立导弹装备采办的效费比模型,并以效费比计算为依据,进一步建立导弹装备采办综合决策模型——基于模糊综合评价的导弹装备采办决策模型。模型的定量决策计算,可为导弹装备的采办提供正确、全面的决策依据。

参 考 文 献

[1] DEFENSE SYSTEMS MANAGEMENT COLLEGE. Simulation based acquisition:A new approach[EB/OL]. [2000-05-18]. http://www.dsms.dsm.mil1.1998.

[2] DAVID S. The role of system modeling and simulation in royal Australiannavy capability management[EB/OL]. [2002-06-15]. http://www.dsto.defence.gov.au/corporate/reports/2000.

[3] LCDR J. United kingdom national experience in simulation, modeling and synthetic environments[EB/OL]. [2001-08-12]. http://www.vcds.dnd.ca/int roe.asp,1999.

[4] VICE-CHIEF of THE DEFENSE STAFF GROUP. Modeling and simulation:Enabling the creation of affordable, effective 2020 Canadian forces[EB/OL]. [2002-09-18]. http://www.vcds.dnd.ca/introe.asp,2000.

[5] NATO MODELING AND SIMULATION MASTER PLAN. North Atlantic treaty organization document[EB*OL]. [2000-10-06]. http://www.drde-rdde.dnd.ca/seco/documents,1998.

[6] BLANCHARD B S. Logistics engineering management[M]. 5th ed. New York:prentice Hall, 1998.

[7] JAMES E COOLAHAN. A Simulation Based Acquisition Collaborative Environment for Strike Warfare[EB/OL]. [2002-06-15]. http://www.msosa.dmso.mil/sba/documents.asp, 2000.

[8] COL PHIL FAYE. Simulation Based Acquisition:Re-Engineering Acquisition for 2005 and Beyond[EB/OL]. [2002-10-08]. http://www.msiac.dmso.mil/sba/implementations.asp, 2000.

[9] BDM FEDERAL INC. Collaborative Virtual Prototyping Sector Study[EB/

OL]. http://www. dtic. mil/natibo/flocs,1996.
[10] PATENAUDE A. Study on the Effectiveness of Modeling and Simulation in the Weapon System Acquisition Process[EB/OL]. [1998 - 05 - 16]. http://www. msiac. dmso. millsba_documents/,1996.
[11] LUTZ R, KEANE J. An Architecture for Simulation Based Acquisition [EB/OL]. [2002 - 03 - 26]. http://www. sisostds. orglsiw/, 1999.
[12] 宋福志. 应用SBA优化武器装备研制与采办过程[J]. 战术导弹技术,2004 (6):59 - 63.
[13] 张建明,吴慧中,韩祥兰. 面向复杂产品的SBA系统体系结构研究[J]. 计算机辅助设计与图形学学报,2004 (2):197 - 200.

第 2 章 基于仿真的导弹装备采办管理决策方法概述

在传统采办模式下,通常将导弹装备开发过程划分为若干相互独立的子阶段[1]:高层系统需求、概念开发、功能设计、物理与信息系统设计、工程开发与制造、测试与评估、作战后勤与训练。在对导弹装备采办过程的管理中,当系统开发进入下一个子阶段时,必须对上一阶段进行严格的审查和控制,设立若干里程碑作为阶段审定点。传统的开发过程的核心是分阶段管理,保证系统以低风险的状态从一个阶段进入下一个阶段。实践证明,该开发方法可以较好地应用于许多型号导弹装备的采办实践中,并取得了良好的军事和经济效益。随着导弹装备复杂程度的不断提高,这种产品开发模式的弊端逐渐显露出来。首先,在现代高技术战争条件下,军事用户需求随着国际形势和战场环境的变化而呈现复杂多变的趋势,有时甚至是模糊的,传统的开发过程的刚性难以适应用户需求的变化;其次,职能部门之间、采办阶段之间、采办项目之间缺乏必要的信息交流与共享,即使各自内部的信息化程度很高,但是从系统的角度来审视,都是一个个"信息孤岛";再次,缺乏充足的后期生产、使用和保障信息以支持早期的设计决策,因而在导弹装备研制早期难以将制造性、可靠性、维修性和成本等因素融入系统设计中,造成导弹装备的可制造性、可靠性、维修性和保障性较差,后期维修保障费用高,导弹装备后长时间不能形成战斗力。SBA 是一种将信息技术、M&S 技术以及先进制造技术融为一体的先进管理方法和采办理念,是把武器装备采办置于跨职能部门、跨采办项目和跨项目阶段的各种仿真工具和技术的支持下,从而降低与采办全过程相关的周期、资源和风险,在降低全寿命使用维护费用的同时,提高导弹装备的质量、军事价值和支持能力。在 SBA 概念下,武器系统开发过程是一个并行、迭代和柔性的过程,是对已有采办过程的改进和提高。

2.1 基于仿真的导弹装备采办系统框架概述

2.1.1 导弹装备 SBA 框架结构

通过对 SBA 概念和关键技术的研究,考虑到 SBA 系统复杂、投资大,而且不太符合我国国情,根据我国目前的仿真技术,借鉴 SBA 概念性系统结构[3],针对导弹装备,提出的面向导弹装备的SBA框架结构,如图2.1所示是具有指导意义的。

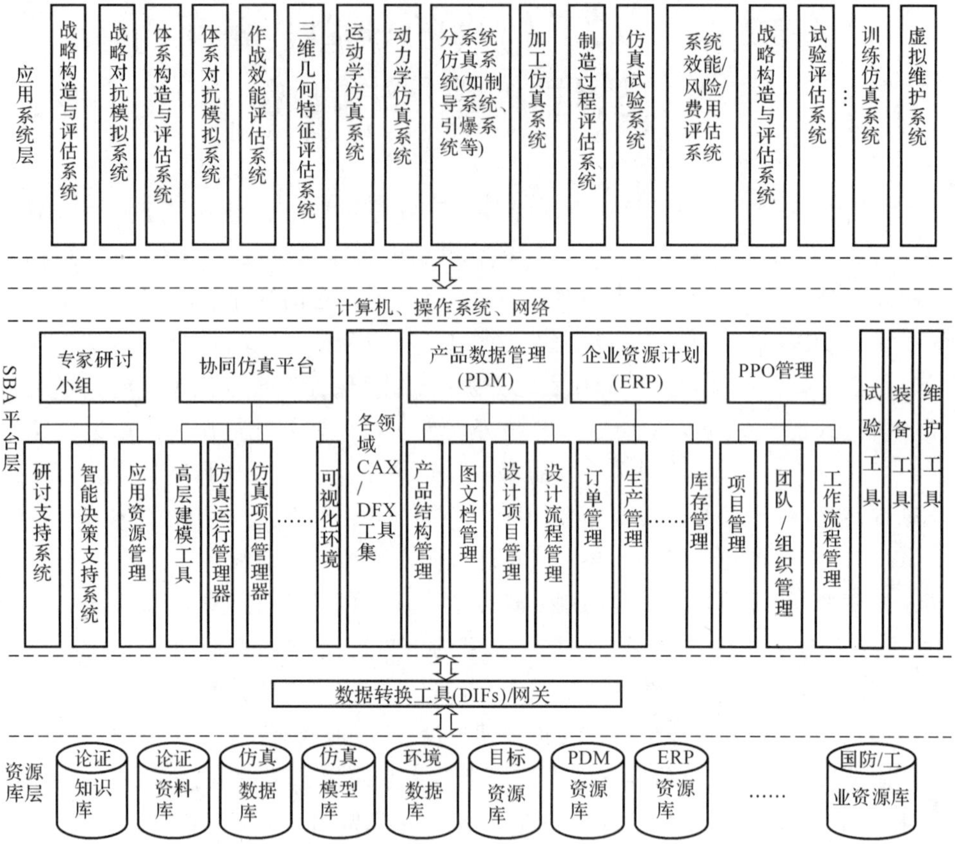

图2.1 基于SBA导弹装备采办系统框架

2.1.2 导弹装备SBA框架关键构件功能与特点

应用系统层描述采办过程中应开发和使用的关于采办武器的各种仿真系统、评估系统、试验系统以及其描述自身的几何/特征系统等。这些系统有效地帮助采办人员以一种更加科学的手段进行采办——通过虚拟化,减少样机的制造次数,降低成本,缩短采办周期。系统开发的模型(采用规范化、标准化开发)通过有效的管理方法可以服务于采办的各个阶段或其他项目的采办,从而具有较好的重用性。主要的模型[4]有以下几种:

(1)武器模型:攻防对抗双方的武器性能模型,用于确定该武器的性能等,具体包括导弹武器的弹道模型/制导模型/破片杀伤模型/突防措施模型/可靠性模型、拦截弹道模型、雷达的探测/跟踪/识别/制导模型、武器三维模型、火力单元指挥控制模型、目标电磁散射模型和目标红外辐射模型等。

(2)作战模型：主要是作战指挥/决策/任务规划/作战运用模型、指挥控制系统信息链模型、军事战争概念模型、战场管理模型和作战过程/作战样式/作战使用方法等。

(3)环境模型：主要是可视化环境模型，包括二维/三维战场环境、大气/海洋环境等。

(4)评估模型：进行导弹装备性能、功能和效能评估的模型，如体系对抗条件下单弹/多弹突防效果评估模型与评估方法等。

(5)经费模型：导弹装备全寿命周期费用模型、装备采购数量对装备研制/生产/维护以及装备可靠性等的影响模型、装备效能与投入经费的效费比模型、不同研制流程对装备研制经费的影响模型等。

SBA平台层包含了能够支持各种型号导弹武器虚拟采办的系统、工具、仿真平台和管理平台等，具有较好的通用性。

(1)专家研讨小组通过多专家对导弹装备某一性能指标或其他问题提出意见和建议，再通过相应模型由定性分析向定量分析转化。给出相应的指标标准，从而实现定性问题定量化计算。

(2)协同仿真平台集成了导弹装备采办系统所需的大部分建模与仿真工具，支持协同建模、分布式仿真、可视化和评估等功能。也就是说，它能够支持导弹装备全寿命阶段的仿真活动。

(3)产品数据管理包括了导弹装备的各项数据，根据数据的不同类别分项管理，包括产品结构管理、图文档管理、设计项目管理和设计流程管理。

(4)企业资源计划及军工企业和其他企业的生产计划包括订单管理、生产管理和库存管理等。

(5)PPO管理具有项目管理、工作流管理和团队/组织管理的功能，即用现代的管理理念去管理导弹装备的生产和人员。

资源库层描述了虚拟采办过程中存储所需信息与生成信息的各种资源库，这些库是对导弹武器产品模型库与环境模型库存储内容的分类与分布式存储，是整个框架系统的重要组成部分。

本篇是在SBA框架的基础上，对导弹装备采办决策因素进行研究，进而建立各个因素预测评估模型，对预研的导弹装备的采办决策进行建模研究。

2.2 基于仿真的导弹装备采办决策因素分析

在导弹装备规划、研制时,效能、费用、周期和风险是导弹装备采办决策的四大要素。在各要素中,效能是中心,是关键,是讨论其他要素的前提。在和平时期,周期和风险可以转化为费用,四大要素就成了两大要素。用效能和费用决策导弹装备采办时,人们往往用效费比(效能/费用)或费效比(费用/效能)作为决策的单一指标。在本篇中,建立新的采办决策模型,把效能、费用和效费比作为装备采办的三大决策因素,其中效能和费用是最基本的决策依据,因此效能和全寿命周期费用的预先评估与预测,在武器系统的设计、研制、采购、使用及维护等各个阶段都是十分重要的问题,对预研的导弹装备效能和寿命周期费用评估与预测的结果直接影响导弹装备的开发、战斗部署和退役时间等。

2.2.1 导弹装备效能预先评估

1. 导弹装备效能的概念

在从事一项工作或构建一种装备系统的时候,不论活动大小总要追求从中所得的收效,即活动的效果。在经济或一些社会活动中,该词称为效益;在军事活动中,尤其是围绕军事装备或系统的活动中,该词则称为效能,用来体现装备或系统所具有的使用价值。军事装备效能(effectiveness)一般定义为在规定的条件下达到规定使用目标的能力。其中"规定的条件"是指环境、使用方式、人员和时间等因素;"规定使用目标"是指所要达到的目的;"能力"是指达到目标程度的定量或定性的表示。

导弹装备的效能体现了导弹装备的使用价值,它随研究角度的不同而有具体的内涵和度量特点。这里的"规定的条件"是指环境条件、时间和使用方式等因素;"能力"是指达到使用目标的定量或定性的程度,可用概率表示,也可以用其他指标表示。如导弹装备的飞行控制系统必须在规定的飞行高度和速度、温度冲击、湿热和电磁干扰等条件下,仍能正常使用。

2. 导弹装备效能预先评估方法

从效能定义可见,效能值是相对数值,不是绝对数值。它往往是一些完成程度的概率,在利用系统效能模型对武器系统进行效能值计算时,主要有专家评定法、试验统计法、作战模拟法、指数法、解析法和层次分析法等。这几种方法各有优缺点,下面对各种方法逐一进行评述。

(1)专家评定法[6-7]。对数据缺乏或者难以定量描述的指标,如对新技术项目的预测和评价、对非技术因素起主要作用的项目的预测和评价,则以专家作为获取信息的对象,进行专家打分、评估比较。一般的方法是,选取最能反映效能特征的指标,请专家"打分",然后对专家的不同意见进行处理,得到武器系统的效能。当评估指标难以定量计算时,采用专家评定法比较有效,关键是专家的选取和特征指标的选取。另外,专家评定法的主观因素较多,操作起来有一定的困难。

(2)试验统计法[6-7]。所谓试验统计法是在规定的现场中或精确模拟的环境中,观察武器系统的性能特征,收集数据,评定系统效能。其特点是依据实战、演习和试验获得大量统计资料评估效能指标,应用前提是,所获统计数据的随机特性可以清楚地用模型表示,并相应地加以利用。常用的统计评估方法有抽样调查、参数估计、假设检验、回归分析和相关分析等。试验统计法不但能得到效能指标的评估值,还能显示武器系统性能、作战规则等影响因素对效能指标的影响,从而为改进武器系统性能和作战规律提供定量分析基础。其结果比较准确,但需要有大量的武器装备作为试验的物质基础,这在武器研制前无法实施,而且耗费太大,需要时间长。总之,试验统计法是评估武器系统效能比较可信的基本方法之一。

(3)作战模拟法[6-7]。作战模拟法也称为作战仿真法,实质是以计算机模拟模型来进行作战仿真试验,由试验得到关于作战进程和结果的数据,可直接或经过统计处理后给出效能指标评估值。

作战模拟法考虑了在对抗条件下,以具体作战环境和一定兵力编成为背景来评价导弹效能,能够实施战斗过程的演示,比较形象,但需要大量可靠的基础数据和原始资料作依托。要得到完整的资料有赖于有计划、长期的大量数据的收集,仿真时对作战环境模拟比较困难,如干扰环境的不确定性等会直接影响评估结果。总之,作战模拟法对于武器系统作战效能评估具有不可替代的重要作用。它省时、省费用等,能在一定程度上反映对抗条件和交战对象,并考虑了武器装备的协同作用、武器系统的作战效能诸属性在作战全过程的体现以及在不同规模时的作战效能的差别,特别适合进行武器系统或作战方案的作战效能指标的预测评估。

(4)指数法[6-7]。指数法是武器效能研究的有力工具。其主要优点:快速简便、概括抽象、易于理解、定性与定量综合集成。主要缺点:理论基础不够、对定性知识的处理方法不多、定性与定量综合集成具体方法研究不够,并且指数法权系数难免受个人因素的影响,同时对要求比较细致描述的结构问题一般不太适宜。对于作战能力指数研究和应用已有几十年的历史,其方法大体上分为基于历史战例数据统计、基于定性经验知识判断、基于启发式的经验公式和基于定性与定量解析计算方法。

(5)解析法。根据描述效能指标与给定条件之间函数关系的解析表达式计算武器系统效能。广义地讲,指数法、专家评定法也属于解析法。解析法公式透明性好,易于理解,计算简单,且能够进行变量间关系的分析。其缺点是考虑因素少,而且解析法公式本身也不易得到。

解析法模型的典型代表是由美国工业界武器系统效能咨询委员会建立的

WSEIAC 模型,模型表达式为

$$E = ADC$$

式中,E 为武器系统效能评估值;A 为武器系统有效性(可用性)向量;D 为武器系统可信性矩阵;C 为武器系统能力向量。

WSEIAC 模型本质上是全概率公式,而武器系统效能评估值 E 本质上是武器系统完成规定任务的概率。目前,该模型已有一些新的推广。

(6)层次分析法[8-9]。社会经济生活中的许多问题在某种程度上都可以归结为决策问题。决策方法大体上分为两类:一类是传统的数学模型方法,另一类是近来发展起来的系统分析。传统的数学方法很难反映出人们在决策过程中主要由经验起作用的因素,所以有些决策问题的最优解并不对应现实生活中的最优解。美国著名运筹学家 T. L. Saaty 等人于 20 世纪 70 年代提出了一种具有较强功能、较易反映人们的主观判断、便于使用的实用决策方法,称为层次分析法(AHP,Analytic Hierarchy Process)。所谓层次分析法,即根据问题的性质和要求达到的目标分解出问题的组成因素,并按照因素间的相互关系及隶属关系,将各个因素层次化,组成一个层次结构模型,然后按照层次分析法,最终获得最底层因素对于最高层因素的重要性权值,或进行优劣排序。大致步骤如下:

1)分析系统中各因素之间的关系,建立系统递阶层次结构;

2)对同一个层次元素相对于上一层次中某一个准则的重要性进行两两比较,构造两两比较判断矩阵;

3)根据判断矩阵计算被比较元素对于该准则的相对权重;

4)计算各层元素对系统目标的合成权重,并进行排序。

层次分析法是近年来兴起的一种效能评估方法,它用定性和定量相结合的方法处理各决策因素的特点,并且具有系统、灵活和简洁的优点,在一定的领域得到了广泛的重视。

武器装备的效能评估实际上具有时效性,它是时间的函数,随着时间的增长,评估的时效性将逐渐降低。同时,由于各武器系统的差异性,所以应对不同的武器系统采用不同的效能评估方法,实践中往往采用几种方法混合使用,各取其长,以期得到客观全面、准确定量的效能值,为评价武器系统的优劣提供准确的数据,为武器研制、采购和使用提供可靠的保障。

2.2.2 导弹装备全系统全寿命周期费用预测

1.导弹装备寿命周期概念

导弹装备的寿命周期[10]是指导弹装备从规划论证开始直至报废或退役的整个时期。寿命周期根据工作内容的不同可规划为有序的、相互衔接的不同阶段(见表 2.1)。

表 2.1　导弹装备寿命周期各阶段的划分

	前期			后期	
导弹装备	论证与方案设计	研制阶段	生产阶段	使用阶段	退役阶段
	概念与确认	研制与开发	制造与安装	使用与维护	报废与处理
			选型、购置、安装、调试		

(1)论证与方案设计阶段。从提出作战使用要求开始,至研制任务书批准止。该阶段可进一步分为战斗使用和可行性论证(综合论证)、战术技术论证和方案论证分析阶段。

(2)研制阶段。从研制任务书批准开始,至研制的导弹鉴定或定型完毕止。该阶段又可分为初步设计、技术设计、施工设计、首套导弹装备试制(制造)、设计定型(鉴定)和生产定型(鉴定)等阶段。

(3)生产阶段。该阶段是指导弹装备鉴定或定型后小批或批量生产,从签订制造合同起,至导弹装备入列止。

(4)使用阶段。从导弹装备入列至批准退役报废止。该阶段即为导弹装备服役期,需对导弹装备实施使用维修。

(5)退役阶段。从批准导弹装备退役起,至退役导弹装备处理、资料总结归档止。

2.导弹装备全系统全寿命周期费用概述

导弹装备全系统全寿命周期费用就是构成导弹装备的各分系统在导弹装备寿命周期内要发生的直接、间接、经常性、非经常性以及其他有关费用的总和。它包括导弹装备的论证研制费、购置费、使用维修与保障费以及退役处理费等。

(1)论证研制费:是指一个产品立项后,从论证开始,经过研制直至投产前所发生的一切费用总和,包括论证和方案研究费、设计与试制费、试验与鉴定费、分摊的保障条件费以及该阶段的管理费等。

(2)购置费:是指研制成果转化为完全可部署的装备所支付费用的总和,包括主要装备的购置费、安装费、初始人员培训费、初始部署保障费以及其他费用等。

(3)使用维修与保障费:是指在使用阶段与装备的使用、保障有关的所有费用的总和。其中,使用费是指装备服役期间所消耗的油料费、训练用弹药及器材费、训练费和管理费等;维费是指装备服役期间为保持或恢复其战术技术性能所花费的计划修理、自修、监修的器材和修理费以及维修人员培训费等。保障费是指地面保障和技术保障设施费等。此外,还有技术改进费以及其他有关费用。

(4)退役处理费:是指装备退役或报废过程中所发生的费用。对一般装备来说,退役或报废处理时,通常可回收一部分残值,而对于核弹头,为了处理核废料则需要支付相当大的处理费。

3.导弹装备寿命周期费用预测的主要方法

(1)基本预测方法[11]。导弹装备寿命周期费用预测建模的方法很多,包括参数法、专家预测法、类推费用法、时间-费用模型、工程估算法等。

以上五种方法均可用于预测导弹装备寿命周期费用。五种方法各有优缺点,如果根据实际情况配合使用,则可以达到最好的效果。一般来说,参数法更适合于立项论证阶段,因为该阶段费用预测的目的在于估计研制新系统的投资水平和可能付出的资源代价,供费用-效能分析研究和决策权衡参考。立项论证阶段还处于研制阶段的早期,技术方案和数据资料不甚明朗,不确定因素较多,不可能提供更高的预测精度,参数法恰好能顺应这种需要。专家预测法用于导弹装备发展初期,但该方法的预测精度带有很强的主观性和随机不确定性。类推费用法虽不能单独使用,但它常常用作其他估算方法的补充和校核。时间-费用模型主要用于分配和控制总费用。工程估算法虽费时费力,但预测精度较高,它更适用于详细设计阶段,因为此时方案已被选定,战术技术指标已明确,功能基线和分配基线已经确立,系统布局也安排妥当,技术途径和数据资料都有较大的把握性。

由于导弹装备发展在不同阶段,技术状态信息的翔实程度不同,且有不同的预测精度要求,所以不同阶段费用预测方法(见表2.2)的选择也有所不同,以上各种预测方法有其特定的应用时机。对于装备费用预测,通常都要综合采用各种费用预测方法。

表2.2 不同研发阶段费用预测方法

费用预测方法	系统发展各阶段				
	方案设计阶段	初步设计阶段	工程发展阶段		生产阶段
			早期	后期	
参数法	适用	较适用	较适用	较适用	较适用
专家预测法	适用	适用	适用	较适用	较适用
类推费用法	较适用	较适用	较适用	较适用	较适应
工程估算法	不适用	较适用	适用	适用	适用

(2)智能预测方法。近年来,随着新理论的出现和计算机软件的发展,以神经网络为代表的智能技术在费用预测领域得到了广泛的应用,预测的精度和效率都得到了提高。

1)神经网络方法[11]。神经网络(NN,Neural Network)方法是抽象、简化和模拟生理学上人脑神经网络结构、功能以及若干基本特性而形成的一种信息处理方法。神经网络中的多层前向网络是一种有效的非线性建模方法,具有自组织、自适应等特性以及强大的非线性拟合能力,又不以一定的分布为前提,在处理背景知识不清、信息中含有噪声时具有独到的优势,并且它是一种隐函数关系,不需要推导出数学表达式。但神经网络存在确定网络结构难、过学习等问题,对数据量有一定要求。应用神经网络的设计者由于在设计过程中利用了自己的经验和先验知识,所以取得了许多成功应用,比传统的参数法具有更好的预测精度,但精度还有待进一步提高。

2)支持向量机方法[12]。支持向量机(SVM,Support Vector Machines)是在统计学理论基础上提出的一种新型的机器学习方法,是近年来发展起来的一种有效处理非线性问题的工具。支持向量机在形式上类似于多层前向网络,但是它能够克服多层前向网络的固有缺陷,使设计更加灵活,有更好的泛化能力,对预测对象的先验知识、模型形式和误差分布无特殊要求。支持向量机费用预测方法充分表现出了对小样本问题的适应性,具有坚实的理论基础,可以作为一种有效的方法在费用预测领域广泛应用。

2.3 本章小结

本章首先提出了导弹装备 SBA 框架结构,在此基础上给出了武器系统效能的概念,分析了常用的效能评估模型,并介绍了基于这些模型进行效能评估的常用方法;其次,定义了武器系统寿命周期费用的概念和内涵,并介绍了寿命周期费用的评估模型,在此基础上介绍了几种常用的费用预测方法。本章为后续导弹装备效能和费用的预测评估研究做了准备,同时也为评估软件选择评估模型打好了必要的基础。

参 考 文 献

[1] 李明.武器装备发展系统论证方法与应用[M].北京:科学出版社,2001.

[2] 高卫兵.基于仿真的采办技术浅析[J].系统管理,2006(3):69-70.

[3] 张建明,吴慧中,韩祥兰.面向复杂产品的 SBA 系统体系结构研究[J].计算机辅助设计与图形学学报,2004(2):197-200.

[4] 宋福志.应用 SBA 优化武器装备研制与采办过程[J].战术导弹技术,2004(6):59-63.

[5] 张剑.军事装备系统的效能分析、优化与仿真[M].北京:国防工业出版社,1999.

[6] 高尚,娄寿春.武器系统效能评估方法综述[J].系统工程理论与实践,1998

(8):109-114.

[7]　李廷杰.导弹武器系统的效能及其分析[M].北京:国防工业出版社,2000.

[8]　魏继才,黄谦,胡晓峰.层次分析法在武器系统效能建模中的应用[J].火力与指挥控制,2002(8):23-28.

[9]　张志明.基于模糊树均值进行导弹系统性能评估的模糊AHP法[J].兵工学报,2001(1):86-89.

[10]　李清池,张中元.导弹装备技术经济性分析[M].北京:海潮出版社,2005.

[11]　张志伟.大型复杂装备费用预测有关问题探讨[J].国防技术基础,2008(9):56-59.

[12]　刘国庆,陈庆华.航天装备全寿命费用估算方法初探[J].装备指挥技术学院学报,2003(4):11-14.

第3章 导弹装备效能预先评估建模方法

3.1 导弹装备效能评估概述

在高技术条件下的现代战争中,导弹装备的地位和作用不断提升,其效能的运用与发挥直接影响着战争的胜负。因此,导弹装备的效能分析与评估已成为一项重要而紧迫的任务,受到高度重视。同时,现代科技的迅猛发展给导弹装备的效能评估研究注入了新的活力,为其发展带来了新的契机。

3.1.1 导弹装备效能评估的目的

对新型导弹装备进行效能评估,能够为装备采办人员提供准确的决策依据,从而克服决策的主观性和盲目性。

3.1.2 导弹装备效能评估的意义

1. 导弹装备效能评估的经济效益

由于现代导弹装备的研制、生产和维修保障费用不断增加,研制周期越来越长,所以导弹装备的研制和采购,从论证评估到决策实施都显得十分慎重。导弹装备的效能评估是衡量装备效能的基本手段,也是计算装备效费比的根本途径和前提。通过对预研装备项目的预期效费分析,可以选择最优方案,避免实施现实意义不大、全寿命周期费用过高的项目;通过对现有装备的实际效费分析,可为判定其现有或改进价值提供理论依据,以避免使用维护费用过高、改进意义不大等现象的发生。

2. 导弹装备效能评估的军事意义

现代战争对导弹装备的效能提出了更高的要求。现有、在研或预研装备能否满足高技术战争的需求,以及需要付出多大代价才能完成任务等问题是军方关注的焦点。要想回答这些问题,效能评估无疑是唯一可行的途径和方法。同时,军事装备的效能评估能为现有装备的运用方式和方法提供指导,为装备的改进(效能的提高)指明方向,在战术上充分发挥现有装备的潜力。

3.2 导弹装备效能评估的现状与重点

3.2.1 导弹装备效能评估的现状

目前,军事装备的效能评估研究主要分为三个方向:单项效能、系统效能和作战效能。军事装备的单项效能是指装备在规定条件下使用,达到某一使用目标的程度,如通信装备的抗毁能力、抗干扰能力和保密能力等。军事装备的系统效能是指装备系统在规定的条件下,完成特定任务的程度,是装备系统的有效性、可信性和固有能力的综合反映,如雷达装备系统效能等。军事装备的作战效能是指装备在特定的作战环境下使用,完成预期任务的能力,如坦克作战效能等。

根据装备的类型及评估目标的不同,应选择适合的效能评估方法。军事装备效能评估一直是军事系统工程领域的一个热门研究课题,经过长期的发展,目前已初步形成了一套比较成熟的理论和方法体系,在具体装备的效能评估中取得了不小的成果。

3.2.2 导弹装备效能评估的重点

从评估者角度来看,装备效能评估研究的重点应放在效能指标体系的建立和评估方法的选择上。建立科学的评估指标体系是保证装备效能评估结果科学有效的前提和基础,必须有该领域实际工作经验丰富的专家参与,并在实践中不断反馈、修正和完善。同样,评估方法的选择也要紧密结合装备的实际特点,在具体应用中检验和改进。从理论研究者的角度来看,装备效能评估研究的重点应放在评估方法的改进或创新上,并不断分析、归纳和总结效能评估的发展规律与特点、有关概念的内涵与外延、评估指标体系的建立、评估方法的选择、效能评估研究的发展方向和深化研究的途径等,形成理论以指导新的装备效能评估研究工作,这样能有效减少失误、少走弯路。

从未来战争的特点来看,装备效能评估研究要以体系对抗为背景。高技术条件下的现代战争,体系对抗特征明显。效能作为评估军事装备综合能力的一项重要指标,为使其符合未来战争的客观需求,必须向前迈出新的一步,从体系对抗出发研究问题。因而,在效能评估研究中应将有关因素按照战争的实际情况,同时进行分析研究,也就是将主战装备与各种保障装备联系起来,围绕既定作战目标同时进行评估。

3.3 导弹装备效能预先评估模型

导弹装备效能评估有多种模型和方法,这些模型和方法在预先评估导弹装备作战效能时,都存在着评判结果不全面、不准确以及无法反映系统作战能力与众多效能指标之间的非线性关系等缺点。为了克服这些缺点,同时为更好地对导弹装备效能预先评估提供一种有效的途径,本节在可靠性理论的基础上,建立用于分析导弹装备效能的结构框架,同时对现有的用于武器系统效能评估 WSEIAC 模型进行改进,提出 BP 神经网络的导弹装备效能评估模型及算法,反映导弹装备效能指标与装备作战能力之间的非线性映射关系,使得获取导弹装备作战能力向量更加客观和完整,从而为克服上述缺点提供一种途径。

3.3.1 导弹装备效能预先评估的总体模型

采用美国工业界武器效能咨询委员会的系统效能评估 WSEIAC 模型作为导弹装备效能预先评估的总体模型,其数学描述为 $E=ADC$。其中,E 是武器系统的作战效能;A 是系统的可用性向量,通常用武器系统在开始执行任务时的状态来度量;D 为可信赖矩阵,表示系统的可信性,通常用武器系统在执行任务过程中所处的主要状态来度量;C 是作战能力向量,通常用系统在给定状下完成任务的程度来度量。

这三个指标称为武器系统效能的三个要素。图 3.1 将导弹装备效能评估的总体模型将装备效能的三个要素结合在一起,综合了武器系统诸多不同量纲、不便相互比较的指标、参数,给出了一个代表全系统综合性能的效能值。这样,可以用一个效能值作为目标函数,定量地比较不同型号武器系统的效能。

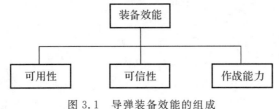

图 3.1 导弹装备效能的组成

3.3.2 导弹装备效能预先评估的一般步骤

对导弹装备效能进行评估一般分为六个步骤[1]:

第一步:确定装备的组成。将导弹装备分成能独立完成某项功能的 N 个单元,这 N 个单元称为子系统或者部件。子系统的划分要根据系统的具体情况而定。如果子系统划分得少，不利于确定各个子系统的基本参量；如果子系统划分得过多，则增加计算量。

第二步：对装备的开始状态进行描述。确定装备在开始工作时，以及在工作过程中，可能出现的 n 种不同状态。

第三步：确定系统的可用性向量。已知系统的 n 种状态后，根据系统的每种状态中的各个子系统的基本参量，确定系统在开始工作时处于某种状态的概率，这一系列概率称为可用性向量。即

$$\boldsymbol{A} = \begin{bmatrix} a_1 & a_2 & \cdots & a_i & \cdots & a_n \end{bmatrix} \tag{3.1}$$

式中，$\boldsymbol{A}$ 为可用性向量；a_i 为在开始执行任务时刻，装备处于 i 状态的概率。这里，装备状态包括工作状态和故障状态，并且有

$$\sum_{i=1}^{n} a_i = 1, \quad i = 1, 2, \cdots, n \tag{3.2}$$

第四步：确定可信性矩阵。在整个执行任务的时间段内，导弹装备的各个子系统的上述情况会有改变。例如，装备中所有子系统可能始终保持正常工作，也有可能装备中的某一个子系统或者部件出现故障，从而也就引起系统状态的变化，可用可信性矩阵来描述。即

$$\boldsymbol{D}(t) = \begin{bmatrix} d_{11} & d_{12} & d_{13} & \cdots & d_{1n} \\ d_{21} & d_{22} & d_{23} & \cdots & d_{2n} \\ d_{31} & d_{32} & d_{33} & \cdots & d_{3n} \\ \vdots & \vdots & \vdots & & \vdots \\ d_{i1} & d_{i2} & d_{i3} & \cdots & d_{in} \\ \vdots & \vdots & \vdots & & \vdots \\ d_{n1} & d_{n2} & d_{n3} & \cdots & d_{nn} \end{bmatrix} \tag{3.3}$$

式中，$\boldsymbol{D}(t)$ 为可信性矩阵；d_{ij} 为装备在开始工作时处于 i 状态，在工作时间 t 时刻，系统处于 j 状态的概率。

对于不可修复装备，故障将一直维持到战斗结束；对可修复装备，在给定的修理时间内，有故障的子系统或部件经修复后有可能又投入工作。这一系列的状态概率都与装备的组成有关。同时，系统状态概率与前一时刻系统所处的状态有关。例如，某装备的子系统的状态由正常工作到出现故障，这时的"故障状态"是由"正常状态"转移而来的。这种工作过程中系统的状态概率就构成了可信性矩阵。

第五步：确定能力向量。已知装备的状态后，求出系统各状态所对应的品质因数值。品质因数可以根据导弹装备的具体情况选择。由此可得到武器系统能力向量，表示为

$$\boldsymbol{C}(t) = \begin{bmatrix} c_1 & c_2 & c_3 & \cdots & c_n \end{bmatrix}^{\mathrm{T}} \tag{3.4}$$

式中，$\boldsymbol{C}$ 为能力向量；c_i 为装备处于 i 状态时完成任务的能力。

第六步:计算系统的效能方程。系统效能为可用性向量 A、可信性矩阵 D 及能力向量 C 的乘积。

应该指出,针对不同的评价要求,只需要对可用性、可信性和能力作具体的描述和定义,最后将这三个要素结合起来,从而使这个模型结构能运用于要解决的问题,这种评估模型的优点是覆盖广泛,模型简单全面,具有普遍性。

3.3.3 导弹装备可用性向量分析

导弹装备可用性与装备组成的元部件的性能有关,下面给出一些约定:

(1)导弹装备平时处于不工作状态,定期维护、检修。这时装备出现的故障都能及时修复,并且认为故障不需要等待修理。修复后的系统与新系统的功能相同。

(2)下文中定义的导弹装备部件的修复时间 MTTR 包括预防性维修时间 $MTTR_{PMT}$ 和修复性维修时间 $MTTR_{CMT}$。

(3)假设导弹装备由 N 个部件组成,根据武器系统的功能可分为 $n(n \leqslant 2^N)$ 种状态。约定装备状态依照其各个状态功能降低排序,即装备各部件全部完好,系统正常工作,此时系统的功能也最强。

(4)在本篇中,计算武器系统的可用性和可信性时,只将系统状态分为正常和故障两种。计算可修复性系统的可信性时,有时要将故障状态分别处理,这时所列出的系统状态中可以包含多个故障状态。

按导弹装备中各个子系统以及部件之间的组成关系,可以将导弹装备分为单部件系统、串联系统、并联系统和串并联混合系统,下面分别给出它们的计算方法[2]:

(1)单部件系统的可用性向量。单部件装备只有两种状态:正常和故障。因此它的可用性向量

$$A = (a_1, a_2) \tag{3.5}$$

$$a_1 = \frac{\text{MTBF}}{\text{MTBF} + \text{MTTR}} \tag{3.6}$$

$$a_2 = \frac{\text{MTTR}}{\text{MTBF} + \text{MTTR}} \tag{3.7}$$

式中,MTBF 为部件的平均故障间隔时间;MTTR 为部件的平均故障修复时间,由式(3.6)和式(3.7)可知,$a_1 + a_2 = 1$。

(2)N 个部件串联系统的可用性向量。假设装备是由 N 个具有相互独立可用度的部件串联组成的,其中任意一个部件出现故障就会引起整个装备故障;N 个部件都正常工作时,此时系统才正常工作。因此这个系统的可用性向量

$$A = (a_1, a_2) \tag{3.8}$$

$$a_1 = \prod_{i=1}^{N} \frac{\text{MTBF}_i}{\text{MTBF}_i + \text{MTTR}_i} = \prod_{i=1}^{N} a_i \tag{3.9}$$

$$a_2 = 1 - a_1 \tag{3.10}$$

式中,$MTBF_i$ 为第 i 个部件的平均故障间隔时间;$MTTR_i$ 为第 i 个部件的平均修复时间。

(3) N 个部件并联系统的可用性向量。假设导弹装备由 N 个具有相互独立可用度的部件并联组成,那么装备中的某一个部件出现故障不会引起整个装备故障,即此时系统处于可用状态,当且仅当装备中的这些并联的部件全部出现故障时,整个武器系统才会处于故障状态。因此这个系统的可用性向量 $\boldsymbol{A}$ 为

$$\boldsymbol{A} = (a_1, a_2) \tag{3.11}$$

$$a_2 = \prod_{i=1}^{N} \frac{MTTR_i}{MTBF_i + MTTR_i} \tag{3.12}$$

$$a_1 = 1 - a_2 \tag{3.13}$$

式中,$MTBF_i$ 为第 i 个部件的平均故障间隔时间;$MTTR_i$ 为第 i 个部件的平均修复时间。

(4) 串并联混合系统的可用性向量。对于一个装备,不可能只是简单的串联系统,或者是简单的并联系统,往往是既有串联、又有并联的复杂系统,对于这种装备先要进行分析。下面给出一个简单的例子加以说明:

系统是由 5 个部件组成的,部件 1 到部件 5,它们中间既有串联又有并联,结构如图 3.2 所示。

整个装备可以分解为一些子系统,然后由这些子系统组成整个系统。这样,可以简化系统的逻辑结构。

1) 部件 2 和部件 3 并联形成一个子系统,假设为子系统 1;
2) 部件 4 和部件 5 串联形成一个子系统,假设为子系统 2;
3) 子系统 1 和子系统 2 并联形成一个子系统,假设为子系统 3;
4) 整个系统就是由部件 1 和子系统 3 串联形成的,这样可以分步计算得到这个系统的可用性向量。

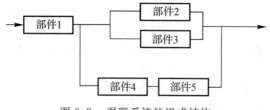

图 3.2 混联系统的组成结构

子系统 1 是由部件 2 和部件 3 并联形成的,可以利用并联的方法得到子系统 1 的可用度:

$$a_{子系统1} = 1 - \prod_{i=2}^{3} \frac{\text{MTTR}_i}{\text{MTTR}_i + \text{MTBF}_i} \tag{3.14}$$

子系统 2 是由部件 4 和部件 5 串联形成的,可以利用串联的方法得到子系统 2 的可用度:

$$a_{子系统2} = \prod_{i=4}^{5} \frac{\text{MTTR}_i}{\text{MTBF}_i + \text{MTTR}_i} = \prod_{i=4}^{5} a_i \tag{3.15}$$

子系统 3 是由子系统 1 和子系统 2 并联形成的,可用并联的方法得到子系统 3 的可用度:

$$a_{子系统3} = (1 - a_{子系统1}) \times (1 - a_{子系统2}) \tag{3.16}$$

整个装备是由部件 1 和子系统 3 串联而成的,所以整个装备的可用性向量为

$$\mathbf{A} = (a_1, a_2) \tag{3.17}$$

$$a_1 = \frac{\text{MTBF}_1}{\text{MTBF}_1 + \text{MTTR}_1} \times a_{子系统3} \tag{3.18}$$

$$a_2 = 1 - a_1 \tag{3.19}$$

经过这样分解,可以将装备最终分解成为一些部件与子系统或者子系统与子系统之间串联或者并联组成的简单系统,利用串联、并联的方法就可以得到整个系统的可用性向量。

最后对装备的可用度、可靠性和维修性进行一些权衡考虑。可用度是由部件的可靠性和维修性共同来决定的,当规定了系统的可用度要求时,可以在可靠性和可维修性之间进行较大范围的权衡。由于可用度取决于 MTBF 和 MTTR 之比,这样 MTBF 和 MTTR 的不同组合可以得到相同的可用度 A。比如对于一个装备系统有两个不同的设计方案,方案 1 的 $\text{MTBF}_1 = 20$ h,$\text{MTTR}_1 = 1$ h;方案 2 的 $\text{MTBF}_2 = 80$ h,$\text{MTTR}_2 = 4$ h。所以它们的可用度分别为

方案 1: $\quad A_1 = \dfrac{20}{21} = 0.9524$

方案 2: $\quad A_2 = \dfrac{80}{84} = 0.9524$

可以看出,这两个方案的可用度相同,但它们满足的使用要求不同。显然,方案 1,武器系统的可靠性不高,但它的维修性很好;方案 2 的可靠性很高,但它的维修时间很长,不利于使用。因此在研制导弹装备时,设计者应该根据装备的使用环境要求,结合装备的费用要求等条件,对可靠性、维修性给出一些合理的约束条件。如果对装备部件可靠性指标要求过高,就会引起系统冗余的增加,提高装备的费用,或是现有的技术水平难以达到要求。同样,要缩短平均修复时间,就要有相应的维修性设计,如完善的装备自检装置,以便能将故障隔离到每个独立的可更换部件。提高装备各个部件的可靠性、增加系统内部自检等技术都可以用来提高系统的可用度,但这些方法同样也会相应增加导弹装备研制、使用费用。所以要对导弹

装备的可靠性和维修性做一个合理的权衡。

随着高新技术的发展，导弹装备由以前的规模宏大向装备集成发展。例如，以前完成一项导弹发射任务需要数十台发射车辆的协同，而现在需要的发射车辆的数量大为减少，从而大大提高了导弹装备的效能。

这里以某型导弹装备为例，导弹装备包括导弹发射车、导弹发射筒和导弹等，确定出可靠性框图，如图 3.3 所示。

图 3.3 导弹装备可靠性框图

依据图 3.3 可确定导弹装备在开始执行任务时所处的状态，状态定义见表 3.1。

以上述导弹装备为例，可用性矩阵 $\boldsymbol{A} = \begin{bmatrix} a_1 & a_2 & a_3 \end{bmatrix}$ 中的 a_1, a_2, a_3 的表达式为 $a_1 = a_f a_t a_d, a_2 = (1-a_f) a_t a_d, a_3 = 1 - a_1 - a_2$，即 $\boldsymbol{A}$ 的表达式为

$$\boldsymbol{A} = \begin{bmatrix} a_f a_t a_d & (1-a_f) a_t a_d & 1 - a_1 - a_2 \end{bmatrix} \tag{3.20}$$

式中，a_f 为导弹发射车的可用度；a_t 为导弹发射筒的可用度；a_d 为导弹的可用度。

表 3.1 装备状态定义表

状态编号	状态定义
1	导弹发射车、导弹发射筒和导弹均正常工作
2	导弹发射车故障但可维修
3	除上述两种情况外，装备故障且不可维修

3.3.4 导弹装备可依赖性矩阵分析

可信性是导弹装备在执行作战任务期间，装备工作状态变化的度量，它反映了装备的可靠性和连续工作的能力。可信性描述了在工作期间装备状态的变化，这些状态的变化与装备的可靠性与维修性有关。可用性是表示系统在开始工作瞬时所处的状态。然而在装备开始工作以后，还必须要求它连续可靠地工作一段时间。在已知导弹装备开始工作状态后，可信性则给出装备在工作期间任一时刻处于某状态的概率。对于可修复的系统，可信性包括了装备可靠性，以及出现故障后，在规定时间内装备的维修性。对于不可修复的系统，可信性就表示在时刻 t 的工作可靠性。

在计算导弹装备的可信性时需要用到负指数分布和马尔可夫过程，下面先对它们做一些简单的介绍。

1. 可用度的负指数分布

在可靠性研究的工作中，最常用的并且最重要的一种分布是负指数分布[3]，它

是非常适合于研究电子设备故障或系统可靠性预计的一种分布。每个环节可靠度为 R_i。即

$$R_i = \exp(-\lambda_i t), \quad \lambda_i = \frac{1}{\text{MRBF}_i}, \quad i = 1, 2, \cdots, n \quad (3.21)$$

负指数分布的优点如下：

(1) 估计参数(λ)简单、容易；

(2) 在数学上非常容易处理；

(3) 适用性非常广；

(4) 具有可加性，即大量服从负指数分布的独立随机变量之和仍为负指数分布。

以上述导弹装备为例，设导弹发射车的故障和维修均服从负指数分布，导弹发射筒和导弹均不可维修，则 a_f, a_t, a_d 可由下式确定：

$$\left. \begin{array}{l} a_f = \dfrac{\mu_f}{\mu_f + \lambda_f} + \dfrac{\lambda_f}{\mu_f + \lambda_f} e^{-(\mu_f + \lambda_f)t} \\ a_t = e^{-\lambda_t t} \\ a_d = e^{-\lambda_d t} \end{array} \right\} \quad (3.22)$$

式中，μ_f 为导弹发射车的维修率；λ_f 为导弹发射车的故障率；λ_t 为导弹发射筒的故障率；λ_d 为导弹的故障率；t 为导弹装备工作时间。

2. 马尔可夫过程描述及应用

马尔可夫过程[4-5]是具有无后效性的随机过程。所谓无后效性是指当过程在时刻 t_m 所处的状态已知时，过程在大于 t_m 时刻 t 所处的状态的概率特性只与过程在 t_m 时刻所处的状态有关，而与过程在 t_m 时刻以前的状态无关。

设随机序列 $\{X(n), n=1,2,\cdots\}$ 的离散状态空间为 E。若对于任意 m 个非负整数 $n_1, n_2, \cdots, n_m (0 \leqslant n_1 < n_2 < \cdots < n_m)$ 和任意自然数 k，以及任意 $i_1, i_2, \cdots, i_m, j \in E$ 满足

$$P\{X(n_m + k) = j \mid X(n_1) = i_1, X(n_2) = i_2, \cdots, X(n_m) = i_m\} = \\ P\{X(n_m + k) = j \mid X(n_m) = i_m\} \quad (3.23)$$

则称 $\{X(n), n=1,2,\cdots\}$ 为马尔可夫过程。

在导弹装备的使用过程中，时间是连续的，而在每一时刻装备处于何种状态是随机的、离散的，这种实际存在的装备状态的转移，正符合不连续马尔可夫过程。

对于转移概率 $p_{ij}(t)$ 还假定它满足：

$$\lim_{\Delta t \to 0} p_{ij}(t) = \delta_{ij} = \begin{cases} 1, & i = j \\ 0, & i \neq j \end{cases} \quad (3.24)$$

式(3.24)称为 $p_{ij}(t)$ 的连续条件。连续性条件说明，装备刚刚进入某种状态，不可能立即又跳跃到另一种状态，这刚好说明装备在有限时间内发生无限多次跳跃是

不可能的。对于时间连续状态离散的马尔可夫过程,$p_{ij}(t)$的求解一般较为复杂。由于$p_{ij}(t)$是一致连续函数,由连续性条件及可微性得

$$q_{ii} = p'_{ii}(0^+) \tag{3.25}$$

$$q_{ij} = p'_{ij}(0^+) \tag{3.26}$$

式(3.25)和式(3.26)称为马尔可夫过程中从状态i到状态j的无穷小转移概率或跳跃强度。对导弹装备,其状态是有限的(设n个状态),则其密度矩阵Q构成形式为式(3.25),式中:Q矩阵中的每一行元素之和为0,对角线元素为负或0,其余$i \neq j, i=1,2,\cdots,n; j=1,2,\cdots,n$,则有$\sum_{j}^{n} q_{ij} = 0$。

$$Q = \begin{bmatrix} -q_{11} & q_{12} & \cdots & q_{1n} \\ q_{21} & -q_{22} & \cdots & q_{2n} \\ \vdots & \vdots & & \vdots \\ q_{n1} & q_{n2} & \cdots & -q_{nn} \end{bmatrix} \tag{3.27}$$

利用Q矩阵就可得出任意时间间隔Δt内的转移概率所满足的方程组,从而可求得转移概率。由此得出柯尔莫哥洛夫向前方程和向后方程

$$p'_{ij}(t) = -p_{ij}(t)q_{jj} + \sum_{k \neq j} p_{ik}(t)q_{kj}, \quad i \in \{1,2,\cdots,n\}, \quad t \geq 0 \tag{3.28}$$

$$p'_{ij}(t) = -q_{ii}p_{ij}(t) + \sum_{k \neq i} q_{ik}p_{kj}(t), \quad i \in \{1,2,\cdots,n\}, \quad t \geq 0 \tag{3.29}$$

在实际应用中,前进方程与后退方程可以视情况采用,其计算结果均一样。在装备效能分析中,固定状态i,研究$p_{ij}(t)$则用前进方程。由于装备状态分为$i=1,2,\cdots,n$,所以前进方程式(3.26)写成如下的矩阵:

$$p'(t) = p(t)Q \tag{3.30}$$

式中:矩阵均为n阶方阵,其中$p'(t)$中的元素是$p(t)$中对应元素的导数。

前进方程描述的是有$n \times n$个微分方程的方程组,在计算装备效能时,方程组(3.28)的初始条件为

$$p(0) = I_{(n \times n)} \tag{3.31}$$

式中,I为单位矩阵。

采用单位矩阵作初始条件,是与实际情况相联系的。在定义与区分武器系统n种不同状态后,D矩阵依赖于A^T矩阵。知道装备每一个分系统的故障分布函数,就可以计算在已知某一时刻装备所处的状态。经过一段时间Δt后,根据定义的装备状态,其马尔可夫过程可用图3.4表示。在图3.4中1,2,3为状态编号。

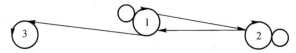

图3.4 马尔可夫过程状态转移示意图

由图 3.4 可计算得出矩阵为

$$Q = \begin{bmatrix} -(\lambda_f + \lambda_t + \lambda_d) & \lambda_f & \lambda_t + \lambda_d \\ \mu_f & -\mu_f & 0 \\ 0 & 0 & 0 \end{bmatrix} \tag{3.32}$$

根据式(3.30)和式(3.31),通过微分得出可信性矩阵为

$$D = \begin{bmatrix} p_{11}(t) & p_{12}(t) & p_{13}(t) \\ p_{21}(t) & p_{22}(t) & p_{23}(t) \\ p_{31}(t) & p_{32}(t) & p_{33}(t) \end{bmatrix} \tag{3.33}$$

式中

$$\left. \begin{aligned} & p_{11}(t) = c_1 e^{\lambda_1 t} + c_2 e^{\lambda_2 t} \\ & p_{21}(t) = \frac{c_1(\lambda_1 - a)}{b} e^{\lambda_1 t} + \frac{c_2(\lambda_2 - a)}{b} e^{\lambda_2 t} \\ & p_{31}(t) = 0 \\ & p_{12}(t) = c_3 e^{\lambda_1 t} + c_4 e^{\lambda_2 t} \\ & p_{22}(t) = \frac{c_3(\lambda_1 - a)}{b} e^{\lambda_1 t} + \frac{c_4(\lambda_2 - a)}{b} e^{\lambda_2 t} \\ & p_{32}(t) = 0 \\ & p_{13}(t) = c_5 e^{\lambda_1 t} + c_6 e^{\lambda_2 t} - \frac{c}{a+b} \\ & p_{23}(t) = \frac{c_5(\lambda_1 - a)}{b} e^{\lambda_1 t} + \frac{c_6(\lambda_2 - a)}{b} e^{\lambda_2 t} - \frac{c}{a+b} \\ & p_{33}(t) = 0 \end{aligned} \right\} \tag{3.34}$$

而

$$\left. \begin{aligned} & c_1 = \frac{a - \lambda_2}{\lambda_1 - \lambda_2} \quad c_2 = \frac{\lambda_1 - a}{\lambda_1 - \lambda_2} \quad c_3 = \frac{b}{\lambda_1 - \lambda_2} \quad c_4 = \frac{-b}{\lambda_1 - \lambda_2} \\ & c_5 = \frac{c(a + b - \lambda_2)}{(\lambda_1 - \lambda_2)(a+b)}; \quad c_6 = -\frac{c(a + b - \lambda_1)}{(\lambda_1 - \lambda_2)(a+b)} \\ & \lambda_1 = \frac{a - d + (d - a)^2 + 4d(a + b)}{2}; \quad \lambda_2 = \frac{a - d - (d - a)^2 + 4d(a + b)}{2} \\ & a = -(\lambda_f + \lambda_t + \lambda_d); \quad b = \lambda_f; c = \lambda_t + \lambda_d; \quad d = \mu_f \end{aligned} \right\}$$

$$\tag{3.35}$$

3.3.5 导弹装备能力矩阵分析

传统的获取导弹装备能力的方法多是采用将不同状态下反映系统能力的几个主要概率指标值相乘,或者将其中的最主要的能力指标作为综合能力值加以直接应用。在此,将综合考虑影响导弹装备能力的指标,以图 3.5 给出影响导弹装备能

力的指标体系。该指标体系的主要参数分别为导弹装备毁伤能力、生存能力、抗干扰能力、机动性和反应能力[6]。

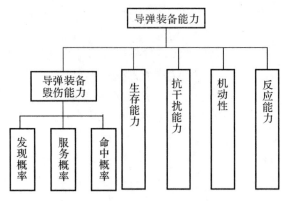

图 3.5　导弹装备能力指标体系

1. 导弹装备能力预测的神经网络设计

考虑到导弹装备存在着诸多的能力指标，且各个指标与系统最终作战能力之间存在着非线性的映射关系，而以往的方法没有考虑这一点，这就使得最终获得的能力的评估结果出现不准确性和片面性。由于 BP 神经网络的学习是一个对非线性函数求其全局最优解的过程，它为解决这一问题提供了可行的途径，所以本节拟设计基于 BP 神经网络的导弹装备能力预测模型，其结构如图 3.6 所示。神经网络的输入分别取在不同状态下导弹装备的各种能力。由于对导弹装备的能力进行分析需要综合考虑不同的工作状态，所以首先分析在不同工作状态下导弹装备的毁伤能力，这里用杀伤概率表示[6]。

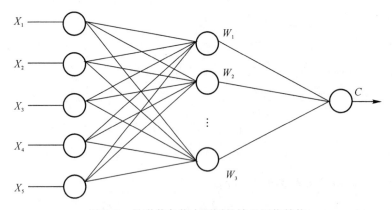

图 3.6　导弹装备能力预测的神经网络结构

状态一：导弹发射车、导弹发射筒和导弹状态正常，导弹装备的杀伤概率

$$X_1 = P_1 = P_d P_s P_k \tag{3.36}$$

式中，P_d 为导弹装备的发现概率，即能够探测、发现目标的能力；P_s 为导弹装备的服务概率，即各子系统正常工作完成导弹发射任务的能力；P_k 为导弹装备命中概率，即导弹命中目标的能力。

状态二：导弹发射车出现故障且可维修，导弹发射筒和导弹状态正常，导弹装备的杀伤概率

$$X_1 = P_2 = P_d P_g P_s P_k \tag{3.37}$$

式中，P_d 为导弹装备的发现概率，即能够接到上级下达的命令、任务的能力；P_g 为导弹发射车出现故障且可维修的概率；P_s 为导弹装备的服务概率，即各子系统正常工作完成导弹发射任务的能力；P_k 为导弹装备命中概率，即导弹命中目标的能力。

状态三：导弹装备不能正常工作，则有

$$X_1 = P_3 = 0 \tag{3.38}$$

由于导弹装备的其他主要能力指标，如装备的生存能力、抗干扰能力、机动性及反应能力是整体能力指标，所以在不同状态下都对装备的作战能力发挥作用，将其作为神经网络另外的四个输入 X_2, X_3, X_4, X_5。这些指标都是定性指标，在此，采用专家评判模糊量化方法对这些定性的指标进行量化处理。

首先建立模糊评语集合为 $V = \{好, 一般, 差, 很差\} = \{v_1, v_2, v_3, v_4\}$，然后将输入的各个单元归一化到 $(0,1)$ 区间，将处理后的结果作为神经网络的输入。神经网络的输出为 $C = \begin{bmatrix} c_1 & c_2 & c_3 \end{bmatrix}$，其中元素代表在三种不同状态下导弹装备的能力预测结果。

2. 导弹装备能力预测仿真与测试

分别取 4 组 50 个数据对不同状态下的 BP 神经网络进行训练，计算出不同状态下对应的输入值 X_1，对于输入 X_2, X_3, X_4, X_5 则采用专家评判方法获得。神经网络的隐含层节点数选为 9 个，输出节点为 1 个，即为导弹装备能力预测值。样本数据训练完成后，取 12 组样本数据对训练成功的神经网络进行测试。经过 476 个周期达到系统要求的误差 0.01%。

3. 实例分析

设对于导弹装备的生存能力指标，有 70% 的专家认为好，20% 的专家认为一般，8% 的专家认为较差，2% 的专家认为很差，于是建立导弹装备生存能力指标决策向量 $\overline{X}_2 = \begin{bmatrix} 0.70 & 0.20 & 0.08 & 0.02 \end{bmatrix}$。类似地，对其余的指标参数分别进行评估得到相应的决策向量如下：

$$\overline{X}_3 = \begin{bmatrix} 0.77 & 0.11 & 0.04 & 0.08 \end{bmatrix}$$
$$\overline{X}_4 = \begin{bmatrix} 0.85 & 0.10 & 0.03 & 0.02 \end{bmatrix}$$
$$\overline{X}_5 = \begin{bmatrix} 0.80 & 0.15 & 0.01 & 0.04 \end{bmatrix}$$

同时,引入 $X_i = \dfrac{\sum_{j=1}^{4} x_{ij}^2 C_j}{\sum_{j=1}^{4} x_{ij}^2}$ 对输入指标参数进行量化处理,其中 $x_{ij}(i=2,3,4,5;j=1,2,3,4)$ 为第 i 个能力指标决策向量的第 j 个分量,C_j 为评估等级为 V_j 时对应表 3.2 中的等级参数的数值。

表 3.2 等级参数数值

$C_1 = 0.9$	表示"好"	V_1
$C_2 = 0.6$	表示"一般"	V_2
$C_3 = 0.3$	表示"差"	V_3
$C_4 = 0.1$	表示"很差"	V_4

获得一组神经网络的输入 $[X_2 \ X_3 \ X_4 \ X_5] = [0.78 \ 0.63 \ 0.80 \ 0.79]$,导弹装备在三种状态下分别获得神经网络输出 $C = [c_1 \ c_2 \ c_3] = [0.9324 \ 0.3181 \ 0.0]$。

3.3.6 导弹装备效能预先评估计算示例

在此,设导弹装备武器系统中导弹发射车、导弹发射筒和导弹的平均故障间隔时间 MTBF 分别为 100,100 和 200,导弹发射车平均维修时间 MTTR 都为 1 h,系统的任务工作时间为 0.5 h。

1. 计算导弹装备的可用性

由式(3.22)得

$$a_f = \dfrac{\mu_f}{\mu_f + \lambda_f} + \dfrac{\lambda_f}{\mu_f + \lambda_f} e^{-(\mu_f + \lambda_f)t} =$$

$$\dfrac{1/1}{1/1 + 1/100} + \dfrac{1/100}{1/1 + 1/100} e^{-[1/1 + 1/100] \times 0.5} = 0.9961$$

$$a_t = e^{-\lambda_t t} = e^{-(1/100) \times 0.5} = 0.9950$$

$$a_d = e^{-\lambda_d t} = e^{-(1/200) \times 0.5} = 0.9975$$

由式(3.20)得

$$a_1 = a_f a_t a_d = 0.9978 \times 0.9945 \times 0.9967 = 0.9886$$

$$a_2 = (1 - a_f) a_t a_d = 0.0039$$

$$a_3 = 1 - a_1 - a_2 = 0.0075$$

$$A = [0.9886 \ 0.0039 \ 0.0075]$$

2. 计算导弹装备的可信性矩阵

由式(3.35)得

$$a = -(\lambda_f + \lambda_t + \lambda_d) = -0.025, \quad b = \lambda_f = 0.01$$

$$c = \lambda_t + \lambda_d = 0.015, \quad d = \mu_f = 1$$

$$\lambda_1 = \frac{a-d+(d-a)^2+4d(a+b)}{2} = -0.0172$$

$$\lambda_2 = \frac{a-d-(d-a)^2+4d(a+b)}{2} = -1.0678$$

$$c_1 = \frac{a-\lambda_2}{\lambda_1-\lambda_2} = 0.9926$$

$$c_2 = \frac{\lambda_1-a}{\lambda_1-\lambda_2} = 0.9686$$

$$c_3 = \frac{b}{\lambda_1-\lambda_2} = 0.0095$$

$$c_4 = \frac{-b}{\lambda_1-\lambda_2} = -0.0095$$

$$c_5 = \frac{c(a+b-\lambda_2)}{(\lambda_1-\lambda_2)(a+b)} = -1.0021$$

$$c_6 = -\frac{c(a+b-\lambda_1)}{(\lambda_1-\lambda_2)(a+b)} = -0.021$$

将算出的数值代入式(3.34)得

$$\mathbf{D} = \begin{bmatrix} 0.8162 & 0.1802 & 0.0036 \\ 0.7348 & 0.2431 & 0.0014 \\ 0 & 0 & 0 \end{bmatrix}$$

3. 计算导弹装备的能力

导弹装备在3种状态下获得神经网络输出

$$\mathbf{C} = \begin{bmatrix} c_1 & c_2 & c_3 \end{bmatrix} = \begin{bmatrix} 0.9324 & 0.3181 & 0.0 \end{bmatrix}^T$$

由此可得导弹装备的效能为

$$\mathbf{E} = \mathbf{ADC} = \begin{bmatrix} 0.9886 & 0.0039 & 0.0075 \end{bmatrix} \times \begin{bmatrix} 0.8162 & 0.1802 & 0.0036 \\ 0.7348 & 0.2431 & 0.0014 \\ 0 & 0 & 0 \end{bmatrix} \times$$

$$\begin{bmatrix} 0.9324 & 0.3181 & 0.0 \end{bmatrix}^T = 0.9524$$

故导弹装备的效能的预先评估值为0.9524。

3.4 本章小结

本章首先分析了导弹装备采办中进行效能预先评估的目的、意义以及评估研究的现状和重点,其次结合导弹装备的特点,分析了导弹装备效能评估模型,分别对导弹装备效能的三要素——可靠性、可信性和能力进行研究,结合马尔可夫过程和神经网络方法对导弹装备的可信性和能力进行了深入的研究,并结合实例进行计算,检验了模型的可用性。本章的研究达到了通过导弹装备的基础性能指标就能对其效能进行预先评估的目的。

参 考 文 献

[1] 张剑.军事装备系统的效能优化与仿真[M].北京:国防工业出版社,1999.
[2] 李廷杰.导弹武器系统的效能及其分析[M].北京:国防工业出版社,2000.
[3] 谢洪.导弹武器系统可靠性设计[M].北京:国防工业出版社,1992.
[4] 林元烈.应用随机过程[M].北京:清华大学出版社,2002.
[5] 郭光,王峰,原超.舰空导弹武器系统效能评估模型及其仿真[J].现代防御技术,2008(5):1-5.
[6] 王小艺.一种改进的系统效能评估及其应用分析[J].火力指挥与控制,2007(5):37-40.

第4章　导弹装备费用预测建模方法

4.1　导弹装备费用预测概述

随着现代科学技术的飞速发展,现代导弹武器的科技含量大大增加,研制和生产费用也随之增大。这些费用的迅猛增长,不仅对国防经费的合理利用造成沉重的负担,而且还影响对新型导弹装备预研的投资,削弱了国防装备的更新能力。因此,现代导弹装备的研制首先进行装备的费用预算,然后决定是否研制该系统,以及研制的数量和军方的采购量,由此可见,费用已成为影响导弹装备发展的首要问题。唯有在寿命周期的各个阶段,尤其是费用可控性较大的早期阶段,对费用实施管理,准确预测装备寿命周期各阶段的费用,才能有效控制导弹装备费用的增长,提高导弹装备的采办效益。

4.1.1　导弹装备费用预测的目的

对于导弹装备来说,从结构论证开始直到批量生产结束,费用预测在不断地进行,其基本目的如下:

(1)提出导弹装备全系统全寿命周期内的费用构成;
(2)准确地估算或预测导弹装备全系统全寿命周期内的各项费用;
(3)对全系统全寿命周期费用做出评估;
(4)对其各项费用进行合理的设计。

4.1.2　导弹装备费用预测的意义

在导弹装备的采办决策的过程中,费用是决定因素,也是限制因素,因此费用预测对导弹装备采办具有重要的意义。

1. 通过准确的预测,进行科学的决策

在装备发展早期,有三个问题是必须研究的:一是在计划进度内能否完成导弹装备的研制;二是根据使命任务确定导弹技术起点;三是在计划进度内完成导弹装备研制所需费用。这三个问题是相互联系的,其中费用是决定因素,基本原则是"有多少钱办多少事"。在费用没有确定之前,技术决策往往是无法进行的。

2. 有利于发挥有限经费的效益

任何时候国家对装备发展所提供的经济支持都是有限的,费用预测使得费用可以科学地、合理地用于装备发展，获得最大的军事效益，从而发挥有限经费的效益。

4.2 导弹装备费用预测存在的主要问题和发展趋势

4.2.1 导弹装备费用预测的特点

费用作为装备发展的一个很重要的指标，其发展也是与装备自身相适应的。因此，导弹装备自身的特点决定了其特定的费用预测，导弹装备一般种类繁多、系统复杂，其费用预测分析也具有其自身的特点[1-2]。

(1)系统复杂，经费数额巨大，费用预测分析的不确定性因素多。系统复杂使得外购设备费增加，总价中利润绝对数也随之提高，最终使得导弹装备购置费增加。这决定了导弹装备经济性分析的复杂性，也增加了装备费用预测的不确定性因素。因此，在费用预测分析中，应按照技术经济的系统观点，充分考虑费用项目之间的相互影响。

(2)研制和建造周期长，可变因素对费用预测分析的影响程度较大。费用预测分析是规划计划以及各阶段工作的决定因素之一，费用预测是否准确可信，直接关系到决策的科学性。在这个过程中，随着时间的推移，影响费用的各种因素都可能产生变化。在导弹装备发展过程中，一些不确定性条件如物价的变化、技术状态的更改等都会使费用预测分析变得复杂得多，也带来了一定的风险。

(3)大型装备费用构成复杂，项目多，费用预测分析涉及面广。系统的复杂性同时决定了其费用构成的复杂性，由于费用构成涉及诸多系统，所以装备费用预测分析涉及的内容非常广泛。

4.2.2 导弹装备费用预测存在的主要问题

1. 数据问题

费用数据是费用预测的基础，如果没有充足的、有价值的数据，费用预测将很难达到预期的效果。因此，费用预测之前必须做好数据的收集与处理。但实际情况是，费用信息难以收集和整理，费用数据质量和数量有限。由于装备的有关数据往往是很有限的，也就是说所能收集到的样本数量相对较小，所以数据的充分性和有效性并不能完全满足现有预测方法对于预测数据的要求。费用预测工作面临着数据数量少、数据不全、统计不准和分析基础薄弱的问题。同时，出于安全性的考虑，在研或现役装备的性能、相关费用等数据往往有一定的密级，很难被一般人员获得，在一定程度上限制了费用预测研究工作的开展。

2. 建模问题

(1)在建立费用预测模型之前,首先要确定影响该项费用的主要因素指标,指标体系的确定需要既能充分反映实际问题,又不至过于冗余,这导致信息获取难度的增加和模型稳定性的降低,因此,如何确定既具有高效率又具有良好效果的费用预测指标体系是一个需要解决的问题。

(2)装备费用预测的实际方法有很多,而适用于一切问题的预测方法是不存在的。同时,不同的费用预测对象表现出不同的特点,仅仅采用相同方法研究的效果往往相差甚远。因此,方法的选取是一个需要考虑的重要问题。有必要根据其不同特点提出将多种预测方法进行有效融合的方法。

(3)费用分析不但要研究费用与各个性能因素的关系,而且还要考虑有关政策对费用的影响,特别是国家经济政策对装备费用的影响,如物价政策的影响、税收政策的影响等。

4.2.3 导弹装备费用预测的特征和发展趋势

1. 费用预测的特征

(1)动态化特征。决策的周期缩短导致了决策频率加大,从而造成预测成本提高,因此,应力求使费用预测模型能够在前后两次预测中具有一定的自适应性。

(2)非线性特征。由于影响装备费用的变量越来越多,影响方式越来越复杂,且各因素对费用的影响以及因素之间的关系异常复杂,费用预测多表现为非线性。所以用线性方式描述问题与高精度的要求是不适用的。

(3)灰色特征。由于大量影响费用的因素是不确定的,信息介于完全和不完全之间,即灰色状态,所以需要不断补充新的信息。

2. 费用预测的发展趋势

费用预测自身的特征、费用预测实践存在的困难以及信息科学和计算机技术的不断发展,构成了费用预测研究和实践发展的推动力。它们促使费用预测的精度和效率不断提高,并朝着以下的趋势发展[1]:

(1)简单化,是指预测的方法将随着计算机的应用、模拟技术的发展逐渐简化,从而使预测成本降低。

(2)复杂化,是指预测会更多地利用计算机编程等高技术。

(3)复合化,是指预测将把宏观与微观、简单与复杂的方法相结合,改变以前在方法上较单一的局面,提高预测精度,完善预测方法。

总的来说,费用预测方法有数字化、模型化和计算机化的趋势。未来费用预测活动将更加制度化,更多地减少人为的操作和主观意识的影响。

4.3 导弹装备费用预测的一般程序

目前国内外已提出了很多种不尽相同的全系统全寿命周期费用(LCC,Life Cycle Cost)预测程序,但可以找出它们的共同之处。根据我国导弹装备费用预测的实际状况,本节提出了符合我国导弹装备费用实际估算过程的一般估算程序,如图 4.1 所示[3]。

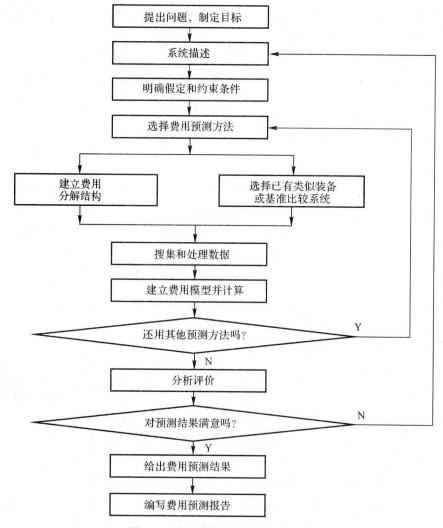

图 4.1 导弹装备费用预测一般程序

1. 提出问题,制定目标

预测是决策的依据,因此要根据决策所提出的问题去决定预测的目标。

2. 系统描述

任何一个型号办公室或其他导弹装备项目负责部门都应对与费用估算相关的系统特征进行详尽的描述(包括定性的和定量的描述),以作为寿命周期费用估算的基准。系统描述提供系统的技术性和纲要性信息,能为费用估算人员建立一个通用的系统或项目基线、定义,应包括如下内容:

(1) 全局的和具体的基本规则与假设;

(2) 具体的合同工作分解结构与项目工作分解结构之间的关系映射;

(3) 研制和购置原部件的数量;

(4) 保障和培训设施,并说明项目分解结构中是否已经定义了;

(5) 系统寿命周期各阶段的初始费用结构;

(6) 系统各维修级别上的合同与项目的可靠性、可维护性参数;

(7) 与项目相关的工作量描述,并说明各部门的职责等。

3. 明确假定和约束条件

假定和约束条件一般包括进度、装备数量、使用方案、使用年限、维修要求、利率、物价指数、科学技术发展水平以及可供借鉴的资料等因素。假定和约束条件能帮助费用预测部门正确理解哪些费用应包含在目前的预测和将来的对照中,而哪些费用应被排除。

4. 选择费用预测方法

费用预测技术和方法的种类很多,对于每个预测项目都可用多种预测方法求得结果。费用预测方法的选择取决于导弹装备费用预测的目标、时机和掌握的信息量。常用的费用预测方法在第 3 章已作详细介绍,可根据情况进行选择。

5. 建立费用分解结构

对导弹装备的寿命周期费用进行预测时,首先要明确寿命周期费用所包括的费用项目,也就是必须列出费用分解结构(CBS,Cost Breakdown Structure)。通常,在进行费用预测时,可将导弹装备寿命周期费用(LCC)划分为下述四大类:研究与研制费(RDC)、最初投资费(IEC)、使用保障费(OSC)和退休报废费。这四类费用各自包含着更细致的费用项,从上向下形成一棵以总费用为根,四类主要费用项为枝,最底层的费用项为叶子的树形结构,如图 4.2 所示[3]。

6. 选择已有类似装备或基准比较系统

若用参数费用法应选择多种类似装备,若用类比法应选择基准比较系统。

(1) 选择已知类似装备多一些为好,主要要求为:作战任务和战术性能基本类似;技术体制和技术指标基本类似;与被预测费用相应的费用已知。

(2) 选择基准比较系统的一般要求:作战任务和战术性能基本类似;技术体制

和技术指标基本类似;装备使用和保障要求以及使用寿命已知;研制费、采购费和使用与维修费已知。

7. 搜集和处理数据

外信息是预测系统运动、变化和发展的条件;内信息是系统运动、变化和发展的依据。预测的准确度很大程度上取决于系统内外信息的完整性与准确性。资料是进行预测的依据,因此,根据预测目标的具体要求,搜集进行预测所需用到的各种资料是进行科学预测的重要前提之一。

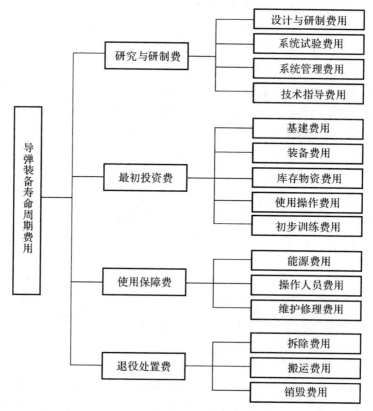

图 4.2　导弹装备费用体系结构

8. 建立费用模型并计算

费用预测需要用费用模型来定量表示 LCC 中费用的各个组成要素,费用预测过程必须着重考虑为各个费用要素选择合适的费用模型。建立费用模型实质上就是找到输入数据与费用要素之间的关系表达式。如果存在能够准确估算费用要素的模型,那么就可以利用该模型来估算相应的费用要素;如果不存在,那么就需要建立一个或多个新的模型来预测费用。

费用模型建立完毕,并且所需数据也已获得,则接下来的工作就是组装模型、计算费用值。计算费用时还应考虑费用的时间价值并进行折算。

9. 分析评价

在寿命周期费用的预测中,所处理的数值多是将来的估算值,常常存在着不确定性。只有判定了预测值的准确程度,才能做出尽可能合理的决策。一般所说的不确定性,指的是虽然对变量的概率分布有所了解,但因存在无规律的因素,结果出现了不能准确地进行估算和因缺乏信息而不掌握概率分布等两种情况。

10. 编写费用预测报告

编写费用预测报告的目的是提供费用预测全过程的书面材料。报告应提供足够的关于费用估算进程的信息,以便使其他部门或团体能够复制整个过程。报告中必须充分解释预测过程的每一部分所用到的方法、工具,还应详细描述所用到的数据库。

4.4 导弹装备费用预测模型

导弹装备费用预测模型依据不同的预测方法可以分为不同的预测模型:
(1)基本预测模型,常用的模型为多参数费用模型;
(2)智能预测模型,常用的模型为基于神经网络的预测模型。
不同的预测模型其预测的结果和误差不尽相同,下面对不同模型进行介绍。

4.4.1 多参数费用模型

多参数费用模型的建立方法通常有两种:一种是回归方法,适用于有大量样本数据的情况;另一种是运用"灰色系统预测"理论建立模型,较适用于样本较少的情况。在小样本的情况下,用后者建立费用预测模型可能比前者有更高的准确度。在此介绍估算费用的多元线性回归模型[3]。

对任意一个一元线性回归方程 $y=a+by$,表示可以用一条直线代表该方程。对一个多元线性回归方程组,则表示可以用 n 维直线组成的超平面来近似地代表该方程组,设变量 y 与自变量 $x_1,x_2,\cdots,x_p$ 的内在联系是线性的,它的第 2 组数据为

$$(y_i,x_{i1},x_{i2},\cdots,x_{ip}),\quad i=1,2,\cdots,n$$

则有下述多元线性回归方程组:

$$\left.\begin{aligned}y_1&=a_0+a_1x_{11}+a_2x_{12}+\cdots+a_px_{1p}+\varepsilon_1\\y_2&=a_0+a_1x_{21}+a_2x_{22}+\cdots+a_px_{2p}+\varepsilon_2\\&\cdots\cdots\\y_i&=a_0+a_1x_{i1}+a_2x_{i2}+\cdots+a_px_{ip}+\varepsilon_i\\&\cdots\cdots\\y_n&=a_0+a_1x_{n1}+a_2x_{n2}+\cdots+a_px_{np}+\varepsilon_n\end{aligned}\right\} \quad (4.1)$$

式中,$a_0,a_1,a_2,\cdots,a_p$ 为 $p+1$ 个待定系数;$x_1,x_2,\cdots,x_p$ 是 p 个特征向量(如质量、速度、产量等);$\varepsilon_1,\varepsilon_2,\cdots,\varepsilon_n$ 为 n 个相互独立,且服从同一正态分布的随机变量。

若以矩阵形式描述上述多元线性回归方程,则可得

$$Y = aX + e \tag{4.2}$$

式中

$$Y = \begin{bmatrix} y_1 \\ y_2 \\ \vdots \\ y_n \end{bmatrix}, \quad X = \begin{bmatrix} 1 & x_{11} & \cdots & x_{1p} \\ 1 & x_{21} & \cdots & x_{2p} \\ \vdots & \vdots & & \vdots \\ 1 & x_{n1} & \cdots & x_{np} \end{bmatrix}, \quad a = \begin{bmatrix} a_1 \\ a_2 \\ \vdots \\ a_n \end{bmatrix}, \quad e = \begin{bmatrix} \varepsilon_1 \\ \varepsilon_2 \\ \vdots \\ \varepsilon_n \end{bmatrix}$$

可用最小二乘法估计参数 a 为

$$a = (X^T X) - 1 X^T X \tag{4.3}$$

在存在大量样本的情况下,可以通过分析误差向量的值,确定分布从而求出估计点的区间估计值。在小样情况下,一般假设 ε 服从正态分布 $\varepsilon \sim N(0,\sigma)$。

可以通过下述方法预测置信区间:

(1) ε 估计 ($\hat{\varepsilon}$):

$$(\hat{\varepsilon}) = \frac{1}{n} \sum_{i=1}^{n} \varepsilon_i \tag{4.4}$$

(2) 方差 σ 的点估计 (S^2):

$$S^2 = \frac{1}{n-1} \sum_{i=1}^{n} (\varepsilon_i - \hat{\varepsilon})^2 \tag{4.5}$$

(3) ε 的区间估计:

$$P\left\{ |\bar{\varepsilon} - \hat{\varepsilon}| < t_{a/2} \frac{S}{\sqrt{n}} \right\} = 1 - a \tag{4.6}$$

(4) ε 以 $1-a$ 的概率落入置信区间:

$$\left(-t_{a/2} \frac{S}{\sqrt{n}}, t_{a/2} \frac{S}{\sqrt{n}} \right), (\bar{\varepsilon} = 0) \tag{4.7}$$

(5) 待估算值 c 的置信区间:

$$\left[\hat{c} - t_{a/2} \frac{S}{\sqrt{n}}, \hat{c} + t_{a/2} \frac{S}{\sqrt{n}} \right] \tag{4.8}$$

4.4.2 基于模糊贴近度的导弹装备费用预测的神经网络模型

武器系统费用的预算涉及大量的不确定因素,在费用预测过程中,这些因素表现为不确定性、模糊性,甚至与决策者的心理因素相关,建立费用预测模型应充分利用现有武器系统提供的信息,建立系统特征因素评价的合理模型,以期为导弹装备费用预测提供一个可行的、相对准确的模型。本节拟采用基于模糊数学[4]的贴

近度理论,研究在研装备与已有装备在特征因素上的贴近程度,根据神经网络理论来预测在研装备的费用,以期来指导导弹装备采办决策。

1. 导弹装备费用模糊预测的可行性

导弹装备费用的模糊预测是依据模糊数学的基本原理,基于隶属度和贴近度的概念,在同一条件下分析研究在研武器系统与已有武器系统的相似程度,根据已有导弹装备的费用数据样本,运用神经网络方法来对在研系统在早期设计研究阶段进行费用估算。

在研武器系统与已有武器系统不可能完全相同,但是在研系统一般是在已有系统基础上进行改进或研制,它与已有系统具有很大的相似性。在对在研武器系统进行费用预测时,专家总是根据类似武器系统的费用数据,根据自己的经验,对费用预测值引入系数加以调整。整个估算过程是模糊的,因为这种预测只是定性地分析与已有装备的相似程度,难以进行定量计算,所以首先考虑将在研系统与已有系统的相似程度进行定量化,然后将贴近度值[5-6]排序选择样本值,利用神经网络理论进行费用估算。

判断在研装备与已有装备的近似程度,可以选取 n 个特征因素,从这 n 个方面考虑,这些特征因素应该能够充分反映武器系统的费用,首先应该通过定性分析,确定哪些参数与系统费用有关,然后分清主次,保留主要因素,忽略次要因素。将这 n 个因素作为论域,则在研装备与已有装备分别具有多少这些特征,在研装备与已有装备的相似度如何,可以用隶属函数和贴近度来表示。

2. 隶属度的计算

表示某些元素隶属于某些特征的函数称为隶属函数,用 $[0,1]$ 间的一个数值来表示。值越接近表示其隶属度越高,反之越低。设选取 m 个装备,每个装备有 n 个特征。则形成的特征值矩阵为

$$\begin{bmatrix} x_{11} & x_{12} & \cdots & x_{1n} \\ x_{21} & x_{22} & \cdots & x_{2n} \\ \vdots & \vdots & & \vdots \\ x_{m1} & x_{m2} & \cdots & x_{mn} \end{bmatrix}$$

则第 i 个装备关于第 j 个特征的隶属度用下式计算:

$$\mu_i(\mu_j) = \frac{x_{ij} - \min x_{ij}}{\max x_{ij} - \min x_{ij}}, \quad i=1,2,\cdots,m; \quad j=1,2,\cdots,n \quad (4.9)$$

3. 贴近度的计算

定义 1 对论域 U,映射 N 为 $F(U)$ 上的一模糊关系 $[N \in F(u) \times F(U) \to (0,1)]$,并且满足如下条件:

(1) $N(A,A)=1$;

(2) $N(A,B)=N(B,A)$;

(3) $N(\Phi, U) = 0$；

(4) 如果 $A \subset B \subset C$ 则 $N(A,C) \leqslant N(A,B) \wedge (B,C)$。

称 $N(A,B)$ 为 A,B 的贴近度。

定义 2 对论域 U，如果 $A,B \subset F(U)$，贴近度的一般形式记为

$$N(A,B) = G(g_1(\mu_A(u_1), \mu_B(u_1)), g_2(\mu_A(u_2), \mu_B(u_2)), \cdots, g_n(\mu_A(u_n), \mu_B(u_n)))$$

其中，$\mu_A(*), \mu_B(*)$ 为模糊集 A, B 的隶属度，对任意的 $i, j \in (1, 2, \cdots, n), i \neq j$ 均有 $G(g_1, \cdots, g_i, \cdots, g_j, \cdots, g_n) = G(g_1, \cdots, g_j, \cdots, g_i, \cdots, g_n)$，则称函数 G 具有对称性，由 G 确定的贴进度成为对称贴近度，否则称为非对称贴近度。

在进行导弹装备费用预测时，要计算两个装备的贴近度，关键是要通过合理的计算模式，对装备的主要特征因素进行分解，以使得能够最大限度地反映两个装备的相似性。这里采用文献[2]的贴近度公式。该贴近度公式显然满足上述贴近度的定义。

设两模糊集 $A = (\mu_1(u_1), \mu_1(u_2), \cdots, \mu_1(u_n)), B = (\mu_2(u_1), \mu_2(u_2), \cdots, \mu_2(u_n))$，则 A 和 B 的贴近度定义为

$$N(A,B) = 1 - \frac{1}{(n-1)(\overline{A}+\overline{B})} \sum_{k=1}^{n} |\mu_1(u_k) - \mu_2(u_k)|(k - i_0) \quad (4.10)$$

式中，$\overline{A} = \sum_{k=1}^{n} \mu_1(u_k), \overline{B} = \sum_{k=1}^{n} \mu_2(u_k), i_0$ 满足 $\mu_1(u_{i_0}) \vee \mu_2(u_{i_0}) = \max_{1 \leqslant k \leqslant n}(\mu_1(u_k) \vee \mu_2(u_{i_0}))$。

由对称贴近度的定义，可以看出式(4.10)是一种非对称贴近度，它能避开最大隶属度原则抛弃非最大分量而丢失信息的缺陷。

4. BP 算法

BP 网络是一种多层前馈神经网络，其权值的调整采用反向传播的学习算法，它有如下特点[7]：

(1) 它是一包含有隐层的多层网络，其结构如图 4.3 所示。

BP 学习网络由输入层、隐层和输出层构成，其中，$x_1, x_2, \cdots, x_n$ 表示输入层，n 表示输入层神经元的个数；$y_1, y_2, \cdots, y_n$ 表示输出参数；n 表示输出层神经元的个数。

(2) 神经元是连续可微的 Sigmoid 函数，有

$$f(x) = \frac{1}{1 - e^{-(x-\theta)}} \quad (4.11)$$

(3) 采用 BP 算法训练权值。

BP 学习算法可描述如下：

(1) 权值和阈值的初始化：随机地给全部权值和神经元的阈值赋予初始值；

(2) 给定输入 x 和目标输出 $\hat{y}$；

(3) 计算实际输出 y；

(4) 修正权值：从输出层开始，将误差信号沿连接通路反向传输方向传播，通过修正各权值，使误差最小；

(5) 达到误差精度或循环次数要求，则输出结果，否则回到(2)。

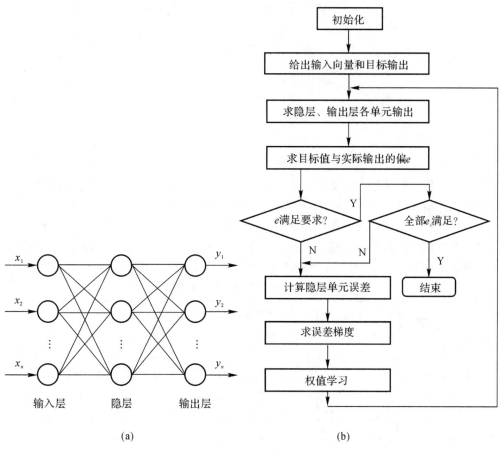

图 4.3　BP 神经网络与算法框图

5. 模型建立

本节采用 BP 网络与模糊数学结合建立费用预测模型。BP 模型是一种输入节点到输出节点的高度非线性映射模型，输入、输出数据的不相关可大大提高建模质量，在 BP 网络模型中确定了网络的输入输出变量之后，要想建一个实用的网络预测模型，确定合适的网络拓扑结构非常重要。拓扑结构过大，网络会产生"过度拟合"，使建立的网络预测模型对新样本的处理能力降低；拓扑结构过小，网络又难以准确表达变量之间的复杂关系，无法达到预测的效果。因此网络的拓扑结构往往需要多次试探才能得到。基于模糊贴近度的数据处理结果,设有 m 个输入变量,而只要求一个输出变量。建立的网络模型如图 4.4 所示 。

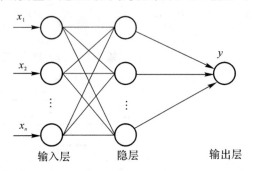

图 4.4　BP 网络结构

6. 实例及其分析

导弹装备的费用预测模型中的数据是利用同类型、同级别的类似导弹装备发展历史过程中收集到的。这里选取 10 组导弹费用模型样本数据来进行费用分析,考虑到费用的时间因素,这里选择的数据均为同一年的数据[8]。假设根据分析确定导弹装备费用主要与导弹起始质量、战斗部质量、最大速度和最大射程有关,其中前 9 组作为已有导弹装备(见表 4.1),称为已有装备,第 10 组作为仿真样本,即在研装备,利用上述两种模型进行费用预测,并且与实际值进行比较。

表 4.1　地空导弹费用样本数据

导弹序号	起始质量 kg	战斗部质量 kg	最大速度 Ma	最大射程 n mile	导弹成本 亿美元	累计成本 亿美元
1	1 000	100	6	70	3	19
2	1 358.2	61.2	3	127.9	2.8	18
3	630	50	2.5	25	1.2	7.2
4	63.5	5.9	1.6	9.3	0.55	3.2
5	87	14	2.3	10	1	5
6	86.2	4.5	2.5	5	0.9	3.7
7	447	60	5	200	4	30.5
8	78	4	2.3	14.5	0.95	4.5
9	204	27	3.5	44.7	1.5	10
10	625	50	2.5	40	1.3	7.9

(1)多元线性回归分析。下面应用 SPSS 软件对导弹装备费用进行多元回归分析。

在多变量的研究中,往往由于变量个数太多,并且彼此之间存在着一定的相关性,所以使所观测的数据在一定程度上反映的信息有所重叠,而且当变量较多时,在高维空间中研究样本的分布规律比较麻烦。而主成分分析正是把这种情况进行简化,即采取一种降维的方法,找出几个综合因子来代表原来众多的变量,使这些综合因子能尽可能地反映原来变量的信息量,而且彼此之间互不相关,即各综合因子代表的信息不重叠。另外,主成分分析对样本的数量要求也比较宽松,特别适用于小样本、多变量问题的分析。对于导弹装备来说,影响费用的因素很多,而且具有一定的相关性,因此实例首先采用主成分分析方法选取贡献率高的主成分,然后构造研制费用与主成分之间的多元回归模型。

通过对以上这4个变量的分析可以看出,它们之间存在着相关关系,这样建立起来的回归模型稳定性差,会给各个变量的回归系数估计值带来不稳定性,变量的抽样误差积累将是 Y 值的估计误差增大,使用这样的模型作预报可靠性差。为此,需要简化结构,寻求最佳变量子集合。以下运用 SPSS 17.0 For Windows 统计分析软件,对这4个变量作主成分分析。表4.2所示为4个变量的相关系数矩阵,从表4.2中可以看出起始质量与战斗部质量、战斗部质量与最大速度、最大射程与最大速度的相关系数分别为0.841、0.804、0.645,这几种变量的相关性非常高,如果直接由于分析,可能会带来严重的共线性问题。因此应计算各个变量的特征值(eigenvalues)和贡献率(cumulative),见表4.3。

表4.2 （相关系数矩阵表）Correlation Matrix

	起始质量/kg	战斗部质量/kg	最大速度/Ma	最大射程/n mile
起始质量	1.000	0.841	0.467	0.533
战斗部质量	0.841	1.000	0.804	0.604
最大速度	0.467	0.804	1.000	0.645
最大射程	0.533	0.604	0.645	1.000

表4.3 全部因子方差解释量

主成分	初始特征值		
	特征根	方差/(%)	贡献率/(%)
1	2.959	73.977	73.977
2	0.586	14.653	88.630
3	0.414	10.362	98.992
4	0.040	1.008	100.000

提取方法:主要成分分析。

表4.3为整个输出中最为重要的部分：主成分列表，表中列出所有的主成分，它们按照特征根从大到小的次序排列。可见第一主成分的特征根为2.959，它解释了总变异的73.977%；第二个主成分的特征根为0.586，解释了总变异的14.653%；第三个主成分的特征根为0.414，解释了总变异10.362%；第四个主成分的特征根为0.040，解释了总变异的1.008%；其中前三个主成分的累计贡献率达到98.992%，说明这三个主成分就可以代表全部信息量的98.992%，因此只需要提取出这三个主成分来进行下一步的分析。

如图4.5所示为碎石图，实际上就是按特征根大小排列的主成分散点图，可见从第四个主成分开始特征根都非常低，该图从另一个侧面说明了只需要提取前三个主成分即可。

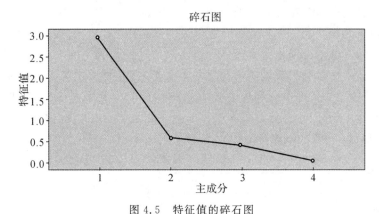

图4.5 特征值的碎石图

下面还是应用SPSS软件对导弹装备研制费用进行多元回归分析。首先假定费用Y与三个主成分(起始质量、战斗部质量、最大速度)的关系是线性的，然后建立多元回归方程，最后对所作的回归方程进行检验。

经过计算，得到以下数据，见表4.4。

表4.4 （模型拟合度检验）Model Summary

模型	复相关系数	复相关系数的二次方	调整后的复相关系数的二次方	标准化估计误差
1	0.848[a]	0.719	0.579	5.768 22

表4.5是回归方程各系数值和常数项值，由此可建立回归方程。

$$y = -7.609 + 0.009x_1 - 0.099x_2 + 5.855x_3 \qquad (4.12)$$

第 4 章 导弹装备费用预测建模方法

表 4.5 （回归系数表）Coefficients

模型	非标准化系数		标准化系数	t 统计量值	Sig.	共域性统计	
	系数 B	标准化误差	系数			公差	VIF
常数	−7.609	6.449		−1.180	0.283		
起始质量	0.009	0.010	0.438	0.834	0.436	0.170	5.885
战斗部质量	−0.099	0.217	−0.357	−0.457	0.663	0.077	12.987
最大速度	5.855	3.104	0.900	1.886	0.108	0.206	4.863

建立导弹装备费用回归方程的目的是利用它来进行费用预测与控制。在求解回归方程前，并不能断定费用 Y 与 X_1, X_2, X_3 之间确有线性关系，只是假设它们之间有线性关系。因此，在求解出线性回归方程后，还需对其进行统计检验，给以肯定或否定的结论。

回归方程的显著性检验见表 4.6。

表 4.6 （回归方程检验表一）ANOVA

	模型	二次方和	自由度	均方值	F 统计量值	Sig.
1	回归值	510.946	3	170.315	5.119	0.043[a]
	残差	199.634	6	33.272		
	总离差	710.580	9			

回归二次方和 $S_{回}=510.946$，自由度为 3；

残差二次方和 $S_{残}=199.634$，自由度为 6；

总离差二次方和 $S=710.580$，自由度为 9。

从中可以看出回归二次方和在总离差二次方和中所占比例很高，所以此模型的线性回归效果很显著。另外，取置信度 $\alpha=0.05$，查 F 表得 $F_{0.05}(3,6)=4.76$，而统计量 $F=5.119$，$F>F_{0.05}$，说明此线性回归方程是显著的。

回归方程的复相关系数检验见表 4.7。由表中可以看出，回归方程的复相关系数 $R=0.848$，说明自变量 X_1, X_2, X_3 和因变量 Y 之间高度相关。

通过以上统计检验，基本可以断定自变量 X_1, X_2, X_3 和因变量 Y 之间存在着线性关系。下面对回归方程残差作进一步的分析。

表 4.7 给出了 Durbin-Watson 统计量，该统计量的取值在 0~4 之间，如果残差间相互独立，取值在 2 附近。该模型的此值为 2.462，基本接近 2，说明残差间相关性很小。

表 4.7 （回归方程检验表二）Model Summary

模型	复相关系数	复相关系数的二次方	调整后的复相关系数的二次方	标准化估计误差	统计量
1	0.848[a]	0.719	0.579	5.768 22	2.462

表4.8、表4.9为残差分析表和残差统计表。表4.8为模型中每条记录的标准化残差、因变量值、因变量预测值和残差值。从表中数据可见标准化残差值都在 $-2 \sim 2$ 之间，并无离群值出现。表4.9为残差的一些基本统计值，包括预测值、残差、标准化预测值和标准化残差的描述统计量，也无异常值出现。

表 4.8 （残差分析表）Casewise Diagnostics

序号	标准化残差	费用	预测值	残差
1	−1.263	19.00	26.283 4	−7.283 43
2	0.401	18.00	15.687 6	2.312 40
3	−0.059	7.20	7.540 3	−0.340 28
4	0.256	3.20	1.726 0	1.474 05
5	−0.039	5.00	5.224 2	−0.224 21
6	−0.630	3.70	7.332 2	−3.632 24
7	1.891	30.50	19.593 6	10.906 42
8	−0.284	4.50	6.139 5	−1.639 55
9	−0.343	10.00	11.976 3	−1.976 35
10	0.070	7.90	7.496 8	0.403 20

表 4.9 （残差统计表）Residuals Statistics

	最大值	最小值	均值	标准化离差	样本数
预测值	1.726 0	26.283 4	10.900 0	7.534 70	10
残差	−7.283 43	10.906 41	0.000 00	4.709 73	10
标准化预测值	−1.218	2.042	0.000	1.000	10
标准化残差	−1.263	1.891	0.000	0.816	10

以上对残差的分析虽然详细，但并不直观，可以利用残差分布图对模型的残差作更为直观的了解。图4.6所示为残差的直方图，从图中可以看出，残差分布基本

均匀,但由于样本容量少,应主要观察有无极端值,对于本模型来说,残差的这种分布是可以接受的。

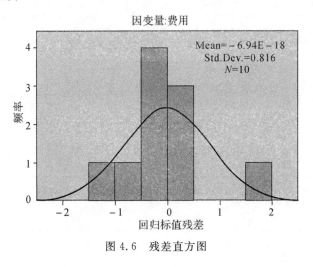

图 4.6　残差直方图

图 4.7 所示为因变量观测累计概率和模型预测值累计概率间的正态 $P-P$ 图,也是用于观察残差分布是否正态。图中可见散点基本呈直线趋势,而且未发现有极端值。

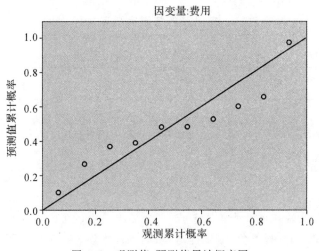

图 4.7　观测值-预测值累计概率图

(2) 基于模糊贴近度的神经网络模型计算。基于表 4.1 利用式(4.9)计算导弹的起始质量、战斗部质量、最大速度和最大射程对各种型号导弹的隶属度,可得表 4.10。

表 4.10 特征因素对各系统的隶属度

导弹序号	起始质量/kg	战斗部质量/kg	最大速度/Ma	最大射程/n mile
1	0.723 1	1.000 0	1.000 0	0.333 3
2	1.000 0	0.595 8	0.318 2	0.630 3
3	0.437 4	0.479 2	0.204 5	0.102 6
4	0.000 0	0.019 8	0.000 0	0.022 1
5	0.188 1	0.104 2	0.159 1	0.025 6
6	0.017 5	0.005 2	0.204 5	0.000 0
7	0.296 1	0.583 3	0.772 7	1.000 0
8	0.011 2	0.000 0	0.159 1	0.048 7
9	0.108 5	0.239 6	0.431 8	0.202 6
10	0.433 6	0.479 2	0.204 5	0.179 5

将各隶属度值代入式(4.10),计算第 10 种地空导弹与前 9 种导弹系统的贴近度,结果见表 4.11。

表 4.11 在研装备与已有装备的贴近度

贴近度	1号	2号	3号	4号	5号	6号	7号	8号	9号
10号	0.905 1	0.931 0	0.989 3	0.801 9	0.872 2	0.869 8	0.830 4	0.868 4	0.915 8

在计算出待测装备与已有装备的贴近度之后,对贴近度进行由大到小进行排序,可以看到贴近度最大的三种导弹是第 3,2,9 号。选取这三种导弹作为估算的基准。

建立 X_1, X_2, X_3, X_4(起始质量、战斗部质量、最大速度和最大射程)四变量作为输入,费用作为输出的 4 个输入节点、1 个输出节点的 BP 网络模型。同时将上面的样本集分成两个样本集:测试样本集、训练样本集。在建模过程中有关参数选取为:学习率为 0.92,冲量系数为 0.7,系统误差为 0.003 2。通过多次训练选取 1 个隐层、9 个节点的网络拓扑结构。当样本学习到 8 576 周期时网络收敛,其最小误差小于 0.01,达到要求。

用训练好的网络计算样本 10 的费用,并与回归法估算的结果做比较,结果见表 4.12。

表 4.12

序号	原值/亿美元	回归法		神经网络	
		预测值	相对误差	预测值	相对误差
10	7.9	7.703 5	0.024 2	7.821	0.01

由表 4.12 可知,基于模糊贴近度的神经网络模型计算出来的预测值更加精确。此模型的可用性更强。

4.5 导弹装备全寿命周期费用时间性处理

本节指出全寿命周期费用预测必须考虑费用随时间的变化。这种变化主要来自下述两方面。

4.5.1 资金的贴现或折扣

由于市场经济中存在投资获利的机会,所以现在的钱比未来等数额的钱更有价值。导弹装备的寿命周期长达 10～25 年,其费用是按年度分配的。当预研导弹装备各年度预测费用相加时,应考虑费用的时间价值。设当前年份为 k,第 $k+i$ 年的年度费用为 C_{k+i},则其现实价值 $V_{k,i}$ 与 C_{k+i} 的关系为

$$V_{k,i} = \frac{C_{k+i}}{(1+r)^i} \tag{4.13}$$

式中,r 为第 k 年到第 $k+i$ 年这一时期的平均年利率(即贴现率或折扣率)。

4.5.2 价格的上涨或通货膨胀

价格上涨引起采办费用需求增加,一般用通货膨胀系数反映平均价格上涨程度。设现实费用需求为 R_1,考虑通货膨胀影响,则 n 年后费用需求 R_{n+1} 应为

$$R_{n+1} = R_1 (1+\beta)^n \tag{4.14}$$

式中,β 为 n 年中平均通货膨胀系数。

在费用预测中,为避免费用时间性带来的不便,常将各项费用折算为某一固定年份的现值费用通用计算。

4.6 本章小结

本章首先对导弹装备费用预测进行概述,阐述了费用预测的目的、意义和存在的问题,然后介绍了寿命周期费用的预测模型,结合实例,分别应用 SPSS 统计分析软件进行主成分回归分析和基于模糊贴近度的神经网络模型进行费用预测,通

过误差分析来比较两种方法的优劣,最后对费用的时间性进行处理。

参 考 文 献

[1] 张志伟.大型复杂装备费用预测有关问题探讨[J].国防技术基础,2008(9):56-59.

[2] 李积源.舰船装备经济性分析[M].武汉:海军工程学院出版社,1997.

[3] 李清池,张中元.导弹装备技术经济性分析[M].北京:海潮出版社,2005.

[4] 陈守煜.工程模糊集理论与应用[M].北京:国防工业出版社,1998..

[5] 胡志根.基于模糊预测的工程造价估算模型研究[J].系统工程理论与实践,1997(2):38-45.

[6] 江晓涛.一类具有数域特点的贴近度公式[J].四川师范学院学报,1996,17(4):30-33.

[7] 焦李成.神经网络计算[M].西安:西安电子科技大学出版社,1993.

[8] 史志富,张安,王卫华,等.导弹武器系统费用的模糊估算模型研究[J].模糊系统与数学,2006(2):153-157.

[9] 罗应婷,杨钰娟.SPSS统计分析:从基础到实践[M].北京:电子工业出版社,2007.

[10] 张最良,李长生,赵文志,等.军事运筹学[M].北京:军事科学出版社,1993.

第 5 章　导弹装备采办综合决策方法

导弹装备在设计、研制、生产和使用过程中,通常使用"效能-费用比"这一指标来衡量或评价各个系统方案的优劣,进而做出决策。在进行规划、设计、研究、生产和装备使用等各个阶段,都要经过"费用-效能比"分析,然后做出选择或决策,但这样的决策模型的决策依据比较单一,不利于导弹装备的采办决策。本章在前面各章研究的基础上,结合模糊综合评价方法,把效能、费用和效费比作为三个因素,建立预研导弹装备采办综合评价决策模型。通过模型的定量计算,能够对预研导弹装备采办决策提供更全面的支持。

5.1　效能-费用比决策模型

5.1.1　效能-费用比的概念

"效能-费用比"是根据武器装备所达到的效能(所获得的价值)与其所消耗的资源(费用),在满足战术技术要求的各个方案中进行比较的过程。效能-费用比可以定义为:根据所得到的价值(效能)与所消耗的资源,去比较满足任务要求的各个方案过程。通常所说的,研究花钱少、收效大的最优方案,追求效能-费用最好匹配的过程,就是效能-费用比。效能-费用比就是输出与输入的比较。对导弹装备而言,即军事使用价值与研究生产与使用保障过程中,人力、物力、财力的消耗之间的比较,在一定重要依据不同样多的输入,获得的输出越多,效能-费用比就越好。所谓"效能-费用比"指的是取得能达到预定目标(效能)的能力与所消耗的资源(费用)之间的关系。

5.1.2　效能-费用比的目的

(1)效能-费用比的目的,通常是在既定任务的效能水平一定的前提下,把费用(资源)消耗减少到最低限度。效能-费用比所能做到的是:当把效能保持在可以接受的最低水平时,装备费用达到最小值;或者是当把费用保持在可接受的最高水平时,效能达到最大值。

(2)效能-费用比可以给决策者提供有关装备费用效能方面的信息,使决策者可以根据效能-费用比的结果及其他需要考虑的因素进行决策,从而能以合理的寿命周期费用获得符合性能和战备完好性目标的装备。

(3)对导弹装备进行效能-费用比分析,是要在满足战术要求的若干个方案中进行效能-费用比估计,提供足够的信息,并以此信息去评价各方案的优劣,以供决策者进行最优方案选择。

5.1.3 效能-费用比的重要性

发展研制任何一种导弹装备,都需要考虑如何能使消耗的资源尽可能少,而取得效能尽可能高。因此在导弹装备设计、研制、生产和装备使用各个阶段,都要通过"效能-费用比",然后做出选择或决策。

效能-费用比输出的信息应当在最后以绝对值的形式给出,并与能够达到规定目标的其他方案加以比较。因此,在发展计划执行过程中的每一个重要时刻,即在导弹装备进入寿命周期及之前的每一个新阶段,都要进行效能-费用比。特别是发展开始前期或装备的最初阶段的费用-效能比更为重要,因为其结果对投资大小、资源消耗的影响最大。

效能-费用比在装备评价中是十分重要的。装备效能分析是装备效能-费用比的基础,而效能-费用比是效能研究的目的,即最终目的是通过效能-费用比,提供决策信息。

5.1.4 效能-费用比的意义

一般来说,在实践中效能-费用比是通过一定的人(或部门)与一定手段(或装备)相结合来实现的。不同的人(部门)使用同样的装备,或同一个人(部门)使用不同的装备,却可能获得不同的效能-费用比。前者是装备质量优劣特性的体现,后者是人的管理水平产生的结果。

某一导弹装备方案的获取费用和使用期间的各种继生费用之和,构成该方案的输入,有国防费支出;而导弹装备的输出将是在规定的期间,在军队的有效管理下,发挥其战术技术性能,完成其预期任务的效能。简单地说,输入的是装备购置费和使用保障费,输出的是所达到的导弹装备的效能。

输入费用的多少不仅是一个经济问题,而且是反映导弹装备设计制造和使用保障管理的一面镜子。控制投入费用能够有效地促进提高导弹装备质量,改进可靠性和维修性,提高技术装备的使用保障水平,并可以节约出大量的费用作为研究和发展新装备的资金,从而起到推动国防现代化建设的积极作用。

5.1.5 效能-费用比的一般程序

效能-费用比的程序应该包括目标任务分析;系统方案分析;费用资源分析;效能分析;模型建立;准则的确定及采办决策。其流程如图5.1所示。

第5章 导弹装备采办综合决策方法

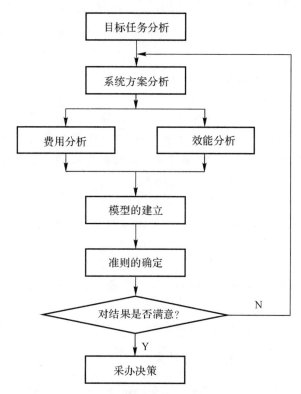

图 5.1 效能-费用比的一般程序图

1. 目标任务分析

确定目标、任务应当和导弹装备的功能分析结合起来,并且把功能要求作为进行设计和系统分析的基础。在充分了解功能的基础上,才有可能设计出达到目标、保证完成任务的系统方案。

2. 系统方案分析

系统方案分析是指对有可能达到目标或任务要求的各个备选方案进行分析比较。通过效能-费用比分析选择最优方案,是效能-费用比的重要任务之一。确定方案之前应对现有装备、正在研制的装备、改进的装备和探索中的装备,甚至包括国外的装备逐个加以分析研究。特别是方案论证阶段进行效能-费用比分析时,应在方案分析方面多做些工作。

3. 费用分析

每个方案的费用都应当经过仔细的分析计算。在确定一个方案的费用时,要研究其所有资源。费用预测应尽可能力求精确。对难以预测准确的部件费用,可采用各种合适的量值进行比较分析。对费用的预测值,一般都要通过灵敏度分析予以检验。

4. 效能分析

每个方案的效能都应当经过仔细的分析计算,效能评估应尽可能力求精确。对难以评估准确的装备效能,可采用各种合适的量值进行比较分析。对效能的评估值,一般都要通过灵敏度分析予以检验。

5. 模型的建立

效能-费用比分析中,要用模型去研究系统中有关问题的许多变量。一个模型是描述实际状态或预计未来状态的参数关系,其目的是在有限范围内表示方案的结果。在建立模型过程中,重要的问题在于正确处理那些难于量化的因素。在这种情况下,可以采用定量分析与定量分析相结合的方法。

6. 准则的确定

进行装备采办决策时有以下三种简单的准则:

(1)等费用准则:在满足各给定费用约束的条件下,使方案的效能最大;

(2)等效能准则:在满足各给定效能约束的条件下,使方案的费用最小;

(3)效费比准则:使方案的效能与费用之比最大。

7. 采办决策

根据模型的结果和决策准则进行决策。

5.1.6 效能-费用比的特点与结构

从导弹装备的战斗用途和技术性能提出论证开始,到导弹装备的选择、拨款的分配、方案的制定和实施为止,效能-费用比必须首先用于评价决策方案。效能-费用比的实质是把注意力集中在一个方案的结果上,即要根据每个决策方案的效果来权衡它们的优点,还要从效果着眼来比较每个方案的费用。

1. 效能-费用比的特点

虽然效能-费用比的步骤和任何计划工作决策是一样的,但还有其特点:

(1)目标一般是以输出或以最终成果为主,并且常常是不明确的,不是像企业或商业的利润那样具体明确;

(2)抉择方案通常体现为满足目标的总系统、规划和战略;

(3)必须与目标联系起来衡量其效果,并尽可能精确,尽管有的效果不一定能用数量来表示;

(4)费用预测常常采用基本预测方法和智能预测方法,但预测的费用应是全寿命费用。

2. 效能-费用比的结构

模式和其他运筹方法,可使效能-费用比更有规则。拟定费用模式可用来说明每个决策方案的费用预测,拟定效能模式可以来说明每个决策方案及其效能之间的相互关系。然后,用这种把效能和费用综合起来的模式来说明每个决策方案和效能之间的相互关系,如图 5.2 所示。

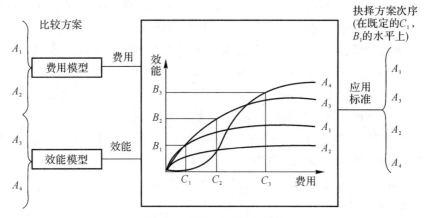

图 5.2 效能-费用比的结构

这个模式说明了图中所示的四个抉择方案:A_1,A_2,A_3,A_4 可以代表想要研制的四种不同型号的导弹装备。假定在不同的费用水平(C_1,C_2,C_3),效能水平(B_1,B_2,B_3)是不同的。这些效能水平可以由许多因素诸如射程、射击精度、载重、当量、抗干扰能力和可靠性等性能来衡量。这个模式表明,在 B_1 和 C_1 点上,抉择方案 A_1 的效能-费用比最好。在 B_2 和 C_2 点上,抉择方案 A_4 的效能-费用比最好。对 B_3 和 C_3 点来说,A_3 的效能-费用比最好。

费用最大的抉择方案并不总是最有效的,在效能有各种因素衡量时尤其如此,因此效能-费用比是促进决策人员根据效能及其费用的对比关系来探讨各种决策方案的。

5.1.7 效能-费用比计算模型及其应用

计算出导弹装备的效能和费用后,如何进行决策?在本章前面的论述中已经指出,只以作战效能为评价指标有失偏颇,但只以寿命周期费用来评判更是不可取,必须以使方案的效能与费用之比最大为评判准则。因此,可以用费用能提供多大的效能来计算效费比。

$$效费比 = \frac{E}{C} \tag{5.1}$$

可以看出效费比决策模型是综合考虑效能与费用因素的决策模型,它以效费比数值的大小作为采办决策的依据。

效能-费用比计算模型的应用如下:

1. 论证及方案阶段

(1)估算效能、寿命周期费用、研制与生产费用和各年度所需费用,以及重要的费用项目；

(2)确定和评价装备的固有能力、可靠性、维修性、安全性、保障性和进度等因素对装备效能、寿命周期费用、研制与生产费用的影响；

(3)进行费用和效能诸因素(固有能力、可靠性、维修性、安全性、保障性等)、进度的权衡研究；

(4)对各备选方案进行评价；

(5)评价和比较参与投标的研制方案，为选择研制单位与签订合同提供依据；

(6)以文件形式确定研制单位应达到的效能、费用及其主要影响因素的要求，以及需完成的费用效能方面的工作；

(7)提出关于研制、生产、使用与维修管理的建议。

2. 工程研制阶段

(1)在整个工程研制过程中，研制单位应以订购方所提出的费用效能指标和要求，采用效费分析来评价设计方案，并选择效费比最佳的设计途径，以减少寿命周期费用；

(2)评价变更设计方案对费用效能的影响；

(3)控制重要的费用项目；

(4)分析效能及其主要影响因素和研制费用的实现值，以研制费用的实现值和其他已确定的因素为根据重新估算寿命周期费用；

(5)确定和评价研制单位所实现的固有能力、可靠性、维修性、保障性等因素对效能、寿命周期费用及其主要部分的影响，作为提供转入生产阶段的决策依据之一；

(6)评价和比较参与投标的生产方案，为生产单位的选择和签订合同提供依据。

3. 生产阶段

(1)评价实际使用过程中装备所能达到的效能和所支付的费用；

(2)评价与改进使用与保障方案；

(3)为改进型设计、现代化改装、封存决策和新装备的研制提供信息；

(4)评价退役时机和延寿方案；

(5)对装备更新提出建议。

4. 退役阶段

(1)评价退役处置方案；

(2)全面收集招理装备的费用及效能资料以便为今后新装备的效费比分析提供信息。

5.2 基于模糊评判的导弹装备采办综合决策模型

效费比决策模型是单指标的决策模型,为导弹装备采办决策提供的依据相对比较单一。在该模型的基础上,模糊综合评判决策模型能够为导弹装备采办提供更为全面的决策支持。

5.2.1 模糊综合评判法的思想和原理

模糊综合评判是借助模糊数学的概念,对实际的综合评价问题提供一些评价的方法。具体地说,模糊综合评判就是以模糊数学为基础,应用模糊关系合成的原理,将一些边界不清、不易定量的因素定量化,从多个因素对被评价事物隶属等级状况进行综合性评价的一种方法。

模糊综合评判作为模糊数学的一种具体应用方法,其基本原理是[2]:首先确定被评价对象的因素(指标)集和评价(等级)集;再分别确定各个因素的权重及它们的隶属度向量,获得模糊评价矩阵;最后把模糊评价矩阵与因素的权向量进行模糊运算并进行归一化,得到模糊评价综合结果。

5.2.2 模糊综合评判法的模型和步骤

1. 确定评价因素和评价等级

设 $U = \{u_1, u_2, \cdots, u_m\}$ 为刻画被评价对象的 m 种因素(即评价指标);

$V = \{v_1, v_2, \cdots, v_n\}$ 为刻画每一因素所处的状态的 n 种决断(即评价等级)。

这里,m 为评价因素的个数,由具体指标体系决定;n 为评语个数,一般划分为 $3 \sim 5$ 个等级。

2. 构造评判矩阵和确定权重

首先对着眼因素集中的单因素 $u_i(i=1,2,\cdots,m)$ 做单因素评判,从因素 u_i 着眼该事物对抉择等级 $v_j(j=1,2,\cdots,n)$ 的隶属度为 r_{ij},这样就得出第 i 个因素 u_i 的单因素评判集:

$$r_i = \{r_{i1}, r_{i2}, \cdots, r_{in}\}$$

这样 m 个着眼因素的评价集就构造出一个总的评价矩阵 $\boldsymbol{R}$。即每一个评价对象确定了从 U 到 V 的模糊关系 $\boldsymbol{R}$,它是一个矩阵:

$$\boldsymbol{R} = (r_{ij})_{m \times n} = \begin{bmatrix} r_{11} & r_{12} & \cdots & r_{1n} \\ r_{21} & r_{22} & \cdots & r_{2n} \\ \vdots & \vdots & & \vdots \\ r_{m1} & r_{m2} & \cdots & r_{mn} \end{bmatrix}$$

其中,r_{ij} 表示从因素 u_i 着眼,该评判对象能被评为 v_j 的隶属度

($i=1,2,\cdots,m;j=1,2,\cdots,n$)。具体地说,$r_{ij}$ 表示第 i 个因素 u_i 在第 j 个评语 v_j 上的频率分布,一般将其归一化使之满足 $\sum r_{ij}=1$。

得到这样的模糊关系矩阵尚不足以对事物做出评价。评价因素集中的各个因素在"评价目标"中有不同的地位和作用,即各种评价因素在综合评价中占有不同的比例。 拟引入 U 上的一个模糊子集 A,称权重或权数分配集,$A=\{a_1,a_2,\cdots,a_m\}$,其中 $a_i\geqslant 0$,且 $\sum a_i=1$。它反映对诸因素的一种权衡。

权数乃是表征因素相对重要性大小的度量值。在某些情况下,确定权数可以利用数学的方法(如层次分析法),尽管数学方法掺杂有主观性,但因数学方法严格的逻辑性而且可以对确定的"权数"进行"滤波"和"修复"处理,以尽量剔除主观成分,符合客观现实。

这样,在这里就存在两种模糊集,以主观赋权为例,一类是标志因素集 U 中各元素在人们心目中的重要程度的量,表现为因素集 U 上的模糊权重向量 $\mathbf{A}=[a_1 \quad a_2 \quad \cdots \quad a_m]$;另一类是 $U\times V$ 上的模糊关系,表现为 $m\times n$ 的模糊矩阵 $\mathbf{R}$。这两类模糊集都是人们价值观念或者偏好结构的反映。

3.进行模糊合成和做出决策

$\mathbf{R}$ 中不同的行反映了某个被评价事物从不同的单因素来看对各等级模糊子集的隶属程度。用模糊权向量 $\mathbf{A}$ 将不同的行进行综合,就可得到该被评事物从总体上来看对各等级模糊子集的隶属程度,即模糊综合评价结果向量。

引入 V 上的一个模糊子集 B,称模糊评价,又称决策集,即 $B=\{b_1,b_2,\cdots,b_n\}$。

对于由 $\mathbf{R}$ 与 $\mathbf{A}$ 求 B 的问题,一般地令 $B=\mathbf{A}*\mathbf{R}$($*$ 为算子符号),称之为模糊合成运算,有多种算子可供选择,常用的有($\times$,$+$)算子和($\wedge$,$\vee$)算子。

如果评价结果 $\sum b_j\neq 1$,应将它归一化。

b_j 表示被评价对象具有评语 v_j 的程度。各个评判指标,具体反映了评判对象在所评判的特征方面的分布状态,使评判者对评判对象有更深入的了解,并能做各种灵活处理。如果要做出决策,则可选择最大的 b_j 所对应的等级 v_j 作综合评判的结果。

B 是对每个被评判对象综合状况分等级的程度描述,它不能直接用于被评判对象间的排序评优,必须要更进一步的分析处理,待分析处理后才能应用。通常可以采用最大隶属度法则对其处理,得到最终评判结果。

5.2.3 导弹装备采办综合决策建模计算与分析

1.评价指标体系的建立

导弹装备采办决策因素最终体现在寿命周期费用、效能和效能-费用比三个因素,而每个因素又有若干评价指标所决定。相应地,评价指标集分为三个层次:第一层,总目标因素集 $u=\{u_1,u_2,u_3\}$;第二层,子目标因素集 $u_1=\{u_{11},u_{12},u_{13},u_{14}\}$ 和子目标因素集 $u_3=\{u_{31},u_{32},u_{33},u_{34},u_{35}\}$;第三层,子目标因素集 $u_{31}=\{u_{311},u_{312},u_{313}\}$。导弹装备采办决策系统的结构及其各评价指标的具体含义,如图 5.3 所示。

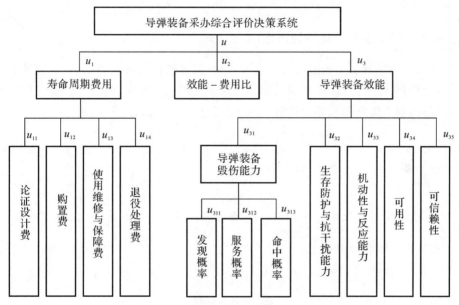

图 5.3　导弹装备采办综合评价决策系统

2. 评价集的确定

评价集是对各层次评价指标的一种语言描述,它是导弹专家对各评价指标所给出的评语的集合。本模型的评语共分五个等级。具体的评价集为

$$v=\{v_1,v_2,v_3,v_4,v_5\}=\{很好,好,较好,一般,差\}$$

5.2.4　权重的确定

在进行模糊综合评价时,权重对最终的评价结果会产生很大影响,不同的权重有时会得到完全不同的结论,因此,权重选择的合适与否直接关系到评价结果的有效性。确定权重的方法有很多,如专家估计法、层次分析法等,可根据系统的复杂程度和实际工作需要进行适当的选择。本模型的决策系统比较复杂,在这里采用层次分析法来确定权重,具体过程不再赘述。

由图 5.3 可以看出第一层权重的因素为寿命周期费用、效能-费用比和导弹装备效能,权重 $A=\begin{bmatrix}a_1 & a_2 & a_3\end{bmatrix}$。

第二层权重因素为寿命周期费用下的论证设计费、购置费、使用维修与保障费、退役处理费,权重 $A_1 = [a_{11} \quad a_{12} \quad a_{13} \quad a_{14}]$;导弹装备效能下的导弹装备毁伤能力、生存防护与抗干扰能力、机动性与反应能力、可用性、可信性,权重 $A_3 = [a_{31} \quad a_{32} \quad a_{33} \quad a_{34} \quad a_{35}]$。

第三层权重因素为导弹装备毁伤能力下的发现概率、服务概率和命中概率,权重 $A_{31} = [a_{311} \quad a_{312} \quad a_{313}]$。

5.2.5 模糊判断矩阵的确定

选取预研导弹装备的设计者和导弹专家,对评价指标体系中第二、三层各个元素进行单因素评价,具体做法可采用问卷调查的形式。通过对调查结果的整理、统计,即可得到单因素模糊评判矩阵。

$$R = (r_{ij})_{m \times n} = \begin{bmatrix} r_{11} & r_{12} & \cdots & r_{1n} \\ r_{21} & r_{22} & \cdots & r_{2n} \\ \vdots & \vdots & & \vdots \\ r_{m1} & r_{m2} & \cdots & r_{mn} \end{bmatrix}$$

式中,m 为评价指标集中元素的个数;n 为评价集中元素的个数。

5.2.6 综合评判决策

1. 分层作综合评判

$$B_{31} = A_{31} * R_{31}$$
$$B_3 = A_3 * R_3$$
$$B_2 = [b_{21} \quad b_{22} \quad b_{23} \quad b_{24} \quad b_{25}]$$
$$B_1 = A_1 * R_1$$

式中,模糊评价集 B_{31} 即为评判因素 u_{31} 相对于上一层因素 u_3 的单因素评判结果,与同一层的其他评判因素的单因素评判结果一起构成单因素模糊评判矩阵 R_3;B_2 即为评判因素 u_2 相对于上一层(决策层)的单因素评判结果,其中 $b_{2j}(j=1,2,3,4,5)$ 由 u_2 相对于各评判等级的隶属函数求出。

2. 高层次的综合评判

$$B = A * R = A * \begin{bmatrix} B_1 \\ B_2 \\ B_3 \end{bmatrix} = [b_1 \quad b_2 \quad b_3 \quad b_4 \quad b_5]$$

根据最大隶属度原则,说明预研导弹装备采办综合评价决策的结果属于 $\text{Max}(b_i)(i=1,2,3,4,5)$ 所对应的等级水平。

在以上综合评判中,算子"$*$"通常取$(+,\times)$算子或$(\vee,\wedge)$算子。

根据采办综合评价决策的结果,可以为预研导弹装备采办决策提供依据。

5.3 本章小结

本章主要对导弹装备采办综合决策模型进行研究,分别建立了单一指标的效费比决策模型和多指标的综合评价决策模型。在研究综合评价决策模型过程中,基于模糊评判的思想和原理,建立导弹装备采办的综合评判决策模型,并把效费比也作为一级指标,为导弹装备的采办决策提供依据,提高导弹装备采办决策的科学性和可信性。

参 考 文 献

[1] 李清池,张中元.导弹装备技术经济性分析[M].北京:海潮出版社,2005.
[2] 杜栋,庞庆华,吴炎.现代综合评判方法与案例精选[M].北京:清华大学出版社,2008.

第 2 篇　导弹装备维修管理决策方法

第6章 导弹装备维修管理决策导论

6.1 引 言

随着科学技术的不断发展,装备的科技含量不断提升,其维修保障要求也越来越高。装备维修保障在平时影响装备的战备完好性,在战时则影响任务成功性,已成为影响武器装备作战效能的重要因素[1]。在海湾战争中,维修保障发挥了至关重要的作用,美军坦克、舰艇和飞机的完好率在90%以上,保证了美军持续的作战能力,而反观伊拉克的坦克和飞机由于缺乏维修能力,在战争后期都成了一堆破铜烂铁,战争结果可想而知。随着世界政治、安全和军事形势的变化,地区性冲突、恐怖主义等局部战争已成为影响世界安全的主要危险,需要更为精干的机构、更好的机动性和更为敏捷的反应,要求有及时而精确的维修作保障[2]。

装备的维修保障贯穿于武器装备"从生到死"的全过程,它涉及武器装备的研制、生产、使用、维修直至退役的各个环节,是武器装备全寿命管理的重要内容。资料表明,在新型武器系统寿命周期费用中,工程研制费用只占10%,生产费用占30%,后期的使用维护保养费用则高达60%,维修保障费用已成为武器装备全寿命费用中最重要的组成部分。因此使用部门在做出购买装备的决策时,不仅要考虑武器装备的先进性和当前能否"买得起",还要考虑整个使用期间能否"用得起"和"修得起"[3]。另外,良好的维修保障是延长武器装备使用寿命的重要手段,装备的使用寿命需要精心的使用维护才能得以保持、恢复甚至延长。

为了提升装备维修能力,必须注重对维修资源和维修过程等要素的管理。装备维修管理的目的是协调维修行为,使无序的维修活动变为有序的维修行为,从而产生保障效益。装备维修管理可分为维修资源管理、维修过程管理和维修费用管理三方面,通过统筹安排实现人财物的合理配置,针对维修过程中的关键环节进行科学合理决策,从而达到管理目的[4]。我国的导弹作战力量经过近年来的不断发展,武器装备整体水平有较大提升,但在装备管理水平上还有很大提升空间,需要不断改进。由于导弹装备涉及专业多,装备门类广泛,维修管理问题复杂,需要决策的问题较多,所以在装备维修的科学管理上每前进一小步对节约经费和提升装备完好率都有质的飞跃。

为了改善导弹装备维修管理中存在的不足,应着力于导弹装备维修管理问题的决策方法研究。导弹装备作为现代战争中常用的武器,其维修工作的复杂性、维修问题的多样性、维修任务的紧迫性给维修管理带来了很大难度,因此通过对维修管理中的问题进行科学的分析与决策,能够有效增强维修管理的效益,进而提升部队的战斗力。

6.2 国内外研究现状及发展趋势

装备维修影响装备使用,国内外对于维修管理决策的研究比较广泛,从维修工程学和精益维修到全寿命管理,维修管理理论涉及各个方面。其中以可靠性为中心的维修理论受到重视,在各种维修工作中应用颇多,装备部门还出台了国家军用标准,对可靠性维修理论在实际中的应用进行规范,对装备维修工作起到了很大的促进作用。

6.2.1 国外研究现状

进入21世纪,随着装备技术含量的不断提升,在装备维修管理方法方面的研究也逐步增多。按实现目标和策重点的不同,研究的方向也不相同。

在装备维修资源管理方面,国外主要从维修资源需求分析和维修备件管理等方面做了许多工作,而对维修机构人员规划研究略少。

(1)在维修资源需求分析方面,美军装备维修设备管理实现了智能化请领和供应,可通过统计方法得到维修器材消耗规律。美国军方提出了以维修资源运筹为核心的自动化后勤(Automation Logistics)的概念,并在维修工作中得到落实。美国空军中负责维修决策的军官占到空军军官总数的6%,而负责维修保障的士兵达到士兵总数的21.3%[5]。美国海军作战部水面战分部和海军海上系统司令部负责制定舰队维修决策和程序的机构(SEA04M)认识到,美国海军21世纪的维修资源是有限的,要满足政府赋予海军的越来越高的要求,必须修订和改进用于舰艇和舰载系统维修的程序和工具。美国海军已经开发出了一种新的舰艇维修可用性规划工具——"维修需求系统"(MRS,Maintenance Requirement System),该系统已于2001年开始在水面舰艇上试用。MRS能够让海军最高当局充分认识到不足的维修资源将给舰艇战备完好性带来的影响,从而准确地评估减少维修资源所带来的风险[6]。

(2)在维修备件管理方面,Cox[7]模型将部件多维状态和历史故障信息结合起来,描述寿命周期内的部件故障率的变化,预测可能出现的故障,并将其与目标函数结合得到优化结果。McMasters[8]依据备件需求是泊松或正态分布,给出了安全量存储模型,并采用仿真方法验证,对海军可修备件目录的模型进行了修改,修改后的模型可提高装备的可用度。Dohi等人[9]提出了定购更换模型,其中如果系统在t_0时刻之前发生故障,则立即进行加急定购,备件到达之后更换系统;如果系

统在 t_0 时刻仍然正常运行,则马上进行正常订购,之后根据备件可用情况和系统失效情况进行维修决策。该模型中加急定购和正常定购的费用、交付时间都不相同,并且两类定购的交付时间为服从不同分布的随机变量。Kabir 和 Al-Olayan[10]对(S,s)备件定购策略进行了深入的研究,一方面系统基于工作时间进行预防维修决策,另一方面,初始备件库存水平设为S(也即最大备件库存水平),在使用过程中(备件由于预防维修或者故障后维修而减少),如果备件个数减小到s则立即订购$S-s$数量的备件。日本的研究人员 Kawai[11]根据马尔可夫理论,给出了单设备系统视情维修和备件采购联合管理策略。在该策略中,系统劣化过程分为离散的若干状态,如果检查中发现系统状态大于等于 D_i,则立即定购备件;如果检查中发现系统状态大于等于 D_j,并且备件可用,则立即进行系统更换,否则等备件到达后再更换系统。

(3)在维修过程管理方面,针对各种维修策略和维修方法,对装备维修过程管理提出了许多模型和方法。Vermeulen、Rijanto 和 Schouten[12]针对运转故障和不必要的运转两种故障模式,以可靠度为目标给出了预防性维修模型。Tai 和 Alkalai[13]针对美国国家航空航天局(NASA)航行器随车携带品(寿命服从威布尔分布),提出了预防性维修的方法,该方法能够通过系统部件之间的定期的任务转换、减慢系统老化进程和提高任务可靠性来恢复系统。该方法可提供产品的剩余任务寿命、任务可靠性内失败的维修和维修频率等参数值。Haacchiaroli 和 Riemma[14]针对加工制造厂的特点,以可用度为目标建立了维修模型。Bianchi、Fasolino 和 Visaggio[15]针对软件模型的可追踪性,研究了模型与维修程序之间效率和精确度关系。Murdock[16]研究了按龄期更换预防性维修策略的产品可用度模型中预防性维修时间和修复性维修时间为随机变量的情况,利用拉普拉斯变换给出了可用度函数的准确表达式。Bargeron[17]针对某新型主战坦克装备,建立了坦克有效的维修策略的模型,使坦克装备的战备完好性达到最大,同时该模型可定量评估坦克装备维修计划的效果。

(4)在维修费用管理方面,以装备使用可用度或风险等为目标,对降低装备寿命期内的维修费用做了许多努力。Bunea 和 Bedford[18]建立了以风险为目标的维修模型,并讨论了费用的影响。Lam 和 Yeh[19]构建了连续时间马尔可夫恶化系统,以平均费用率最小给出了求解最优值的算法,模型中假设了系统状态仅能通过检查确定,他们给出了五种维修策略,即故障后替换、龄期更换、不间断检查、周期检查和连续检查。Ruflin[20]研究了 AMRAAM 导弹遭遇到大范围的约束运行时间时的预防性维修策略对维修费用影响。通过对平均剩余寿命功能进行非参数分析确定了导弹系统的老化过程的特征,论文讨论了三个非参数的、经过检查的数据的平均剩余寿命(MRL)功能评估技术,发展了评估平均剩余寿命(MRL)功能的准参数技术,它显示了非参数结果的戏剧性改变,给出了费用最小预防性维修策略可降低系统故障,给出了费用和设计的系统可靠性之间进行直接评估的可靠性费用模型。Steams[21]通过 F404 - GE - 400 装备发动机的修理过程分析,以使用可用度为约束建立了平均维修费用最小为目标的仿真模型,解决了发动机模块的初始备件及工具目录清单问题。Schmorrow[22]分析了在过去 10 年间,1/4 的海军航行器灾祸是由于维修失误造成的,目前的操作环境是造成维修失误的主要原因,论文评价了 470 个海军航行器灾祸与截然不同的维修失误的相关性。论文运用目前的人为错误的组织和心理学理论分类法对这些失误进行了分类。论文用数学方法对这些错误的结果进行了模拟,并运用该模型对基于维修的灾祸频率进行预测,以及预计由于每一类错误的减少而可能节约的费用。Meeks[23]通过广泛搜集沙漠风暴行动信息,预测 10 年后正在服役的 EA - 6B 徘徊者(Prowler)航行器主战装备将需要进行大量的基地级维修,给出了以维修费用为目标的采用集中维修或单独维修结合策略的 EA - 6B 基地维修优化模型(EDMOM),可减少 10% 的维修费用。

6.2.2　国内研究现状

国内在维修管理研究上,发展比较缓慢。随着可靠性理论和全寿命管理思想的不断深入,其在装备维修管理上的应用逐渐加强,军方和工业部门出台了一系列的标准把维修理论落到实处。但由于一些技术实现和体制机制问题,维修的各种理论研究还不能很好地实现应用。国内对维修管理的研究主要集中在维修器材配置优化、备件订购库存优化和维修间隔期、维修方式、维修等级的优化上。

叶红兵等人[24]在"基于人工神经网络的维修人力仿真模型"中,采用相似系统法确定维修人员数量、专业及技术等级的需求,通过确定相似系统的具体内容包括相似装备的结构和功能、维修级别、工作内容、年维修次数和装备总数五方面,设计出人工神经网络模型,引入层次分析法计算权系数,通过对输入的培训学习得出人员人力需求,充分体现了其非线性特性,提高了人员人力确定的准确度和实效性。

孙可斐[25]在"基于维修策略的服务备件库存控制研究"中,详细介绍了库存控制的策略,首先是维修策略的确定,得出一套科学的备件分类方案,将管理的范围确定在关键的、使用频率高的、价值高的备件上,然后是订货策略制定。

赵敏[26]在"备件的库存模式与控制策略研究"中,通过对现有设备管理和备件管理的分析,明确备件管理中存在的主要问题及其影响,确定备件储备和设备维修模式的关系,对传统备件分类的 ABC 方法进行改进,提出多维分类法,并据此对库存管理模式进行分析,提出了库存管理的新方法,对备件库存控制策略也进行了分析改进。

王刚等人[27]在"备件管理中的时间概率储备模型"中,主要介绍了时间概率储备模型,在进行备件 ABC 分类后,对重要部件采用时间概率储备模型,模拟出重要部件的寿命概率模型,进而调整订购日期,从而大幅减少了备件储备时间,节约了备件储备费用。

付捷[28]针对船舶维修保养的维修策略,通过建立模型来研究节约船舶维修费用的问题,包括对修船厂的选择、船舶备件存量优化以及船舶合理维修周期的确定,详细阐述了解决问题的措施。

曹明兰等人[29]主要将全寿命成本分析方法用于桥面维修决策中,考虑维修措施效果好坏的因素,在分析桥梁全寿命成本构成的基础上,建立了计算模型,并对交通部门常用的集中全寿命维修情形进行了计算,得出了最优结果。

苏尚国[30]在"基于RCM理论的某型坦克维修策略研究"中,首先将灰色理论与层次分析法相结合进行了重要功能产品的定量决策,而后对重要功能产品进行故障模式、影响和故障分布规律分析,然后通过定性的逻辑决断方法和定量的模糊层次分析方法进行维修类型的选择,最后通过灰色局势决策理论对修理级别进行经济性分析,以确定具体的维修级别选择方案。

闫鹏飞[31]在"装甲装备维修性动态建模和维修策略优化方法研究"中,通过对装甲装备划分分系统,以小子样数据为背景,基于贝叶斯理论和多源信息融合,提出了维修性动态建模的方法;在维修策略优化上引入了基于预防维修质量评估的回退因子的概念,建立了以分系统为研究单元,可用度为约束条件,费用最小为目标的优化模型,并采用蒙特卡洛和遗传算法仿真,得出了最佳预防性维修周期。

胡海军等人[32]在"一种包含非理性维修的延迟时间模型"中,针对延迟时间模型没有考虑维修效果对故障过程的影响的问题,根据比例役龄消减模型的假设,提出一种包含非理想维修的延迟时间模型,假设检测维修的效果是非理想的而故障维修的效果是理想的。

史连艳等人[33]在"导弹武器系统定检周期的确定方法"中,进行了导弹武器系统中的一部分定检周期的计算,以某型控制设备为对象,对所提出的检测周期分阶段确定方法进行介绍,主要确定第一次故障前时间的概率分布曲线。

孙亮[34]在"基于定期监测的导弹储存可靠性预测模型"中,在对导弹储存受环境影响可靠度下降的基础上,通过采用定期检测方式来检查故障,运用三种预测模型分别对导弹储存可靠性和故障时间进行预测,得出第三种模型更适合该型导弹,并提出通过提高测试效率可增强导弹的储存可靠性。

李检川[35]在"贝叶斯网络故障诊断与维修决策方法研究"中,深入研究了贝叶斯网络故障诊断与维修决策方法,提出了基于故障假设—观测—维修操作节点结构的诊断贝叶斯网络模型,提出了诊断贝叶斯网络的面向对象知识表达方法、诊断贝叶斯网络分级建造方法、基于设备功能模型和故障树模型建造诊断贝叶斯网络的方法、基于贝叶斯网络的故障诊断与维修决策算法,形成了较为完备的故障诊断与维修决策系统。

吕耀平[36]在"战时装备维修保障决策模型体系研究"中,通过对战时装备维修保障系统进行分析,依据装备维修系统业务流程,构建了决策模型系统,主要由任务计算模型组、任务分配模型组、资源需求预算模型组、战损评估模型组、资源调整模型组和战后统计模型组六个模型组构成。

6.2.3 发展趋势

装备维修管理人员面临的主要挑战,不仅是要学习新技术,而且要能决定在本单位内哪些值得做,哪些不值得做。如果决策人员做出了正确的选择,就能改善装备的性能且同时控制住,甚至降低维修费用。如果选择是错误的,就会产生新问题,同时现存的问题只能更加严重。在这基础上,必须注重维修保障体系结构的改进、资源配置的优化和系统工程思想的实现。

现代维修总的发展趋势是维修技术集成化、全员化、计算机化、网络化、智能化;维修保障社会化、专业化、规范化等。而维修管理的发展趋势可以总结为以下几方面。

1. 业务流程再造

现代管理理论诞生以来,研究如何做事、如何提高做事效率问题的重点,主要集中在组织"分层"和职能"分工"等方面。但是,由于信息化和机构的复杂化的不断发展,装备维修机构边界呈现出模糊化、虚拟化趋势,传统的以"分"为原则的组织形式已不能满足现代装备维修管理发展要求。以哈默为代表的学者,提出要运用先进的信息系统、信息技术和管理手段,再造业务流程。因此通过最大限度地减少对维修效益提升无实质作用的环节和过程,建立起科学的组织结构和业务流程,才能从根本上提高装备维修机构的维修能力。

2. 知识管理

随着人类社会由工业经济向知识经济迈进,现代组织正在发生着重大变化,组织的竞争力不再由规模和财力决定,而由拥有知识的质和量来决定。知识管理论正是在这种形势下应运而生,装备维修管理技术含量较高,需要有知识的人和有知识的组织来实现其价值。

3. 范式创新

范式是指组织所共有的有关组织自身、组织环境和组织人员观念、思维模式等硬、软件的总和,是组织发展过程中形成的为多数人所拥有的东西。组织范式一旦形成,就会在原来制度平台上形成较大的惯性,如现代组织普遍存在的保守、官僚和低效等问题,就属于旧范式惯性所致。范式创新论就是针对这一问题,着力研究一个组织如何认识和变革原有范式、建立新范式的理论。

6.3　本篇主要内容

本篇分析导弹装备维修管理中需要决策的主要问题,分别建立导弹装备维修资源、维修过程和维修费用优化模型,提出相应的导弹装备维修管理决策方法。本篇主要内容如下：

(1)导弹装备维修管理中的决策问题。分析现代维修管理理论和导弹装备维修管理,从维修资源管理、维修过程管理和维修费用管理三方面提出导弹装备维修管理中需要决策的主要问题。

(2)导弹装备维修资源管理决策方法。分析导弹装备维修机构任务和人员,建立维修机构人员优化模型；根据备件数据情况不同建立备件需求预测模型；分析导弹装备维修备件储存管理中的分类方法,建立基于聚类分析的分类模型。

(3)导弹装备维修过程管理决策方法。分析导弹装备主要维修方式,建立维修方式决策模型；研究建立导弹装备维修间隔期优化模型；以多属性决策方法和群决策方法相结合建立导弹装备维修保障方案决策模型。

(4)导弹装备维修费用管理决策方法。明确导弹装备寿命期维修活动,分析导弹装备维修费用结构,对导弹装备维修管理要素对维修费用的影响进行定量分析,得出导弹装备维修费用管理的对策建议。

第 7 章 导弹装备维修管理中的决策问题

本章对现代维修管理的基础理论和导弹装备维修管理理论进行分析,然后从三方面提出导弹装备维修管理中的决策问题。

7.1 现代维修管理的基础理论

科学技术的不断进步,带动了维修和维修管理的不断发展,各种理论日新月异,如全面质量维修、绿色维修和精益后勤等,但以可靠性为中心的维修和全寿命管理理论最受重视,因此本节重点分析这两方面。

7.1.1 以可靠性为中心的维修理论

1. 可靠性基础知识

可靠性是产品在规定的条件下和规定时间内,完成规定功能的能力,其概率度量称为可靠度[37]。从应用的角度出发,可靠性可分为固有可靠性和使用可靠性。前者仅考虑承制方在设计和生产中能控制的故障时间,用于描述产品的设计和制造的可靠性水平;后者综合考虑产品设计、制造、安装环境、维修策略和修理等因素,用于描述产品在计划的环境中使用的可靠性水平。从设计的角度出发,可靠性可分为基本可靠性和任务可靠性。前者考虑要求保障的所有故障的影响,用于度量产品无须保障的工作能力,包括与维修和供应有关的可靠性,通常用平均故障间隔时间(MTBF)来度量;后者仅考虑造成任务失败的故障影响,用于描述产品完成任务的能力,通常用任务可靠度(MR)和平均严重故障间隔任务时间(MTBCF)来度量。

对某一装备来讲,到某个时期为止,它是否发生故障事件称为随机事件。由于故障的发生具有随机性的特点,所以可靠性的量化常用概率或者随机变量来描述。

(1) 可靠度函数。产品在规定的时间内和规定的条件下,完成规定功能的概率称为产品的可靠度函数,简称可靠度,记为 $R(t)$。

假设规定的时间为 t,T 为产品在规定的条件下的寿命,只有 $T>t$ 的产品才能完成规定功能,$T>t$ 是一随机事件,则 $R(t)$ 可表示为

$$R(t) = P(T>t) \tag{7.1}$$

显然,这个概率值越大,表明产品在 t 时间完成规定功能的能力越强,产品越可靠。

(2) 故障分布函数。产品在规定的时间内和规定的条件下,丧失规定功能的概率,称为产品的故障分布函数,记为 $F(t)$。设产品的寿命为 T,t 为规定的时间,则

$$F(t) = P(T \leqslant t) \tag{7.2}$$

式中,$F(t)$ 为在规定条件下产品寿命不超过 t 的概率,或产品在 t 时刻前发生故障的概率。

(3) 故障分布密度函数。在规定条件下使用的产品,在时刻 t 随后一个单位时间内发生故障的概率称为产品在时刻 t 的故障密度函数,记为 $f(t)$。有

$$f(t) = \lim_{\Delta t \to 0} \frac{P\{t < T \leqslant t + \Delta t\}}{\Delta t} = \lim_{\Delta t \to 0} \frac{P\{T \leqslant t + \Delta t\} - P\{T \leqslant t\}}{\Delta t} =$$
$$\lim_{\Delta t \to 0} \frac{F(t + \Delta t) - F(t)}{\Delta t} = F'(t) \tag{7.3}$$

式中,$P\{t < T \leqslant t + \Delta t\}$ 为产品在区间 $(t, t + \Delta t)$ 发生故障的概率。

(4) 故障率函数。在时刻 t 正常工作着的产品在其后 $t + \Delta t$ 的单位时间内发生故障的条件概率称为产品在时刻 t 的瞬时故障率,简称为故障率,记为 $\lambda(t)$。简单而言,故障率描述的是单位时间内发生故障的条件概率。设 T 为产品在规定条件下的寿命,t 为规定时间,则故障率可表示为

$$\lambda(t) = \lim_{\Delta t \to 0} \frac{P\{t < T \leqslant t + \Delta t \mid T > t\}}{\Delta t} \tag{7.4}$$

(5) 平均寿命。产品寿命的平均值或数学期望称为该产品的平均寿命,记为 θ。设产品的故障密度函数为 $f(t)$,则该产品的平均寿命即寿命 θ 的数学期望为

$$\theta = \int_0^\infty t f(t) \mathrm{d}t \tag{7.5}$$

产品又分为可修复产品和不可修复产品。可修复产品是指通过修复性维修能够恢复到规定状态,其平均寿命称为平均故障间隔时间(MTBF);不可修复产品是指通过修复性维修不能恢复到规定状态或不值得修复的产品,其平均寿命称为平均故障前时间(MTTF)。

2. 以可靠性为中心的维修理论的形成与发展

18 世纪末,蒸汽机、车床等机器设备被大量使用,那时,需要有维修人员在工作现场,机器设备实行"不坏不修,坏了才修"的事后维修。20 世纪初,流水生产线出现,由于某一工序发生故障,造成全线停机,为了防止生产中断,美国在 1925 年首先实行预防性的定时维修,以预防故障和事故的发生。随着人们对维修效果的不断探索,指出过分强调控制拆修间隔期以达到满意的可靠性水平并不可取,可靠性与拆修间隔期的控制并无必然的直接联系,浴盆曲线的耗损特性在许多机件上并不成立。1968 年出现"MSG-1 手册:维修的鉴定与大纲的制定",首次提出定时、视情和状态监控的三种维修方式,用于制定 B-747 飞机预防性大纲。随后,

1978年，美国联合航空公司诺兰等受国防部的委托发表了专著——《以可靠性为中心的维修》，该专著对故障的形成、故障的后果和预防性维修工作的作用进行了开拓性的分析，首次采用自上而下的方法分析故障的影响，严格区分安全性与经济性的界限，提出多重故障的概念，用四种工作类型替代三种维修方式，重新建立逻辑决断图，使以可靠性为中心的维修理论又向前迈进了一大步，从此人们把制定预防性维修大纲的逻辑决断分析方法统称为 RCM。之后以可靠性为中心的维修思想不断深入，一系列标准规范也纷纷制定，并在维修工作中得到落实[38-39]。

以可靠性为中心的维修把安全性和环境性要求放在首位，与传统的预防性维修通过"多做工作，勤检查"来杜绝可能出现的各种故障具有根本性的不同，它是根据故障后果来确定预防性维修工作的，因而能辩证地对待定时维修，科学地规定安全寿命，有效地监控装备使用状态，高效地保证装备的使用安全。预防性维修易造成"维修过度"和"维修不足"的局面，而以可靠性为中心的维修根据故障后果进行预防性维修工作分析，消除了不必要的或起副作用的维修工作，增加了那些被人们忽视而必须做的维修工作，提高了维修的针对性和适用性。以可靠性为中心的维修减少了预防性维修的工作量和维修工时，节省了人力费用和器材备件费用，从而显著改善了维修的经济性。

3. 以可靠性为中心的维修理论的主要内容[40]

(1)辩证地对待定时维修。对于某些简单装备，指只有一种或很少几种故障模式能引起故障的装备，例如对具有金属疲劳或机械耗损的机件等而言，"装备老，故障就多"是对的，应按照某一使用时间或应力循环数来规定使用寿命，此时定时维修对预防故障是有用的。但对大多数的复杂装备，指具有多种故障模式能引起故障的装备，例如导弹及其各分系统、设备等，装备老，故障不见得多，故障不全由耗损造成，许多故障具有偶然性，故障的发生与使用时间的长短关系不大，不必规定使用寿命。

(2)提出潜在故障概念，开展视情维修。潜在故障是即将发生功能故障的可鉴别状态。以可靠性为中心的维修理论提出的潜在故障概念是，使机件在潜在故障阶段就得到更换或修理，有效预防故障，这意味着几乎利用其全部寿命。视情维修是针对机件的潜在故障，在有潜在故障征兆时进行拆卸维修。

(3)提出隐蔽功能故障与多重故障概念，控制故障风险概率。隐蔽功能故障是正常使用设备的人员不能发现的故障，多重故障是指由连续发生的两个或两个以上的独立故障所组成的故障事件。多重故障与隐蔽功能故障之间有着密切联系，隐蔽功能故障没有被及时发现和排除，就可能导致多重故障，产生严重后果，有时维修工作难以保证所要求的可用度，为了把多重故障的概率降低到一个可以接受的水平，只有从设计上采取措施，用明显功能代替隐蔽功能或并联一个甚至多个隐蔽功能。

(4)区分不同故障后果,采取不同对策。传统维修会以故障发生的频率作为进行预防性维修的判断准则,而可靠性维修强调依据故障后果来判别采取何种维修工作类型。1978年诺兰发表的RCM逻辑决断法将故障后果分为安全性(环境性)、隐蔽性、使用性和非实用性四种。1992年我国国家军用标准"装备预防性维修大纲的制定要求与方法"(GJB1378)从明显功能故障和隐蔽功能故障两方面,将严重故障后果分为安全性后果、任务性后果、经济性后果、隐蔽安全性后果、隐蔽任务性后果和隐蔽经济性后果六种。

(5)科学评价预防性维修工作的作用。传统维修理论认为通过预防维修可以弥补装备固有可靠性水平的不足之处,而以可靠性为中心的维修理论认为,装备的固有可靠性是设计和制造时赋予装备本身的一种固有属性,没有一种维修能使可靠性超出设计时所赋予的固有水平。

(6)确定预防性维修工作的基本思路。以可靠性为中心的维修理论是按故障的不同后果,并按维修工作既要技术可行又要值得做的基本思路来确定预防性维修工作的。"技术可行"是指该类维修工作与装备或机件的固有可靠性特性是适应的;"值得做"是指该类维修工作能够将装备或机件恢复到规定的状态。故障后果是确定预防性维修工作的一个重要依据。只有当具有安全性或环境性后果的故障,在预防性维修工作可行且能将可靠性提高到规定水平时,预防性工作才有必要,否则,需更改设计;当具有使用性后果的故障,在预防性维修工作的费用低于故障后维修的费用时,预防性维修才有必要,否则就不必做。

(7)预防性维修大纲的制定和完善。预防性维修大纲是预防性维修要求的汇总文件,一般包括进行预防性维修工作的产品(项目)、维修方式(维修工作类型)、间隔期及维修级别等。RCM分析过程如图7.1所示。

7.1.2 全系统全寿命维修管理理论

导弹装备维修的基本目标是以最经济的资源消耗,保持、恢复和改善导弹装备的可靠性和安全性,最大限度地保障装备作战使用等各项任务的遂行,即装备维修的价值形成于维修及其相关活动过程中,最终体现在装备作战使用任务的完成上。从维修对象来看,导弹装备是一种高技术密集、系统结构复杂的大系统,装备的有效运行建立在系统整体性能稳定、可靠的基础上,所以必须从系统的角度来认识导弹装备。从维修活动来看,维修活动涉及不同层次、不同种类,如不同专业的维修、不同级别的修理、器材备件的供应保障、维修人员的培训、维修改革和维修活动的组织管理等,只有将这些活动构成一个相互影响、相互作用的有机整体,才能高效地达成维修目标。因此,必须树立有机联系、系统整体的观点来认识和观察导弹装备维修,逐步树立和深化维修系统的观念。

导弹装备维修系统同一般系统一样,输入在系统过程作用之下产生一定的系统输出,系统过程可用一个 IDEFO 图来描述,该图刻画了维修过程的控制、输入、输出和机制,如图 7.2 所示。

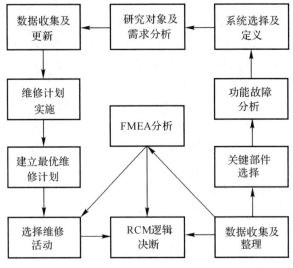

图 7.1　RCM 分析过程示意图

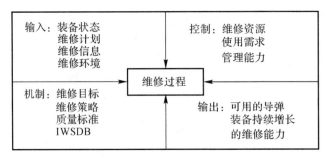

图 7.2　导弹装备维修过程描述

1. 导弹装备维修系统工程

(1) 导弹装备维修系统工程界定。导弹装备维修系统作为一种复杂系统,其一系列过程和活动需要进行统筹优化,使其以最经济的资源消耗最大限度地满足装备的作战使用需求。随着导弹装备的发展和维修环境的变化,系统工程逐渐被引入导弹装备维修领域,由此形成了具有使用和维修特色的装备维修系统工程。导弹装备维修系统工程[41],就是以导弹装备维修系统为研究对象,应用系统工程的理论、技术和方法,从系统整体的目标出发,研究维修理论和解决实践问题。

(2) 导弹装备维修系统工程的一般步骤和方法。导弹装备维修系统工程,为科学分析和解决维修问题提供了一种方法。目前在系统工程中最具代表性的分析和处理方法为霍尔提出的三维结构,它形象概括了系统工程的一般步骤和方法,如图7.3所示。

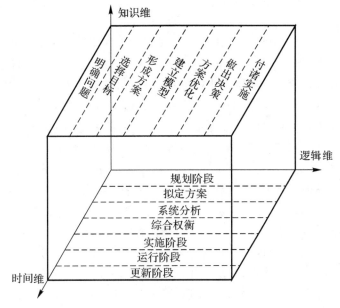

图 7.3　系统工程霍尔三维结构

(3)基于并行思想的导弹装备维修工程。并行工程(CE)是综合、并行地设计产品及其相关过程的一种系统化的管理模式。这种模式力图使产品研制者从一开始就考虑到整个产品寿命周期中的所有关键因素,包括性能、进度、费用和用户需求,旨在优化设计、制造和保障过程。CE 是一种系统化的工作模式,是对传统的串行模式的否定和创新。传统的串行模式是一种"抛过墙"的模式,即装备论证、设计、研制、试验、使用和维修等多个过程序贯进行,过程之间相互分离,工作缺乏相互的沟通和协调,因而上游和下游、部门之间冲突不断,重新设计、返工、周期长、成本高等问题积重难返,难以快速响应使用要求。CE 打破了这种模式,按照系统观点组成了跨部门的综合产品组,以使用需求为牵引,注重统筹规划、早期决策,从更高的层次上对武器装备寿命周期过程进行重组和并行思考,在装备开发的早期就尽可能地考虑使用及其相关过程的各种因素,在设计过程中就考虑并采取有效的措施解决装备生产、装配等制造过程中和维修、器材供应、人员训练等保障过程中的问题,通过建立 IWSDB 实现了装备寿命周期过程与活动之间信息的共享与交换,既降低了冲突水平又改善了效率和效益。

2.全系统全寿命维修管理的技术方法

全系统全寿命维修管理,作为一种新的科学维修管理模式和管理原则,其应用必须有具体的技术和方法支持。从全系统全寿命管理的需求出发,目前支持全系统全寿命维修管理的技术方法主要有系统工程、并行工程、综合保障工程、寿命周期费用分析、目标管理、维修质量全面管理、质量功能部署、故障模式影响分析、统计过程控制、信息技术、持续采办与寿命周期保障等[42]。

(1)目标管理。由于导弹装备是一种高新技术密集的系统,结构复杂,功能综合,需要统筹规划和综合权衡性能、进度、费用和维修保障等系统目标。因此,从导弹装备论证设计开始就必须树立明确的控制目标,然后在系统寿命周期过程中逐步修订和明确各阶段的性能、费用、进度和维修保障目标,并通过对计划目标与各阶段工作的绩效实际结果的比较评审,让组织各成员参与制定目标,并在工作中实行自我控制,确保导弹装备开发、使用和维修保障目标的达成。

(2)寿命周期费用分析。全系统全寿命管理的先决条件是寿命周期费用分析,寿命周期费用分析是合理确定装备性能指标和费用控制目标的依据,也是装备寿命周期管理的基本手段。目前,主要武器装备都已建立了相应的寿命周期费用分析模型,积累了丰富的费用数据,为导弹装备开展寿命周期费用分析奠定了良好的基础。

(3)维修质量全面管理。全系统全寿命维修管理推行维修质量的全面管理,通过建立有效的质量管理体系,广泛利用现代科学技术成果来保证和改进装备质量,如质量功能部署(QFD)、故障模式及影响分析(FMEA)、田口(Taguchi)方法、质量统计过程控制(SPC)等。

7.2 导弹装备维修管理

导弹装备主要指纳入导弹作战力量编制序列的,各军兵种互不通用的,由导弹作战力量装备部门独立研制、订购并配发列装的武器装备,而导弹装备是指包括导弹装备在内的主战装备、通信装备和后勤保障装备等一系列装备的总称。

导弹装备维修始终贯彻预防为主、科学维修、保证质量和注重效益的方针,实行统一领导,分级分部门负责,坚持平战结合,行政、技术和经济管理相结合的原则,以全系统、全寿命过程管理为指导思想,从整体效益出发,综合系统的各组成要素,优化结构,使之协调匹配,并对维修的规章制度、编配标准、人、财、物等诸方面实行全面管理[43]。

7.2.1 导弹装备维修方式

1.按照故障发生与否划分

按照故障发生与否划分,可分为预防维修和故障维修两大类[44]。

(1)预防维修是故障发生前预先对导弹装备或机件进行维修,其目的是预防故障,防患于未然。预防维修可分为定期维修和视情维修两种。

(2) 故障维修是指机件用到出了故障不能使用时才进行的维修。此种维修方式能使机件寿命得到充分利用，维修工作量较少，最大限度地避免了人为差错而造成的故障。虽然故障维修有很大的优点，但如果机件故障可能导致严重后果时就不能采用故障维修。故障维修适用于隐蔽功能、随机故障而且对安全无直接影响的故障。有的零件，虽属耗损故障而且对安全无直接影响，但采用定期或视情维修的费用大于故障维修费用时宜采用故障维修。

2. 按维修的深度与广度划分

按维修的深度与广度划分可分为大修、中修、小修和日常保养四类。这四类维修分别由不同级别的维修单位负责实施。

3. 按维修场所划分

按维修实施的场所划分，可分为野战维修和后方基地维修两大类。野战维修指各级维修分队的维修活动，以中小修为主，有条件的可以完成局部大修或中修。后方基地维修指各维修基地和导弹力量直属修理单位完成的装备大修。

7.2.2 导弹装备维修管理制度

导弹装备在寿命周期内要按照规章制度严格管理，保障装备按照设计要求进行维修保养和定期维修，并保证符合技术要求和落实责任制度[45]。

1. 大修周期

根据各种导弹装备的性能和实际使用经验，规定不同的大修周期。一般光学仪器大修期为 8 年左右，液压机械设备为 10 年左右，并实行定期维修与视情维修相结合的维修制度。

2. 年度技术检查和换油保养

年度技术检查（或一次发射后的技术检查）和换油保养是了解和掌握装备技术状况，及时排除故障，防止装备过早损坏的重要措施。

3. 计划管理制度

计划管理制度指通过计划的编制、实施和监督，保证维修工作的协调进展和顺利完成。计划管理制度主要是实行定额管理，建立计划，执行登记、统计制度，检查计划执行情况，对计划进行必要的调整。定额是在一定条件下，完成某次任务应达到的数量和质量指标，是落实责任制的基础，是考核计划执行情况的标准。定额的主要内容包括维修工时定额、材料消耗定额、装备在维修单位的维修周期及返修率定额等。

4. 技术管理制度

技术管理制度是保证维修质量，提高维修效率的重要措施。维修工作必须认真执行维修技术标准和上级的有关规定，严格执行质量检查制度。凡需要维修的装备,维修前要进行完整状态下的技术检查,查清故障原因,确定维修方法。使用的零备件、原材料必须符合技术要求,并保持互换性。

7.2.3 导弹装备维修管理现状

导弹装备现行维修保障实行大修、中修、小修三级维修体制,分别由后方企业化维修工厂、导弹力量所属作战区维修单位及战场抢修单位担任各级维修保障任务。从实际情况看,三级维修任务的界定还不十分明确,大修机构数量少、功能单一,只具有承担部分装备大修任务的能力;中修机构的作用发挥不明显,维修保障模式仍然沿用20世纪八九十年代的规模和运作方式;小修机构技术力量薄弱,人才匮乏[46]。

总体维修方式基本采用传统的事后维修和定期预防维修。定期预防维修是在规定的间隔期或累计工作时间的基础上,按事先安排的计划进行的维修。其优点是便于安排维修工作,组织维修人力和物资,但其缺点也是十分明显的,主要表现在无论装备的状态如何,到了规定的时间就要进行维修。如果装备的状态完好,这时的维修不仅浪费资源,同时也可能因过多拆装而降低装备的可靠性和使用寿命;如果尚未到规定维修时间装备就发生故障,则会增加停机时间甚至可能造成无法预计的损失。因此,定期预防维修适用于已知寿命分布规律且有明确耗损期的武器装备。这种武器装备的故障与使用时间有明确的关系,大部分项目能工作到预期的时间以保证定期维修的有效性。

近年来导弹装备发展十分迅速,导弹装备的使用与维修从技术操作到组织管理日趋复杂。目前的维修管理相对滞后于导弹装备的发展,传统维修方式的局限性日益明显。例如不能充分利用装备的使用寿命;增加了装备的故障率、降低了装备的可用度;对贵重件造成很大的浪费等。传统维修的局限性使得导弹装备战备完好率大大降低,维修费用较高,维修资源浪费严重。因此,在维修管理中需要新的合理方法来指导维修,以合理的定量决策方式来取代决策人员的判断,改善维修管理现状。在导弹装备维修管理过程中,有许多需要决策的问题,这里从维修资源管理、维修过程管理和维修费用管理三方面进行分析[47]。

7.3 导弹装备维修资源管理中的决策问题

维修资源主要指维修机构、维修人员、维修设施设备、维修备件及维修用相关资料等,导弹装备维修资源管理解决的主要问题是通过对维修资源的运筹规划使维修效益最大,维修所需费用最小。维修资源管理中的主要决策问题如图7.4所示。

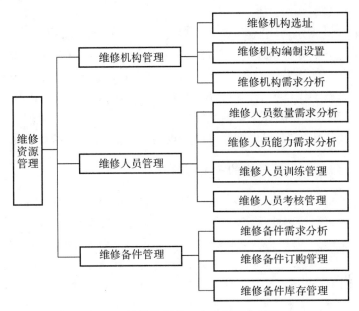

图 7.4 维修资源管理决策问题分类图

7.3.1 维修机构管理中的决策问题

维修机构管理中的决策问题有维修机构选址、维修机构编制设置和维修机构需求分析等。

导弹装备维修机构选址问题的决策对象主要是后方企业化维修工厂和导弹力量所属作战区维修单位,其负责的主要维修任务是重要装备的大修、中修和其他因基层级战场抢修单位技术条件不具备而不能完成的维修工作。军事机构建设中选址不当,不仅会对以后工作造成较大障碍,导致经济损失,而且会对未来作战造成不利影响。20 世纪六七十年代的"山、散、洞"选址模式,曾造成一些作战和军工单位缺乏发展后劲,不得不废弃,造成很大人力和财力的损失;而 80 年代末到 90 年代初一些单位往大中城市"推磨式搬迁"又造成了战略规划部署不合理,难以适应未来作战发展的需要。因此合理规划维修机构的位置,不仅对提高维修效率、强化维修管理有积极作用,而且对未来保障作战、提升装备作战能力有重要意义。

维修机构编制设置优化的目标是合理设计维修组织结构,提升维修机构整体维修能力。维修机构编制设置优化包括对维修人员需求分析、维修人员专业设置和维修机构人员结构优化等方面。维修人员需求分析主要指为完成装备维修任务所需的合理维修人员数量的预测;维修人员专业设置是对导弹装备和维修工作系统分析基础上,得出维修机构所需维修专业的过程;维修机构人员结构优化指通过合理规划各专业、各层次维修人员,统筹维修人员和管理人员的比例,使维修机构在规定的编制范围内达到维修能力最大化。维修机构可对人力资源进行配置,以寻求人员最佳组合方式,用最小管理成本获得最大的配置效率。

维修机构需求分析指通过合理规划维修机构的数量、位置使其满足导弹作战力量平时和战时维修工作的需求。维修力量需求分析要对维修机构维修能力和导弹作战力量维修工作任务量进行科学评估,从而进行统筹规划得出维修机构的需求,通过对导弹力量作战训练中的维修任务数据进行统计分析,对现行维修机构维修能力的有效评估,综合得出维修机构的规模,达到维修力量的最优化。

7.3.2 维修人员管理中的决策问题

人员是装备维修保障的主体,也是保障物质资源的筹措和运用的主体,是战斗力的重要组成部分。因此,合理规划装备维修保障人员是维修管理中重要的工作。确定维修人员较为困难,因为有时维修人员并没有与特定的装备存在一一对应关系,因而在确定保障装备维修需求的维修人员数量时,就需要做一些必要的分析工作,根据装备的特点和维修工作的不同来分别预计维修人员的需求。

在确定维修人员数量需求后,仍需对维修人员能力需求进行分析。维修人员的能力水平主要指专业技术水平与对承担的维修工作的适应程度,应分别对不同层次和级别的维修人员的技术水平提出不同要求,并实行分级、分类评估。为了保证分配到某维修岗位的人员具有完成本岗位任务的能力,必须经过必要的培训课程,并通过资格考试,才能上岗工作。优化维修人员队伍结构是维修人员管理的一项重要工作,可按基础队伍、骨干队伍、尖子队伍和专家队伍构建,形成塔形的人员结构。

明确对维修人员的素质要求,必须对各级维修人员进行知识结构、技术等级和特殊技能的培训,通过针对性的训练达到维修人员所需的能力要求。

维修人员考核是维修人员管理的重要方式,通过建立对维修人员绩效分析的指标体系,对维修人员能力、工作状况等人为因素进行评估,可适当地反映出不同维修人员的努力程度及工作积极性,从而起到激励作用,进一步提高维修人员工作激情和维修能力。

7.3.3 维修备件管理中的决策问题

备件是实施平时维修和战场抢修的物质条件,是提高装备完好率的重要保证。备件保障是备件计划、筹措、储备、保管和供应等一系列活动的总称。备件管理中的决策问题有备件需求量分析与确定、备件订购管理、备件库存管理等。

装备备件的确定是一项较复杂的工作,需要可靠性、维修性和保障性分析等多方面的信息数据,并与维修保障诸要素权衡后才能合理地确定。其程序和步骤一般为确定可更换单元、筛选出备选单元、确定备件品种、确定备件需求量,最后是对备件品种数量的调整、完善及应用。

备件需求量的确定可按照平时和战时两种情况进行区分,平时备件需求量有两层含义:一是单台装备维修实际需要消耗的零配件数量,另一层是针对某一类装备技术保障需求,一年中需储备的备件数量。目前装备的大修多属基地级维修,即由后方企业化维修工厂进行,因此大修中需要的部件可由承修厂根据维修计划提前订购,但中修及以下的维修,多数由导弹力量所属作战区维修单位及战场抢修单位进行,所以这部分零部件消耗量需要分析确定。由于我军战场备件统计数据少,难以进行细致分析计算工作,因此可分别就装备战斗损伤和非战斗损伤两部分来确定需求量。战斗损伤规律与自然故障有很大不同,两者不成线性比例关系,以平时消耗量乘以比例系数来确定战时备件消耗量的方法显然是不合适的,必须专门进行研究分析。非战斗损伤可按照正常使用消耗和严酷使用消耗两部分来确定。

导弹装备的更新周期较长,这就对备件保障提出了很高的要求。虽然导弹力量所属装备管理部门具有导弹备件情况的制式记录,而且现在已经开始运用信息化的手段对备件进行管理,但备件管理基本采用经验上、下限采购储存和管理方式。一方面,备件资金严重浪费;另一方面,又常出现维修无备件和紧急采购状况。因此,制定既符合导弹备件需求实际,又可不断优化库存结构的导弹备件动态管理模式势在必行。

备件分类是备件订购策略和库存策略的基础,通过分类可以选择不同的订购和库存模式。备件订购管理旨在降低备件采购费用和保证维修备件需求,使其满足装备维修的军事需求。在装备维修备件库存管理中,为了加强库存控制,可以采用库存周转分析方法进行库存控制,得出库存备件周转率和库存备件占用率两个指标。其目的在于衡量库存备件在实际上满足维修需要的效率,库存周转率高,说明库存积压少、工作效率高,可以通过提高库存周转率以提升备件库存管理水平。

7.4 导弹装备维修过程管理中的决策问题

导弹装备维修过程管理指通过对维修活动合理安排,对维修方式、维修级别和维修顺序等科学规划,以取得最佳的维修效益的过程。维修过程管理是对维修活动的管理,而维修活动又可分为平时维修活动和战时维修活动。其需决策问题如图 7.5 所示。

7.4.1 平时维修过程管理中的决策问题

平时维修过程管理中的决策问题有维修方式决策、维修级别决策、维修间隔期优化和维修保障方案决策等。

维修方式是指控制拆卸、更换和修理时机的形式,包括检查故障部位、修复或更换零部件、进行调整和验收等一系列技术活动。当前常用的维修方式包括事后维修、预防维修、可靠性维修以及改进维修等。不同的系统所选用的维修方式不同,对系统的安全性、经济性和可靠性等指标产生的影响也不相同。合理的维修方式能够提高系统的可靠性,降低维修成本,对维修工作的效能有巨大的促进作用,反过来维修方式不当会产生很大消极影响,因此维修方式决策有其重要意义。

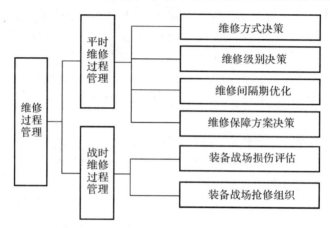

图 7.5 维修过程管理决策问题分类图

维修级别是按照装备维修时所处场所而划分的等级,通常是指进行维修工作的各级组织机构。在论证确定维修方案后,就应进行维修级别分析。维修级别分析的目的就是为每个维修项目选定"修复"还是"报废"以及最佳维修级别,以便修改并完善维修方案。维修级别分析通常可选用决策树和经济性分析等方法。

维修间隔期决策是确定应在何时进行预防性维修工作,维修工作间隔期的确定,目前还没有比较成熟的理论公式,一般根据类似产品以往的经验、产品试验数据和有经验的工程设计人员的判断来加以确定。在能获得适当数据的情况下,也可以通过分析和计算加以确定。预防性维修工作的间隔期直接与工作效能有关。对于有安全性或任务性后果的故障,工作间隔期过长则不足以保证装备所需的安全性或任务能力,过短则不经济。但往往由于信息不足,难以一开始就定得很恰当。预防维修间隔期的确定比较复杂,涉及各个方面的工作,一般先由每种维修工作类型的维修间隔期做起,在确定了各个维修工作类型的间隔期以后,按照初始的维修保障方案要求,进行间隔期的归并,形成合理可行的维修保障工作计划。

装备在保障性设计过程中可能有多个备选维修保障方案,而在使用与维修过程中又会有使用中的维修保障方案,如何对这些备选的保障方案进行权衡和优化,以便在费用、作战性能、进度、战备完好性和保障性之间达到最佳平衡,是维修管理中需要决策的一个重要方面。维修保障方案优化的评价因素很多,有些是从总体上进行评价的因素,有些是单项的评价因素。归纳起来有费用因素权衡分析,维修保障资源因素权衡分析,设计方案、使用方案与维修保障方案之间的评价权衡分析,战备完好性的敏感度分析,人员数量与技术等级权衡分析等。

7.4.2 战时维修过程管理中的决策问题

战时维修过程管理中的决策问题有装备战场损伤评估、装备战时抢修力量分配等。

进行装备战场损伤评估是进行装备战场抢修组织的基础,是对战伤的程度、修理的时间和资源、要完成的修理工作、修理以后的作战能力做出的分析和评估,主要目的是为了发现导弹装备的损伤及造成的故障,确定切实可行、高效的抢修方案和计划。抢修前需明确损伤和故障类型、制定合理的计划,可以避免浪费有限的抢修时间和资源。装备战场损伤评估的一般步骤是判断战伤程度、确定基本功能和基本功能项目、进行损坏模式及影响分析、确定抢修方案。战场抢修评估是一个决策过程,要全面了解和掌握情况,运用知识和经验进行科学的分析,最后给出修理方案。战场损伤评估一般应明确损伤部位、程度及对装备完成当前任务的影响,损伤是否需要现场或后送修复,损伤修复的先后顺序,在何处进行修复,如何进行修复,所需保障资源,修复后装备的作战能力和使用限制。

战时维修保障力量的合理配置、编组、展开和使用,应考虑装备的作战任务,采用灵活机动的部署样式,以构成上下衔接的维修保障体系,这是提高维修保障工作效率、及时恢复装备性能的可靠保证。战时维修保障力量配置策略是通过合理安排维修保障力量、规定维修规则,使维修保障力量能够得到最有效的利用,以提供最满意的维修服务,达到最大的维修保障效能。在战时主要的维修保障形式有伴随修理、巡回修理和定点修理,需对各种形式维修力量配置需求进行决策,才能保障作战任务时装备时刻处于规定的完好程度。

7.5 导弹装备维修费用管理中的决策问题

导弹装备费用管理决策是对导弹装备维修系统方案进行经济合理性论证,对多重备选方案可能获得的维修效果与维修效益的关系进行评价,为导弹装备科学维修提供决策信息和依据。其主要决策问题如图7.6所示。

导弹装备维修费用是寿命周期费用的重要组成部分,也是寿命周期费用控制的重点。科学制定装备维修费用的使用规划和计划,处理好近期、中期和远期的相互关系,是发挥有限费用效益的基础。导弹装备维修费用控制的任务是进行维修保障费用决策,制订相应的装备维修费用计划,并通过平衡维修费用计划、实施维修费用计划等环节保证装备维修目标的实现。装备维修费用控制主要内容如图

7.7所示。

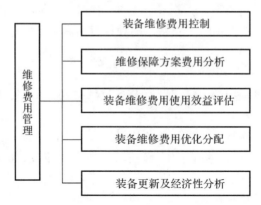

图 7.6 导弹装备维修费用管理决策问题分类图

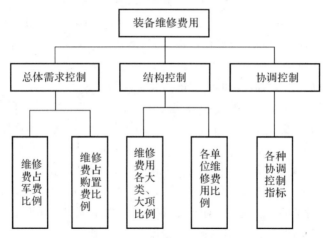

图 7.7 导弹装备维修费用控制结构图

维修保障费用是装备维修保障方案优化决策的重要因素,而维修保障费用分析将为决策者提供一个保障方案的费用,这些费用必须是分析时尚未支出的费用,只有这样维修保障费用分析才能客观的影响决策。费用分析的基本步骤包括:①提出费用分解结构;②建立费用估算关系及费用模型;③运用建立或选用的模型计算方案的费用;④进行费用的不确定和敏感性分析。

随着军事科学技术的飞速发展,武器装备的复杂度不断提高,规模结构日益庞大,其维修保障费用也随之大幅增加,军费供需矛盾越来越突出,因而各国都非常重视军费效益评估,而维修保障费是军费的重要组成部分,因此对维修保障费用效益进行评估能够增强费用管理与决策的科学性,"管好""用好"有限的维修经费,使其发挥最大的维修效益。通过装备维修费用效益评估,可以收集和整理维修费运行的基本资料,综合反映维修费规模、结构、速度和比例等运行状况,并对维修费发展做出科学预测和判断,为维修费用决策提供准确依据。

装备维修费的投向、投量与装备的整体作战效能直接相关,合理地分配装备维修费用,能够使有限的维修费用发挥最大的经济和军事效益,保障各项任务的顺利完成。依据装备维修计划结构控制指标,装备维修费主要分为3大类,即维修类、管理类和其他类,在具体归属上又分为装备大修、装备中修、小修维护、维修器材购置和维修设备购置等若干大项。因此,在进行装备维修费用优化分配决策时,应按这些大项进行分配,合理确定各项经费投入的比例、数量。

装备维修活动是一种生产性活动,怎样保证维修周期最优,装备在什么时候需要更新而不是大修是需要决策的问题。维修过于频繁会增加维修费用,因此在制订预防维修计划时,需要选择最优的维修工时,以获取系统最佳的使用效能。装备大修不仅占修理费的大部分,而且一次的耗费巨大,因此,明确装备大修的经济界限非常必要。

7.6 本章小结

本章主要对现代维修管理理论中的以可靠性为中心的维修理论和全系统全寿命维修管理理论进行介绍,并分析了导弹装备维修管理的体制及现状,然后依据相关理论和导弹装备维修管理实际,从三方面提出了导弹装备维修管理中需要决策的问题。在本章基础上,本篇将对导弹装备维修管理中的主要决策问题开展研究。

第8章　导弹装备维修资源管理决策方法

在提出了导弹装备维修管理中的决策问题后,本章对导弹装备维修资源管理决策问题进行研究,并着重从维修力量需求分析和优化、维修备件需求预测和储存管理分类等三方面提出决策方法。

8.1　导弹装备维修力量需求分析与优化

导弹装备维修力量是由维修机构和维修人员组成的整体,对维修力量的需求分析能够实现资源优化配置,以合理的维修力量规模满足维修工作需要。维修人员是指分布在维修活动各阶段的各类人员,主要由两部分组成:一部分是直接从事维修技术工作的维修人员;另一部分是从事维修管理、计划组织的各级管理人员。本章的主要研究对象是从事维修技术工作的维修人员,而维修人员正是导弹装备维修工作的主体,是维修资源诸要素中最活跃、最有主导意义的因素,优化维修人员配置对于在维修活动中获得强有力的支持并提高维修效益,具有重要作用。维修力量优化的主要目标是既能提高装备的维修效率,增强装备的可用度,又能够充分利用维修人力资源,减少维修资源的浪费[48]。

8.1.1　维修机构任务分析

对维修机构任务进行分析,需要知道维修任务的组成分布及维修工作的机制。导弹装备维修按维修级别不同分为基层级维修、中继级维修和基地级维修,分别由战场抢修单位、作战区维修机构和后方企业化维修机构负责;按维修方式可分为预防性维修和修复性维修两种。维修任务的确定必须考虑不同外部环境的影响,如平时和战时必定有不同的任务要求。

1.故障等级划分

确定维修任务,需要确定维修对象的故障等级,故障等级不同则进行维修的维修机构不同,所需的维修人员也有差别[49]。导弹装备包括专用车辆、地面设备和导弹武器等一系列装备,各种装备的故障等级划分依据并不一定相同,但其准则依据大体如下:

(1)根据主要功能实现情况。主要功能能实现,只有部分次要功能故障,视为轻度损伤,如转载车转载功能能够实现,其他功能不能实现,就可视为轻度损伤;主要功能基本能实现,指主要功能实现的程度有欠缺,视为中度损伤;不能实现主要功能,则视为重度损伤。

(2)根据任务需求情况。由于装备在平时和战时分别要完成训练和战术任务,因此按照故障影响任务实现情况,可分为影响程度较低为轻度损伤,影响程度中等为中度损伤,影响程度重大为重度损伤。

(3)根据故障维修难易程度。故障维修难易程度表现在维修所需设备、维修工时、故障是隐蔽功能故障还是明显功能故障、是单一故障还是多重故障。而这些因素间是相互联系的,隐蔽功能故障和多重故障所需的维修技术会更高,维修设备要求也更高,因此这些因素要综合权衡才能得出维修的难易程度,最终确定损伤的等级。

故障损伤等级除轻损、中损和重损外,如故障功能已不能进行维修,或维修消耗成本太大不适合维修,可采取报废措施。

2. 维修任务组成

维修任务主要由预防性维修任务和修复性维修任务组成,在进行维修任务分析时就要分别对预防性维修任务和修复性维修任务进行分析。预防性维修任务主要根据装备维修大纲规定的维修周期进行维修,如光学仪器的大修周期一般为8年左右,液压机械设备为10年,在规定年限到来之后,就要进行相应级别的维修,维修任务就要将其计算在内。预防性维修任务还包括日常的维护保养和年度技术检查、计量检定等,影响预防性维修任务的因素包括装备的技术状态、预防性维修策略。

某中继级维修机构,其只负责片区内中度损伤装备的维修工作,设某一年度固有装备预防性维修任务为 a_1 工时,新装备新增预防性维修任务为 a_2 工时,固有装备故障密度分布函数为 $f_1(t)$,中损率为 φ_1,新增装备故障密度分布函数为 $f_2(t)$,中损率为 φ_2,中损修理平均工时为 a_3,则年度维修任务量为

$$x = a_1 + a_2 + a_3 \left[\varphi_1 \int_{t_0}^{t_0+1} f_1(t) + \varphi_2 \int_{t_0}^{t_0+1} f_2(t) \right] \tag{8.1}$$

8.1.2 维修机构人员分析

维修人员具有能动性、专业性和结构性的特点。首先维修人员作为一种"活"的资源,在参与维修实践活动中,具有其他资源不可比拟的能动性,其能动性的发挥直接决定了维修工作的效率和质量的高低;其次维修人员因专业不同,需要一定的专业技能,其专业水平影响工作的效率;最后对维修机构这样一个组织而言,维修人员具有一定的层次差别,在年龄、专业、学历、职务和能力等方面,实现一定的梯形组织层级。

1. 维修人员工作效率

维修机构由维修工作人员、技术人员和管理人员三类组成,维修工作人员包括

各个等级的技术工,技术人员由技术员、助理工程师、工程师和高级工程师组成,管理人员指各级维修机构的机关工作人员。各个维修小组分别由这三部分人组成,通过有机组合完成维修任务,工作效率受维修小组工作热情、管理者管理能力、技术人员技术水平和其他因素的影响[50]。

适当的组织结构和激励措施对提高维修效率有巨大的影响作用,现代人力资源管理的核心是对人的管理,管理大师彼得圣吉提出"领导及其领导能力指的是激励、动员、规范、促进别人,共同持续发展"。有效的激励手段能够发挥维修人员的潜能,提高绩效,增强组织的凝聚力和向心力,并能吸引和留住人才。

2. 维修人员专业

目前基层级和中继级导弹装备维修机构的维修能力不足,只能对一些简单故障进行维修并做一些基础的预防性维修工作。对专用导弹装备的维修能力较低,是待解决的问题,维修人员的专业也有待增加,同时维修人员专业应与所维修装备相匹配。目前导弹装备涉及的专业包括机电、自控、液压和机械等,相应专业还可细分为其他小专业。随着装备的复杂化,维修专业的划分呈现出由少变多的趋势,但现代装备的各个系统、设备互相交联,呈现出综合化的发展趋势,传统的维修专业划分已不适应导弹装备维修的现实需要,亟待调整和优化[51]。

在进行维修专业划分时,应按导弹装备各个分系统、车辆各个功能单元和地面设备各部分进行分门别类的维修,这样容易划清工作界限,落实维修责任;在按功能划分的同时也要考虑学科的相近性、原理的相关性、专业的独立性、技术的单一性,维修专业需要把各功能单元通用专业列为基础专业,如液压专业、机电专业、电子专业等;另外,维修专业划分也要考虑各维修级别,不同维修级别需要维修专业密度不同,由基层级到基地级专业划分越来越细。

3. 维修作业方式

(1)串行维修作业:指装备维修过程中各种专业维修人员和小组依次开展维修活动,有两方面的理解,即对同一装备不同专业依次进行维修活动和对不同装备同一专业依次展开维修活动。

(2)并行维修作业:可分为不同专业人员对同一装备展开维修工作和同一专业人员同时对多台装备进行维修工作。

8.1.3 基于排队系统理论的维修机构人员优化模型

随着导弹装备科技含量的提高,装备系统日益复杂,其专业跨度不断增大,仅凭增加维修人员的数量来提高速度的做法,难以满足形势的需要。因此对维修人员需求的科学决策,既可以避免人力资源的浪费,又能提高维修的效率,保证维修任务的及时、高效完成。

维修人员需求研究的对象是对某个维修机构来说,该级别机构所负责的作战单位维修任务所需求的人员数量。该过程可以这样描述:故障装备送修到维修机构由维修小组进行维修,维修小组按专业划分,送修事件为随机事件包括随机故障和该级别维修机构负责的预防性维修任务,维修小组对装备的维修时间也是随机的。因此,可将维修小组构成的系统视作随机服务系统,并运用排队论的方法对其进行优化[52]。该随机服务系统的结构图如图8.1所示。

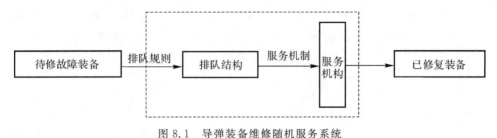

图 8.1 导弹装备维修随机服务系统

1. 特征描述

随机服务系统通常用以下六个特征来描述:顾客源、顾客到达方式、服务台的服务方式、排队规则、系统容量和服务台的数量[53]。下面对导弹装备的维修随机服务系统的特征进行分析。

(1)顾客源。顾客源是指顾客总体的组成是有限的还是无限的。导弹装备维修人员服务的对象是基层各旅团的故障装备和预防维修的装备,顾客源是待修装备的叠加。对某个维修机构而言其所负责维修的导弹装备数量是有限的,但是单台装备可能发生多种故障,其发生时间是随机的、故障种类也是随机的,故障装备随时可能会光顾维修机构。因此,系统将待修装备作为服务对象,待修装备可随时因各种故障原因需要服务,顾客源是无限的[54]。

(2)顾客到达方式[55-56]。顾客到达方式又称为输入过程,指顾客按一定规律进入服务系统的时间过程,常见输入过程有定长输入和泊松输入两种。定长输入指每隔一定时间间隔到达一位顾客,是一种确定性输入。泊松输入,也称最简单流。其特点是顾客依次到达;任意一段时间内顾客到达数有限;顾客到达数与时间从什么时候开始无关;已到达顾客数与以后到达顾客数无关。泊松输入所具有的特性使得在数学的处理上大为简便,而且与实际情况颇为符合。军事上有些输入过程可以近似地看作泊松输入过程。

通常可以用两种方式来描述泊松输入的顾客到达形式:一种是用两个顾客相继到达时刻之间的间隔时间 T 的概率分布函数来描述;另一种是用某一时间区间内顾客到达的数目 N 的概率分布来进行描述。假定维修组在对故障装备进行维修时,需修理的项目符合下列 3 个条件:

1)在某段时间间隔(Δt)内,维修工作数目 k 的概率与这段时间的起始时刻无关,只与这段时间间隔的长短有关,即维修工作数量分布符合平稳性要求。

2) 在不相交的时间间隔内故障装备的到达数是相互独立的,即符合无后效性要求。

3) 假设在充分小的时间内出现两个以上维修工作的情况不存在或概率非常小,即满足普遍性要求。

如果顾客到达方式满足以上分析的 3 个条件,依据巴尔姆-欣极限定理:大量相互独立小强度流的总和近似于一个简单流,且其中每个流都是平稳且普通的。因此在时间 t 内有 k 个需要进行维修的装备的概率符合强度为 λ 的泊松分布。

$$P_k(t) = \frac{(\lambda t)^k}{k!} e^{-\lambda t} \quad (t > 0, k = 0, 1, 2, \cdots) \tag{8.2}$$

即顾客到达的过程为泊松过程。

(3) 服务台的服务方式。对于每个维修小组来说,每次负责的装备故障类型不同,维修的复杂程度不同,所以每次所需维修时间不同。一般假定服务时间相互独立,具有相同的负指数分布,其概率密度函数为

$$f(t) = \mu e^{-\mu t} \tag{8.3}$$

其中,μ 表示单位时间内能被服务完的顾客数的平均值,也称为平均服务率;$\frac{1}{\mu}$ 表示对一个顾客的平均服务时间。

(4) 排队规则。当所有的维修组都忙时,有新的待修故障装备请求服务则需排队等待,排队规则为先到先服务。

(5) 系统容量。系统容量是指系统中能够容纳的顾客数,该随机服务系统的容量是无穷。

(6) 服务台的数量。该系统的服务台的数量是某专业维修小组的数量,是待决定的量。

2. 排队系统的 $M/M/C$ 模型[57]

维修机构对所负责部队装备进行维修的事件,符合排队系统中的标准 $M/M/C$ 模型,按专业划分每个维修小组为一个服务台,即为多服务台排队系统。

标准 $M/M/C$ 模型指的是多服务台排队系统的模型,C 代表服务台的数量,这种模型指的是顾客源无限、单队、C 个服务台并联的排队系统,且假定该系统:

(1) 每个服务台的平均服务率相同且为常数 μ;服务机构的总平均服务率为 $C\mu$;

(2) 顾客平均到达率也为常数 λ;

(3) 到达率小于服务率,即 $\lambda < C\mu$,在此条件下,不致出现无限队长。

对上述模型求得状态概率和主要数量指标如下

状态概率为

第8章 导弹装备维修资源管理决策方法

$$P_0 = \left[\sum_{n=0}^{C-1} \frac{1}{n!} \left(\frac{\lambda}{\mu}\right)^n + \frac{1}{C!} \frac{1}{\left(1-\frac{\lambda}{C\mu}\right)} \left(\frac{\lambda}{\mu}\right)^C \right]^{-1} \qquad (8.4)$$

$$P_n = \begin{cases} \dfrac{1}{n!} \left(\dfrac{\lambda}{\mu}\right)^n P_0, & n \leqslant C \\ \dfrac{1}{C!} \dfrac{1}{C^{n-c}} \left(\dfrac{\lambda}{\mu}\right)^n P_0, & n > C \end{cases} \qquad (8.5)$$

系统的其他指标如下：
平均排队长为

$$L_q = \frac{\left(\dfrac{\lambda}{\mu}\right)^{C+1}}{C! \, C \left(1-\dfrac{\lambda}{C\mu}\right)^2} P_0 \qquad (8.6)$$

平均队长为

$$L_s = L_q + \frac{\lambda}{\mu} \qquad (8.7)$$

平均逗留时间为

$$T_s = \frac{L_s}{\lambda} \qquad (8.8)$$

平均等待时间

$$T_q = \frac{L_q}{\lambda} \qquad (8.9)$$

顾客在系统中停留时间超过 t 的概率为

$$P(T > t) = C^{-\mu t} \left\{ 1 + \frac{\left(\dfrac{\lambda}{\mu}\right)^C P_0 \left[1 - e^{-\mu\left(C-1-\frac{\lambda}{\mu}\right)}\right]}{C! \left(1-\dfrac{\lambda}{C\mu}\right)\left(C-1-\dfrac{\lambda}{\mu}\right)} \right\} \qquad (8.10)$$

顾客到达服务系统必须等待服务的概率为

$$P(n \geqslant C) = \frac{\left(\dfrac{\lambda}{\mu}\right)^C}{C! \left(1-\dfrac{\lambda}{C\mu}\right)} P_0 \qquad (8.11)$$

3. 参数的获取

在维修机构人员需求问题作为随机服务系统问题求解时，确定了其属于哪种随机服务系统模型后，只有顾客到达的间隔时间分布和服务时间分布需要实测的数据来确定，其他因素都在分析问题确定系统模型时给出。

(1) 输入过程参数的获取。为了获取输入过程的数据，对历史数据进行统计时做以下两种处理：

1) 维修机构维修工作密度分布不均，需要选择工作强度较大、任务相对集中的时间段进行顾客到达率数据统计。因此模型只要满足维修人员需求量最大阶段，就一定能满足整个年度或更长时期的维修任务需求。

2) 根据维修工作实际情况，按照装备类别、专业的不同进行分类统计。每一故障装备交由某装备或某专业的维修小组来负责维修，因此需统计单位时间某专业待修装备的平均到达率 λ，由此即可确定系统输入过程的泊松分布函数。

(2) 服务时间参数的获取。服务时间参数由统计得到。统计方法为在某个时间段内，该维修机构某专业各维修小组完成的故障维修总量，以及处理这些故障所花费的总时间，后者除以前者并对各小组求平均值，即为各专业维修待修装备的平均服务时间，平均服务时间的倒数是系统的平均服务率 μ，由此即可得到系统模型的所有未知参数。

8.1.4 基于排队系统理论的维修机构优化设计

排队系统优化设计的目标有两方面：一是降低对维修人员的需求，减少人员成本；二是提高维修机构的服务水平，使装备维修等待时间尽可能满足要求。这两个目标本身就是相互制约的，减少维修小组数量就会使等待维修时间增加，而要使装备维修等待时间缩短则必须增加维修小组数，因此排队系统优化的目标是权衡两者利弊做折中决策，使系统在满足要求基础上尽可能减少人员成本。

在对系统目标明确后，可对系统中变量间关系进行分析，这里采用控制变量法，即控制某一值不变，分析其他变量间关系。对排队系统来说，可以做两组分析，一是保持 λ 不变，考察 μ 和维修小组数量 c、平均等待时间 T_q 之间的关系；二是保持 μ 不变，考察 λ 和维修小组数量 c、平均等待时间 T_q 之间的关系。

(1) 保持 $\lambda=10$ 不变，考察 μ 分别为 1、2、5 时，使 $\lambda < c\mu$ 的平均等待时间 T_q（单位为天）和维修小组数量 c 的变化情况，实验数据见表 8.1。

表 8.1 平均等待时间和维修小组数量随 μ 变化数据表

μ		平均等待时间 T_q/天，维修小组数量 c						
1	T_q	0.7	0.6	0.5	0.4	0.3	0.2	0.1
	c	11	11	11	11	11	12	13
2	T_q	0.3	0.2	0.1	0.03	0.01	0.003	0.001
	c	6	6	7	8	9	10	11
5	T_q	0.09	0.02	0.004	0			
	c	3	4	5	6			

从表中数据可以看出随着 μ 值的增大，维修等待时间和所需维修小组数量都

有明显下降趋势,在 μ 值固定时,T_q 随 c 值增大而有明显的减小趋势,但表现在 μ 越小时,维修小组数量增加对 T_q 影响效果越明显。当维修小组数量 c 值减小直到等于由 $\rho = \dfrac{\lambda}{c\mu} < 1$ 所确定的最小维修小组数量时,开始保持不变,此时即是期望的最大的维修等待时间,可以判断此维修等待时间是否小于设定的维修等待时间,以决策需要的维修小组数量。T_q 和 c 的关系如图 8.2 所示。

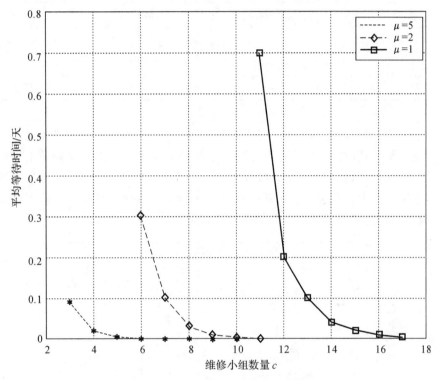

图 8.2　维修小组数量与 T_q 关系图

(2)保持 $\mu = 2$ 不变,按照平均等待时间小于 1 的约束条件下,使 λ 从 1 到 10,考察所需的最小维修小组需求和其所对应的平均队长和等待的概率,实验数据见表 8.2。

表 8.2　保持 μ 不变时其他指标随 λ 的变化数据

$\mu = 2$		平均等待时间/天	平均队长	系统繁忙的概率
$\lambda = 1$	$c = 1$	$T_q = 0.50$	$L_q = 0.5000$	$P_c = 0.5000$
$\lambda = 2$	$c = 2$	$T_q = 0.17$	$L_q = 0.3333$	$P_c = 0.3333$
$\lambda = 3$	$c = 2$	$T_q = 0.64$	$L_q = 1.9286$	$P_c = 0.6429$

续表

$\mu=2$		平均等待时间/天	平均队长	系统繁忙的概率
$\lambda=4$	$c=3$	$T_q=0.22$	$L_q=0.8889$	$P_c=0.4444$
$\lambda=5$	$c=3$	$T_q=0.70$	$L_q=3.5112$	$P_c=0.7022$
$\lambda=6$	$c=4$	$T_q=0.25$	$L_q=1.5283$	$P_c=0.5094$
$\lambda=7$	$c=4$	$T_q=0.74$	$L_q=5.1650$	$P_c=0.7379$
$\lambda=8$	$c=5$	$T_q=0.28$	$L_q=2.2165$	$P_c=0.5541$
$\lambda=9$	$c=5$	$T_q=0.76$	$L_q=6.8624$	$P_c=0.7625$
$\lambda=10$	$c=6$	$T_q=0.29$	$L_q=2.9376$	$P_c=0.5875$

从表中数据可以看出随着 λ 的不断增大所需要的最少维修小组数量 c 值随之增加，而平均等待时间 T_q、平均队长 L_q 和系统繁忙概率 P_c 则以上下振荡的方式呈增大趋势。这是因为在 λ 的增大过程中最小维修小组数量 c 值以 $\mu=2$ 为周期渐序增大，系统的三个参数会产生跳跃，体现在相邻的两个参数差距较大，而其奇数列和偶数列分别严格单调增加。其关系如图 8.3 所示。

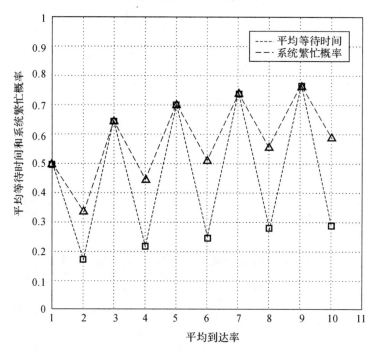

图 8.3 平均等待时间和系统繁忙概率随平均到达率变化关系图

(3) 实例分析。对某维修机构进行维修人员需求分析,选择车辆装备底盘专业作为研究对象,通过记录统计一个月内装备维修次数和总装备维修时间,见表 8.3。

表 8.3 一个月内某专业维修数据

日 期	1	2	3	4	5	6	7	8	9	10
新到维修装备数量	3	3	2	3	4	0	1	2	2	3
装备维修时间/天	8	10	5	7	9	0	3	5	7	6
日 期	11	12	13	14	15	16	17	18	19	20
新到维修装备数量	4	4	5	3	3	4	2	3	4	3
装备维修时间/天	11	13	15	12	10	11	3	7	10	12
日 期	21	22	23	24	25	26	27	28	29	30
新到维修装备数量	2	3	1	0	3	2	4	2	3	1
装备维修时间/天	5	8	2	0	5	7	9	5	8	3

目前该维修机构共有底盘专业 12 个小组,经统计累积维修时间为 216 天,共修复故障装备 79 台次,则可分别计算维修装备平均到达率和平均服务率,即 $\lambda = 79/30 = 2.6333$;$\mu = 79/216 = 0.3657$。通过 λ 和 μ 值可算得满足 $\rho = \dfrac{\lambda}{c\mu} < 1$ 的最小维修小组数量 c 值为 8,则可根据已知的 λ、μ 值确定 c 和 T_q、L_q 的变化关系,如图 8.4 所示。

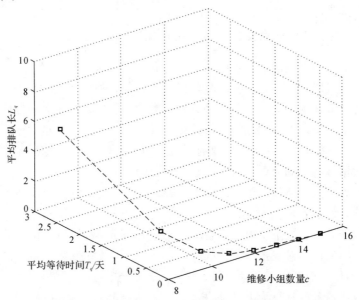

图 8.4 平均队长与平均等待时间随维修小组数量变化关系图

在以维修等待时间为决策目标时,如要求平均等待时间小于 0.5 天,则根据模型计算最小维修小组数量为 10 组,此时平均排队长为 0.652 7,平均等待时间为 0.247 8,系统繁忙的平均概率为 0.257 3。在有 12 个维修小组时维修小组的利用率为 81.8%,在缩减到 10 个维修小组时,维修小组的利用率提升为 98.2%,因此可以有效减少对维修人员的费用支出,提高维修效益。

8.2 导弹装备维修备件需求预测

备件费用在整个装备全寿命周期费用中占有很大的比例,因此,合理配置备件一直是精确化保障研究的热点之一。备件需求量的预测是制定保障计划的核心问题和关键所在,直接影响后续的筹措、分配、储存和调拨等各项工作的顺利进行。

由于装备系统的复杂性、零件故障的随机性、备件消耗的特殊性,所以备件的需求难以预测。目前备件需求量的预测主要采用以下三种方法[58]:

(1)直接计算法。根据可靠性维修性理论及维修预期的零件消耗量,直接计算出某种备件的需求。

(2)统计预计法。分析历史数据,找出备件消耗规律,建立相应的预测模型,预计未来备件需求。

(3)比较法。利用相似装备、相似维修事件所消耗的某种备件量,通过一些修正来估算其他装备某种备件的需求。

备件需求量预测模型选择的科学性直接影响着备件预测的准确性。因此,按照备件的不同种类和特点选择适合的计算模型是备件需求预测的重要内容。

8.2.1 基于备件寿命函数的备件需求预测

导弹装备备件管理的主要目的一是通过优化库存量节约经费,以避免不必要的浪费,二是通过科学决策使备件保障维修,提高部队战备水平和装备的使用可用性。评价备件管理水平的主要指标是备件保障度,即需要某种维修备件时能供应该备件的概率。备件需求预测模型就是保持在一定的备件保障度水平下需要的备件数量的测算,通过对备件故障规律的分析来预计需要的备件数量,不同的备件特性和故障数据具有不同的备件寿命分布函数[59]。

具体测算方法主要借鉴国军标和美、俄军的作战装备备件保障经验,根据"导弹装备战储备件储备比例"专题研究的结果,分自然故障、战损和作战消耗三种情况分别进行计算。在这里主要考虑自然故障的因素影响,战损和作战消耗分别在自然故障基础上增加对战损率和作战强度的需求,在做好自然故障的需求量计算后,对战损和作战消耗也就相对容易。

将导弹装备备件划分为电子类、机电类、液压类和机械类,根据不同备件自然失效的不同模式,分别采取了指数分布、近似正态分布和威布尔分布模型对备件需求量进行计算[60]。经过对备件寿命规律分析,各种寿命分布分别有其适用范围,见表 8.4。

表 8.4 导弹装备备件按寿命分布适用范围表

分布类型	适用范围
指数分布	具有恒定故障率的部件;在耗损故障前正常使用的复杂部件或由随机高应力导致故障的部件;在一段规定的使用期内出现的故障为弱耗损性的部件也可视为指数分布
正态分布	轮胎磨损、变压器、灯泡、电动绕组绝缘、半导体器件、硅晶体管、金属疲劳等
威布尔分布	滚动轴承、继电器、开关、断路器、某些电容器、电子管、磁控管、电位计、陀螺、电动机、发动机、蓄电池、机械液压恒速传动装置、液压泵、齿轮、活门、材料疲劳等

根据任务分工和装备运用强度,确定保障时间 T 和各个单元的可靠度要求值所需要供应的备件品种,采集装备单元平均失效率和寿命分布类型。保障度 P 的定义是在需要某种维修备件时能提供该种备件的概率,其实际意义也就是,如果以 P 为规定可靠度,按维修备件的寿命分布类型可以计算出相应的可靠寿命 t_p。假设备件为不可修复件,以 t_p 为更换周期,在保障时间 T 内,需要更换几次,就是对应装备中这一备件或元器件的需储备数量,如果一部装备中需用该备件数为 N,共有装备 M 部,再乘以 MN 所得结果就是这种维修备件应储备的数量。

1. 指数分布型寿命件需求计算模型

指数分布的寿命分布函数描述为

$$F(t) = 1 - e^{-\lambda t} \tag{8.12}$$

式中,λ 为失效率。

其可靠度为

$$R(t) = 1 - F(t) = e^{-\lambda t} \tag{8.13}$$

根据上面的维修备件确定方法,有 $R(t_p) = e^{-\lambda t_p} = P$,解得 $t_p = -\dfrac{\ln P}{\lambda}$,则指数分布类型备件的储备数量计算模型为

$$n = -\frac{MN\lambda T}{\ln P} \tag{8.14}$$

2. 正态分布寿命件需求计算模型

正态分布的寿命分布函数描述为

$$F(t) = \int_0^t \frac{1}{\sqrt{2\pi}\,\sigma} e^{\frac{(t-\mu)^2}{2\sigma^2}} \, dt \tag{8.15}$$

式中，μ 为正态分布的均值；σ 为标准差。

其可靠度为

$$R(t) = 1 - F(t) = \int_{t}^{+\infty} f(t)\mathrm{d}t = \int_{t}^{+\infty} \frac{1}{\sqrt{2\pi}\sigma} e^{-\frac{(t-\mu)^2}{2\sigma^2}} \mathrm{d}t \tag{8.16}$$

根据上面的方法，有 $R(t_p) = \int_{t_p}^{+\infty} \frac{1}{\sqrt{2\pi}\sigma} e^{-\frac{(t-\mu)^2}{2\sigma^2}} \mathrm{d}t = P$，解得 $t_p = \mu + u_p\sigma$，则正态分布类型备件的储备数量计算模型为

$$n = \frac{MNT}{\mu + u_p\sigma} \tag{8.17}$$

式中，u_p 为标准正态分位数，可从正态分布统计分布数值表中查出，常用的 u_p 值见表 8.5。

表 8.5　保障度与标准正态分布分位数的关系

保障度 P	0.9	0.95	0.99	0.995
分位数 u_p	1.28	1.65	2.33	3.09

3. 威布尔分布寿命件需求计算模型

威布尔分布用于处理疲劳寿命时，通常将分布函数表示为如下形式：

$$F(t) = 1 - \exp\left[-\left(\frac{t - t_0}{t_a - t_0}\right)^b\right] \tag{8.18}$$

式中，t 为寿命；t_0 为最小寿命；t_a 为特征寿命；b 为形状参数。

其可靠度为

$$R(t) = 1 - F(t) = \exp\left[-\left(\frac{t - t_0}{t_a - t_0}\right)^b\right] \tag{8.19}$$

根据上面的方法，有

$$R(t_p) = \exp\left[-\left(\frac{t - t_0}{t_a - t_0}\right)^b\right] \tag{8.20}$$

解得 $t_p = t_0 - (t_a - t_0)\sqrt[b]{\ln P}$，则威布尔分布类型维修备件的储备数量计算模型为

$$n = \frac{MNT}{t_0 - (t_a - t_0)\sqrt[b]{P}} \tag{8.21}$$

4. 模型举例

某作战单位共有某型号导弹装备 6 套，其中的某机件为不可修件，每套装备上共需该备件数为 2。其寿命分布为指数分布，根据历史数据该机电件属于慢速流动件，故应采用可靠性理论预测其需求，以保证装备在规定运行时间内，保证其备件保障度处在一定水平。其故障率 λ 为 1.25×10^{-5} 次 /h，以一年为规定保障时

间,其平均累积工作时间为 2 000 h,则其备件数量与备件保障度的关系如图 8.5 所示。

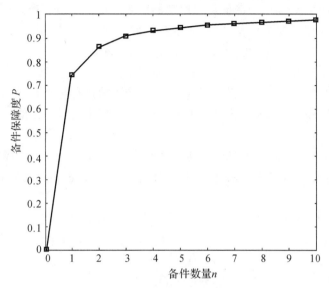

图 8.5　备件保障度随备件数量变化曲线图

可以得出若备件保障度要求在 0.95 以上,则每年必须储备该备件数目为 6 个。

8.2.2　基于时间序列的备件需求预测

对于流动速度快、历史数据记录齐全的备件来说,时间序列预测能提供较好的预测效果。时间序列预测就是基于事件随时间发生的历史预测未来,它以时间为独立变量,利用过去需求随时间变化的关系来估计未来的需求。它假定过去的数据与未来相关,常见的时间序列预测方法有移动平均法、指数平滑法和灰色预测等[61]。

1. 移动平均法

当需求既不快速增长也不快速下降,且不存在季节变化影响变化时,移动平均可以有效地消除预测中的随机变动。预测值为

$$\hat{Y}_t = \bar{x}_t = \frac{x_{t-n+1} + x_{t-n+2} + \cdots + x_t}{n}$$

在一次移动平均中项数 n 的选择十分重要,它取决于预测目标和实际数据的变化规律。若考虑近期的数值影响大,远离预测的数值作用会小些,可采用加权移动平均法预测。

2. 指数平滑法

指数平滑法是通过对加权移动平均的权数加以改进,能提供良好的短期预测精度。它的基本思想是:预测值是以前观测值的加权和,且对不同的数据给予不同的权数,新数据给予较大的权数,旧数据给较小的权数。其预测值为

$$\hat{Y}_{t+1} = S_t^{(1)} = \alpha y_t + (1-\alpha) S_{t-1}^{(1)}$$

式中,$S_t^{(1)}$ 为第 t 周期的一次平滑值;α 为加权系数,$0 < \alpha < 1$。

实际运用该模型进行预测时,可以确定多个 α 值进行计算,然后分别计算其平均绝对误差 MAD 或 MSE,以 MAD 或 MSE 最小值为最好的 α 值。

3. 灰色预测

灰色预测方法实际上也是一种随机时间序列法,是一种系统预测方法。最原始数据灰色化处理再建模是灰色预测模型的基础和核心思想。典型的灰色预测模型有 GM(1,1)。

灰色预测模型 GM(1,1) 是用一阶线性微分方程描述灰色系统的单序列动态变化的模型,其一般形式为

$$\left. \begin{array}{l} y^{(1)}(k) = [y^{(1)}(0) - u/\alpha] e^{-\alpha(k-1)} + u/\alpha \\ y^{(0)}(k) = y^{(1)}(k) - y^{(1)}(k-1) \end{array} \right\} \quad (8.22)$$

该模型不需要历史数据,预测精度高,可有力克服需求预测中经常遇到的信息不足的问题,并较之传统时间序列预测有着较高的精确度和灵活性。

4. 模型举例

GM(1,1) 模型是时间序列的预测模型中比较常用的方法,其要求样本量小,对样本规律性要求低,计算方便[62],此处选择其做时间序列的预测模型的实例。

设原始数据序列为 $X^{(0)} = (x^{(0)}(1), x^{(0)}(2), \cdots, x^{(0)}(n))$,由原始序列经累加后生成的累加生成序列为 $X^{(1)} = (x^{(1)}(1), x^{(1)}(2), \cdots, x^{(1)}(n))$,式中,$x^{(1)}(k) = \sum_{i=1}^{k} x^{(0)}(i) (k=1,2,\cdots,n)$。

由累加生成序列建立累加生成序列白色形式的线微分方程 $\dfrac{dX^{(1)}}{dk} + aX^{(1)} = u$,对其求解,即可得到灰色累加生成序列模型的预测值为

$$\hat{x}^{(1)}(k+1) = \left[x_0^{(0)}(1) - \frac{u}{a} \right] e^{-ak} + \frac{u}{a} \quad (8.23)$$

式中,$\hat{x}^{(1)}(1) = x^{(1)}(1); k = 1, 2, \cdots, n$。

而 a, u 为预测模型参量,可采用最小二乘法求得

$$(a, u)^T = (\boldsymbol{B}^T \boldsymbol{B})^{-1} \boldsymbol{B}^T \boldsymbol{Y}_N$$

式中

$$B = \begin{bmatrix} -\frac{1}{2}(X^{(1)}(1)+X^{(1)}(2)) & 1 \\ -\frac{1}{2}(X^{(1)}(2)+X^{(1)}(3)) & 1 \\ \vdots & \vdots \\ -\frac{1}{2}(X^{(1)}(n-1)+X^{(1)}(n)) & 1 \end{bmatrix}, \quad Y = \begin{bmatrix} X^{(0)}(2) \\ X^{(0)}(3) \\ \vdots \\ X^{(0)}(n) \end{bmatrix}$$

进行模型检验之后,对累加生成序列模型的预测值进行累加生成的逆运算,即可求出原始序列的预测值。还原计算式为

$$\hat{x}^{(0)}(k) = \hat{x}^{(1)}(k) - \hat{x}^{(1)}(k-1) \tag{8.24}$$

式中,$\hat{x}^{(0)}(1) = x^{(0)}(1)$;$k = 2, \cdots, n$。

某导弹测试设备中有一易损件,某发射单元从 2003—2007 年该备件消耗量见表 8.6。

表 8.6　备件消耗数量记录表

时间	2003 年	2004 年	2005 年	2006 年	2007 年
消耗量	24	28	30	32	35

可得该备件需求量原始序列为 $X^{(0)} = (24, 28, 30, 32, 35)$,由原始序列生成的累加序列为 $X^{(1)} = (24, 52, 82, 114, 149)$,根据 GM(1,1) 模型公式得其模型参数为 $(a, u)^T = \begin{bmatrix} -0.074\ 0 \\ 25.062\ 1 \end{bmatrix}$。故可得累加序列的预测模型为:$\hat{x}^{(1)}(k+1) = 362.7 e^{0.074k} - 338.7$,其中,$\hat{x}^{(1)}(2) = x^{(1)}(1)$;$k = 0, 1, 2, 3, 4$。

将 $k = 0, 1, \cdots, 5$ 代入预测模型,取整,得到预测值向量为 $\hat{X}^{(1)} =$ [24　52　82　114　149　186],求得还原序列为 $\hat{X}^{(0)} =$ [24　28　30　32　35　37],则 2008 年的预测消耗量为 37 个。

在完成备件消耗量预测后,需进行模型的检验,即观察模型精度是否满足要求,并根据检验结果做进一步的修正。检验方法有三种:残差检验、关联度检验和后验差检验。此处仅采用残差检验方法来检验实例。

设原始序列 $x^{(0)}(k)$,由 $x^{(0)}$ 所得灰色模型计算值为 $\hat{x}^{(0)}(k)$,则称 $q^{(0)}(k) = x^{(0)}(k) - \hat{x}^{(0)}(k)$ 为 k 点的残差。定义相对误差 $e(k) = \dfrac{|q^{(0)}(k)|}{x^{(0)}(k)}$,则实例的相对误差序列为 $e = (0, 0.005\ 1, 0.004\ 7, 0.009\ 4, 0.006\ 2)$,所有相对误差均小于 0.01,故可观察出预测效果较好。

8.2.3　基于成组技术的备件需求预测

设备的发展具有同源性和继承性,同类设备工作原理相近、结构相似,在设备

的使用条件、使用环境和管理水平等相近的情况下,相似备件的需求量也是相近的。对于新装备的备件,没有历史使用数据,其故障规律与寿命也很难确定,可以利用已有的相似设备备件需求数据进行分析和推断[63]。基于成组技术的备件需求预测的基本原理就是利用零部件的相似性,将具有相似性的备件归类分组,并根据相似备件的需求推断新备件的需求。具体实施过程如图8.6所示。

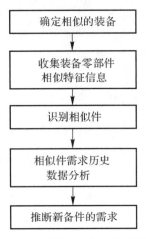

图 8.6 基于成组技术的备件需求量预测程序

由于备件的结构不完全相同、使用环境与条件不同,备件的故障规律也不同,需要对相似备件需求数据进行处理。处理方法可以采用主观判断法和客观分析法。

例如,已知一备件 K_0,备件需求量为 N_0,经过相似性分析,备件 K 的需求量 N 与备件 K_0 具有相似性。

(1) 主观判断法。若经判断修正系数 Π_s,则备件需求量 $N = K_0 \cdot \Pi_s$。

(2) 客观分析。备件工作环境影响系数: $\Pi_k = \dfrac{\alpha_i + \alpha_{oi} + \alpha_{op}}{\alpha_f + \alpha_{of} + \alpha_{op}}$,式中 α_i 为第 i 种环境下,环境应力引起的备件需求率; α_f 为规定环境下,环境应力引起的备件需求率; α_{oi} 为第 i 种环境下,工作与环境应力引起的备件需求率; α_{of} 为规定环境下,工作与环境应力引起的备件需求率; α_{op} 为仅由工作应力引起的备件需求率。则备件需求量为 $N = N_0 \cdot \Pi_k$。

8.3 导弹装备维修备件储存管理中的分类方法

导弹装备维修机构需保持一定的库存备件数量,才能保证装备损坏后及时维修。维修备件的库存管理是导弹装备维修备件管理的一个重要方面,其中维修备件的分类是基础,在确定备件类型后,才能根据具体类型确定库存控制方案,从而有针对性地储备备件,以节约经费提高效益。

8.3.1 维修备件分类方案

导弹装备种类繁多,涉及备件有成千上万种,价格差异大,对装备的影响程度不同,采购周期长短不一,进行备件分类,能够提高管理效率抓住管理重点,对节约备件经费提升装备保障能力有很大意义[64]。

1. 备件的分类原则

按结构属性,全部备件可细分为电子件、机械件及其他件,如电阻电容、轴承和塑料件等[65]。电子件的寿命分布一般按指数分布来进行处理,而机械件按寿命长短可分为如下几种:

(1) 全寿命件,在设备的全部使用期间,都应该是无故障的零部件,其固有寿命比对设备的寿命期望值高。

(2) 单寿命件,在全部使用过程中出现一次故障的零部件。其期望寿命比设备的期望寿命短,但比其 1/2 长,在使用中需要更换一次。

(3) 短寿命件,在设备的全部使用过程中需多次更换的易损件,其期望寿命是设备的期望寿命的 1/2 以下,例如,密封件、过滤器等。

备件按寿命分布可分为指数寿命件、正态寿命件和威布尔寿命件等典型分布形式。

2. 导弹装备备件划分

导弹装备维修用备件可分为战储备件和周转备件两种,其中战储备件是指为满足导弹装备战时装备维修保障需要,所储备的整机、组件、部件、零件、易损件、特易损件及相关材料的统称。其范围包括导弹装备头、体、地各分系统维修保障所需的仪器、总成、部组件等,具体储备品种划分为如下几种:

(1) 整机:即设备,由一个或多个单元体和所需的组件、分组件以及零件连接而成或联合使用,并能够完成某项使用功能的组合体。

(2) 组件:由多个零件或多个分组件或它们之间的任意组合组成的,能够完成某一特定功能,并能拆装的组合体。

(3) 部件:由两个或多个零件组成,是组件或单元的一个组成部分,可以整体更换,也可以分别更换一个或多个零件。

(4) 零件:单个制件或连接在一起具有规定的功能通常不予分解的多个制件。

(5) 易损件:指在日常使用管理和维修工作中常用常换的零部件,即"常用易损件"。

(6) 特易损件:指根据日常的维修管理经验,其更换或损坏的频率非常高,通常是易损件的 2~3 倍或者更多的零部件。

(7) 消耗件:指导弹升级测试轮换和多功能发射车完成若干发导弹发射后需要

更换的部件、零件等总称。

导弹装备备件战储工作是一项复杂的系统工程,涉及战时消耗标准及导弹武器的性能、特点和可靠性,包括寿命期,要加强顶层设计及筹划,防止备而无用或用而无备。

周转备件指日常维修中需用到的备件,按维修方式的不同备件可以分为如下几种:

(1)计划件。计划件主要指按照预防性维修计划确定的备件和更换周期,对待修装备进行定时更换的备件。

(2)事故件。事故件指修复性维修方式时更换的备品备件,又可分为标准事故件和专用事故件。标准事故件指容易购买但难预测更换周期的备件,此类备件应尽量少备或不备;专用事故件指不易购买又难以预测更换周期的备件。

周转备件由维修工作的性质而定,一般不会对整机和全套系统进行备份,与战储备件性质不同。

3. 传统库存备件分类策略

传统的库存分类方法有 ABC 分类法,ABC 分类方法是由帕累托定律得出的,是指全部备件中 20% 的备件需求频率占到总需求的 80%[66]。该方法只考虑到备件的更换频率,而没有从备件的功能性角度和备件自身成本考虑。

(1)基于备件需求频率的 XYZ 分类法。备件的需求频率是影响备件分类的一个重要因素,需求频率不同,备件采取的管理措施也不同,可以按照备件的需求量将备件划分为以下三类:

X 类:需求频率很高的备件;
Y 类:需求频率中等的备件;
Z 类:需求频率很低的备件。

在具体量化时,应按照具体情况,备件消耗比例来具体衡量。现以某型车辆的控制系统为例,某年度备件消耗的数据见表 8.7。

表 8.7 备件消耗数据表

序 号	名 称	规 格	单 位	年度消耗	备注
1	×	×	件	1	
2	×	×	根	12	
3	×	×	根	9	
4	×	×	根	18	
5	×	×	件	2	
6	×	×	件	18	

续表

序 号	名 称	规 格	单 位	年度消耗	备注
7	×	×	件	22	
8	×	×	件	6	
9	×	×	件	1	
10	×	×	件	2	
11	×	×	块	8	
12	×	×	个	8	
13	×	×	件	9	
14	×	×	件	4	
15	×	×	件	3	

其备件消耗量统计图如图8.7所示,从其年度消耗量统计图中可以看出,30%备件的消耗量占到总消耗量的70%,如果对所有的备件采用相同的储备策略,则会对不常用备件造成极大的浪费。因此应对备件按需求频率高低进行分类,但该种分类方法,对备件的自身属性因素没有考虑,如备件对设备功能性影响、备件价格等重要因素。

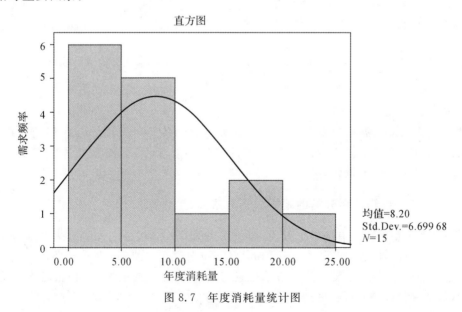

图8.7 年度消耗量统计图

(2)组合分类方法。随着备件分类方法的不断完善,又出现了对备件功能性和需求频率相结合的改进 ABC 分类方法[67,68]。该方法通过考虑备件自身重要性和需求频率两方面因素,来确定库存策略,是对传统备件分类 ABC 方法的改进。

用 A 来代表重要,其具体标准如下:如缺失该类备件,故障后可能引发其上级功能性单位的安全性问题,导致其上级功能性单位不能实现其功能或主要功能丧失,可能产生重大经济性损失;隐蔽功能故障与该备件功能失效的综合可能导致上述影响;可能有上述多项影响。

用 B 来代表一般重要,其具体标准如下:如缺失该类备件,可能导致辅助功能丧失,导致轻微经济损失,对装备安全性影响较小。

用 C 来代表不重要,其具体标准如下:对功能性影响轻微,基本不会造成装备和人员的安全性影响。

其分类方法如图 8.8 所示。

图 8.8　组合分类方法

其中,AX 为需求频率高且功能性等级重要的备件可采用冗余库存的策略,BX、AY、CX、BY、AZ 为中间等级的备件可作一般库存,即按需求量进行库存,CX、CY、BZ 为最不重要备件,可采取少存或零库存。

8.3.2　维修备件分类的聚类分析方法

导弹装备的备件有成千上万种,如采用 ABC 分类方法,工作量极大且对分类等级的界定困难,在计算机广泛运用的今天,应用现代统计分析的方法能够更好地对备件进行分类[69]。聚类分析方法能够综合考虑各方面的影响因素,且实现方便,对备件管理是一种很好的方法。

1. 聚类分析的目的

聚类分析[70]是根据研究对象的特征,对它们进行定量分类的一种多元统计方法。它能够将一批样品或变量,按照性质上的远近亲疏进行分类,每一类个体在特征上具有相似性,不同类间的个体差异较大。聚类的目的是从中发现规律性,进而达到认识和改造世界的目的。

在实际研究中,既可以对样品进行分类也可以对变量进行分类,这两种分类所应用的统计量有所不同,对样品分类一般采用距离系数的统计量,而对变量分类通常采用相似系数的统计量。对研究变量进行的聚类称为 R 型聚类,对样品进行的分类称为 Q 型聚类,对备件的分类显然属于对样品的分类。Q 型聚类分析可以综合利用多个变量的信息对样品进行分类,而且通过聚类谱系图可以清楚直观地表现其分类结果,从而得到比传统分类方法更细致、全面、合理的结果。

2. 聚类分析的基本步骤

进行聚类分析一般包括以下几个基本步骤:

(1)选择描述事物对象的变量或指标。要求选取的变量既要能够全面反映对象性质的各个方面,又要体现出不同变量的差别。

(2)建立样品数据资料矩阵。

(3)对样品数据进行标准化。因为不同变量的单位不同,且有时数值差别很大,如不做标准化处理,数值较小的变量对描述对象的距离或相似性发挥的作用会被严重削弱,从而对分类正确性造成影响。

(4)确定表示对象距离的统计量。

(5)选择适当的聚类方法,进行聚类。

3. 数据资料的标准化处理

根据变量取值的不同,变量可以分为三类:间隔尺度变量、有序尺度变量和名义尺度变量。间隔尺度变量用连续的量来表示,如备件的消耗量、价格、长度等。有序尺度变量用等级来表示,如备件的对设备的功能性等级可分为重要、中等和不重要三个等级等。名义尺度变量用一些类来表示,如备件是可修备件或不可修备件等。在对备件分类时,各属性的值都应转化为标准化的数值。

假设有 n 个样品,样品号为 $1,2,3,\cdots,n$,每个样品测量 m 个变量或指标 $X_1, X_2, X_3, \cdots, X_m$,则数据资料矩阵为

$$\begin{array}{c|cccc} & X_1 & X_2 & \cdots & X_m \\ 1 & x_{11} & x_{12} & \cdots & x_{1m} \\ 2 & x_{21} & x_{22} & \cdots & x_{2m} \\ \vdots & \vdots & \vdots & & \vdots \\ n & x_{n1} & x_{n2} & \cdots & x_{nm} \end{array}$$

为消除各个变量所用量纲的影响,保证各变量在分析中处于同等地位,对数据资料矩阵做标准化处理。

$$\bar{x}_j = \frac{1}{n}\sum_{i=1}^{n} x_{ij} \tag{8.25}$$

$$s_j = \sqrt{\frac{1}{n-1}\sum_{i=1}^{n}(x_{ij}-\bar{x}_i)^2} \tag{8.26}$$

$$x'_{ij} = \frac{x_{ij}-\bar{x}_j}{s_j}, \quad i=1,2,\cdots,m \tag{8.27}$$

4. 分类统计量

距离是常用的描述样品件亲疏程度的分类统计量，它是将每个样品看作 m 维空间中的一个点，并在空间中定义距离。距离近的归为一类，距离远的归属不同的类。

第 i 号样品与第 j 号样品之间的距离记为 d_{ij}，一般要求 d_{ij} 满足如下 4 个条件。

① $d_{ij} \geqslant 0$，对于一切 i,j；② $d_{ij}=0$，等价于第 i 号样品与第 j 号样品的各指标相同；③ $d_{ij}=d_{ji}$，对于一切 i,j；④ $d_{ij} \leqslant d_{ik}+d_{kj}$，对于一切 i,j,k。

聚类分析中常用的距离计算公式有两种，分别为闵氏距离和马氏距离[71]。

(1) 闵氏(Minkowski)距离为

$$d_{ij} = \left[\sum_{k=1}^{m}|x_{ik}-x_{jk}|^q\right]^{\frac{1}{q}} \tag{8.28}$$

当 $q=1$ 时为绝对值距离，即

$$d_{ij} = \sum_{k=1}^{m}|x_{ik}-x_{jk}| \tag{8.29}$$

当 $q=2$ 时为欧式距离，即

$$d_{ij} = \sqrt{\sum_{k=1}^{m}(x_{ik}-x_{jk})^2} \tag{8.30}$$

闵氏距离适用于一般 p 维欧氏空间。它的缺点是没有考虑变量之间的相关性。

(2) 马氏(Mahalanobis)距离为

$$d_{ij}^2(M) = (x_i-x_j)^{\mathrm{T}} s^{-1}(x_i-x_j) \tag{8.31}$$

式中，$s=(s_{ij})$；$s_{ij}=\frac{1}{n-1}\sum_{k=1}^{n}(x_{ki}-\bar{x}_i)(x_{kj}-\bar{x}_j)$；$\bar{x}_i$ 和 $\bar{x}_j$ 分别为第 i 号样品和第 j 号样品各指标的均值，马氏距离适用于衡量来自正态总体的样本点之间接近程度的距离，它排除了各变量之间相关性的干扰。

5. 系统聚类分析的算法步骤

系统聚类分析是聚类分析中应用较广泛的一种方法，凡是具有数值特征的变量和样品都可以采用系统聚类法，选择不同的分类统计量可获得不同的分类效果。系统聚类分析的基本思路是：首先将各样品各作为一类,并计算它们两两之间的分类统计量；其次按照类间距离度量准则将两类合并成为新类,并计算新类与其他类的距离；最后再按类间距离度量准则合并类。每次缩小一类,直到所有样品都并成一类为止。这个并类过程可以用谱系聚类图清楚地表达出来。

以 Q 型聚类分析为例,选取距离作为分类统计量,聚类方法选择最短距离法,则系统聚类分析的算法步骤如下：

系统聚类分析的计算基础是由 n 个样品构成的距离矩阵,即

$$\boldsymbol{D} = \begin{bmatrix} 0 & & & & \\ d_{21} & 0 & & & \\ d_{31} & d_{32} & 0 & & \\ \vdots & \vdots & \vdots & \ddots & \\ d_{n1} & d_{n2} & d_{n3} & \cdots & 0 \end{bmatrix} \quad (8.32)$$

第一步：

1) 在矩阵 $\boldsymbol{D}$ 中寻找距离最小的 d_{ij} 值,记为 d_{i_1,j_1},合并第 i_1 类和第 j_1 类为第 $n+1$ 类；

2) 第 $n+1$ 类与其他各类的距离由原来的第 i_1 类和第 j_1 类与其他各类的距离决定,即 $d_{n+1,k} = \min(d_{i_1,k}, d_{j_1,k})$；

3) 得到新类后,原来的第 i_1 类和第 j_1 类的两个类号被撤销,即在距离矩阵中划去第 i_1 行、第 j_1 行和第 i_1 列、第 j_1 列,增加第 $n+1$ 行和第 $n+1$ 列,得到新的距离矩阵 $\boldsymbol{D}_1$,它与矩阵 $\boldsymbol{D}$ 相比降了一阶。

第二步：在矩阵 $\boldsymbol{D}_1$ 中重复第一步的工作,并记 d_{i_2,j_2} 为本步中距离最小的值,合并第 i_2 类和第 j_2 类为第 $n+2$ 类。距离矩阵的更新与第一步类似。

第三步：如此反复进行,直到得出的距离矩阵是 2×2 阶矩阵,最后把所有 n 个样品都聚成一类,则聚类结束。

8.3.3 导弹装备维修备件分类实例

1. 备件属性分析

样品聚类分析过程中,主要通过各属性值间距离来综合分析样品间距离,因此备件聚类分析的第一步是明确备件分类的属性因素集。备件分类是否合适要看备件分类的目的,这里考虑备件分类的主要目标是进行分类管理,并为需求分析和库存策略提出依据。

(1) 备件寿命指标。备件寿命指标体现了备件需求的间隔期长短,也对库存订货策略有很大影响,起初在采用备件平均寿命作为分类变量时,分类效果不明显,只对分类数 6 以上时才有参考意义,因此需要确立一个合理的评价指标。对于备件分类还需要考虑备件是否可修,可修备件在经过修理后又进入库存和新备件

发挥作用相同,因而不能与不可修备件采用相同参数,这里采用年平均故障次数,对于不可修件采用年平均故障次数 n_1,对于可修件采用年平均故障次数 n_2 与备件可修性因子 c 的商,c 为备件报废历经维修的平均次数。

(2)备件成本。此处备件成本仅指备件采购时所花费的订购费、成本费和运输费等。对于成本低的耗损件可以采用大量储备,但对于成本高的耗损件则需根据预测需求量合理储备,以达到满足经费预算的目标。

(3)备件对设备的功能性影响。备件对设备的功能性影响属于有序尺度变量,用等级来表示。这里分为5个等级,十分重要、较重要、重要、不太重要、不重要,每个等级用一个数字表示,既能表示等级关系,又能显现出距离,见表8.8。

表8.8 备件功能性评分表

功能性等级	十分重要	较重要	重要	不太重要	不重要
评定分数	5	4	3	2	1

2.备件聚类分析实例

下面通过对某装备车辆的备件进行聚类分析,说明聚类分析在备件分类中应用的效果。某装备车辆备件数量有多种,现只选取40种备件对其进行分析,假设其基本数据资料矩阵见表8.9。

表8.9 备件分类基本数据资料矩阵

备件编号	寿命指标	成本	功能性影响
1	0.13	75 000.00	5.00
2	0.67	1 750.00	5.00
3	1.50	106.00	3.00
4	0.50	900.00	4.00
5	1.10	30.00	4.00
6	2.30	185.00	3.00
7	2.40	20.00	3.00
8	2.80	80.00	3.00
9	0.50	185.00	2.00
10	0.60	600.00	2.00
11	0.65	45.00	3.00
12	0.75	30.00	3.00
13	0.30	75.00	2.00

续表

备件编号	寿命指标	成本	功能性影响
14	0.68	10.00	3.00
15	0.75	12.00	2.00
16	0.85	12.00	2.00
17	1.30	21 600.00	4.00
18	1.20	2 706.00	4.00
19	1.45	902.00	4.00
20	2.30	80.00	3.00
21	1.50	315.00	2.00
22	3.00	10.00	2.00
23	1.80	1 100.00	3.00
24	3.50	65.00	2.00
25	2.20	1 460.00	4.00
26	2.00	100.00	3.00
27	3.70	165.00	3.00
28	3.90	28.00	4.00
29	4.00	25.00	4.00
30	5.00	390.00	4.00
31	2.10	1 053.00	5.00
32	3.00	160.00	4.00
33	3.20	47.00	3.00
34	2.40	71.00	3.00
35	1.20	440.00	4.00
36	1.50	5 740.00	4.00
37	4.00	2.00	3.00
38	4.30	2.00	2.00
39	5.00	10.00	1.00
40	0.60	26.00	1.00

通过 SPSS 将备件数据矩阵输入软件进行聚类分析,在进行变量的 0~1 标准化后,选取离差二次方和方法,并以闵氏距离作为测算距离的方法,得到聚类分析的结果,见表 8.10 和表 8.11。

表 8.10 凝聚过程

阶段	组合聚类		系数	聚类第一阶段		下一阶段
	聚类1	聚类1		聚类1	聚类1	
1	7	34	0.000	0	0	9
2	6	20	0.001	0	0	9
3	11	14	0.004	0	0	9
4	15	16	0.014	0	0	18
5	28	29	0.025	0	0	25
6	11	12	0.035	3	0	34
7	5	35	0.046	0	0	10
8	9	10	0.057	0	0	12
9	6	7	0.077	2	1	27
10	5	18	0.097	7	0	19
11	23	26	0.118	0	0	16
12	9	13	0.149	8	0	18
13	27	37	0.180	0	0	24
14	19	36	0.213	0	0	19
15	8	33	0.254	0	0	24
16	3	23	0.302	0	11	27
17	22	24	0.353	0	0	22
18	9	15	0.413	12	4	23
19	5	19	0.473	10	14	21
20	25	32	0.556	0	0	31
21	4	5	0.672	0	19	29
22	22	38	0.799	17	0	30
23	9	21	0.934	18	0	28
24	8	27	1.073	15	13	33

续 表

阶段	组合聚类 聚类1	组合聚类 聚类1	系数	聚类第一阶段 聚类1	聚类第一阶段 聚类1	下一阶段
25	28	30	1.213	5	0	33
26	21	31	1.360	0	31	
27	3	6	1.517	16	9	37
28	9	40	1.707	23	0	34
29	4	17	1.907	21	0	32
30	22	39	2.154	22	0	35
31	2	25	2.415	26	20	32
32	2	4	2.738	31	29	36
33	8	28	3.124	24	25	35
34	9	11	3.605	28	6	38
35	8	22	4.247	33	30	37
36	1	2	5.085	0	32	38
37	3	8	6.033	27	35	39
38	1	3	9.909	38	37	0

表 8.11 分类结果

备件	3个聚类	备件	3个聚类	备件	3个聚类	备件	3个聚类
1	1	11	3	21	3	31	1
2	1	12	3	22	2	32	1
3	2	13	3	23	2	33	2
4	1	14	3	24	2	34	2
5	1	15	3	25	1	35	1
6	2	16	3	26	2	36	1
7	2	17	1	27	2	37	2
8	2	18	1	28	2	38	2
9	3	19	1	29	2	39	2
10	3	20	2	30	2	40	3

表 8.10 反映了聚类过程的凝聚过程,第一列为聚类的步骤,第二、三列表示本步骤由哪两类合并,合并结果取小的序号,第四列表示距离系数。表 8.11 显示了分类的结果,在分类数取 4、5、6 时,分类效果不佳,每一类增加的样品数不超过 2 个,因此分 3 类是效果最好的。这种分类方法体现出了备件的重要程度,其中第一类为最重要备件,其订购应优先保证,采用冗余需求策略,第二类为普通备件,可以按需求保障,采用一般需求策略,第三类为可短缺备件,采用可短缺需求策略。

8.4 本章小结

本章主要对维修资源管理问题的决策方法进行研究,首先运用排队论模型对维修机构以维修小组为单位进行需求分析和优化,然后在维修备件管理决策中分别对维修备件需求预测模型和储存管理备件分类方法进行研究,并分别用实例验证了模型的效果。

第9章 导弹装备维修过程管理决策方法

本章主要对导弹装备维修过程管理中的维修方式、维修间隔期和维修保障方案进行决策,提出可行的决策方法并进行实例分析。

9.1 导弹装备维修方式决策

导弹装备类型多、涉及面广、技术复杂,如果都采用统一的维修方式,可能会造成维修不足和维修浪费两种情况。因此,有必要对其维修方式进行决策,而传统的决策方法主要对设备重要程度进行评估,虽然能够在定量分析的基础上,提供较为合理的分析结果,但是设备重要程度与维修方式仍不能构成直接的决定关系,而且权重的确定方法比较固定,不能较好地反映导弹装备维修方式影响因素的相互关系[72],而通过采用相邻优属度和熵权综合赋权法确定综合权重,可以有效解决上述问题。

9.1.1 导弹装备维修方式分析

导弹装备发展到现在,技术越来越复杂,对维修方式的要求也越来越高。导弹装备主要包括供发射用的车辆、伴随保障设备、指挥通信设备和导弹武器等。其中各个部分的技术含量和故障模式均不相同,需要以各个单元为维修对象进行维修方式的划分[73]。

导弹装备的维修方式主要有以下几种:

1. 故障后维修

故障后维修是最早期的维修方式,由于技术手段不够先进且对维修的认识不够而成为早期主要的维修方式,即为设备发生故障后再进行维修。

2. 定期维护及检测

定期维护及检测主要是进行定期的维护保养以及故障隐患的排查,其在目前所用的维修方式中占很大比例。

3. 定期维修

在近代机械工业有了一定发展后而提出的维修方式,通过长期维修经验发现机械设备等由于磨损老化等原因,具有一定的故障规律,因而采用定期维修能提高设备的利用率,以及减少故障造成的损失[74]。

4. 视情维修

视情维修是基于状态维修方式的一种，是通过对设备运行状况和运行时间环境等进行判断，而得出是否需要维修的一种维修方式。

9.1.2 维修方式决策模型

模糊综合评判（FCE，*Fuzzy Comprehensive Evaluation*）是一种定性与定量相结合的评判方法，它对具有层次性且有较多模糊性因素的评判非常有效[75]。导弹装备维修方式决策适用于模糊综合评判的范畴，通过建立维修方式评价因素集能够综合各方面的平价因素，起到很好的效果。在进行模糊综合评判时，要依次确定评价指标因素集、目标评语集以及各层次指标因素的相对权重。

1. 维修方式评价因素集

由于导弹装备涉及技术复杂，专业较多，用到的维修方式也较多，其影响因素众多，需要建立多层次综合评判因素体系。首先需确定与维修方式联系最紧密的因素集 U，由于导弹装备的特殊性，所以重点应考虑运行可靠性、安全性、可行性、经济性和监测性五方面因素，并进一步细分子评价因素，如图9.1所示。

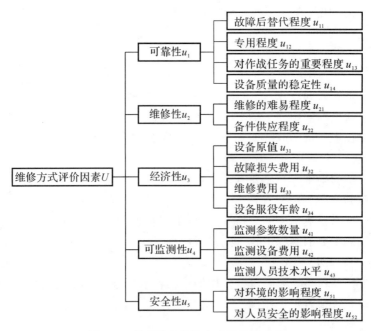

图 9.1 导弹装备维修方式评价因素集

2. 维修方式决策目标因素集

模糊综合评判的目的就是在综合考虑所有影响因素的基础上，对目标进行最优决策。通过对导弹装备构成和特性的分析,将导弹装备的维修方式主要分为故障后维修、定期维护与检测、定期维修和视情维修四种。因此维修方式决策的目标因素集为 $V = \{v_1, v_2, v_3, v_4\}$,且 $v_1 =$ 故障后维修,$v_2 =$ 定期维护与检测,$v_3 =$ 定期维修,$v_4 =$ 视情维修。

3. 维修方式模糊综合评判矩阵

在确立了评价因素后,对维修方式进行决策就要判定每一子指标因素对目标因素的隶属关系,也即建立维修方式指标因素集对维修方式目标集的隶属关系矩阵。其形式为

$$\boldsymbol{R}_1 = \begin{bmatrix} r_{11} & r_{12} & r_{13} & r_{14} \\ r_{21} & r_{22} & r_{23} & r_{24} \\ r_{31} & r_{32} & r_{33} & r_{34} \\ r_{41} & r_{42} & r_{43} & r_{44} \end{bmatrix}$$

其中,$\boldsymbol{R}_1$ 为可靠性指标对目标因素的隶属关系矩阵;r_{ij} 为可靠性的第 i 个指标因素对第 j 个目标维修方式的隶属度。同理,可得到可行性、经济性、可监测性和安全性的评判矩阵。

4. 确定权重集

权重是描述目标相对重要程度的数值,是方案评审中需确定的重要部分。目前应用的权重确定方法主要有主观赋权法、客观赋权法和综合赋权法,常用的有层次分析法、熵值赋权法和熵权与层次分析综合赋权的方法[76]。本节采用相邻优属度法和熵权法相结合的综合赋权,这种方法的优点在于既利用了相邻目标相对优属度法中专家给出的各指标的重要程度,又充分考虑了各指标本身所包含的信息,使所得到的权重既体现专家主观意志又较好地反映了客观情况。

(1) 相邻优属度法。基于相邻目标相对优属度的权重确定方法的主要原理如下:

对于目标集 $O = \{o_1, o_2, \cdots, o_m\}$ 中的所有目标进行关于重要性的排序,得到符合一致性原则的目标关于重要性的排序,假设 $o_1 > o_2 > \cdots > o_m$,其中 $o_i > o_j$ 表示 o_i 比 o_j 重要。对其进一步定义,当 o_k 比 o_l 重要时,$0.5 < \beta_{kl} \leqslant 1$;当 o_l 比 o_k 重要时,$0 \leqslant \beta_{kl} < 0.5$;当 o_k 与 o_l 一样重要时,$\beta_{kl} = 0.5$,特别的 $\beta_{kk} = 0.5$,且 $\beta_{kl} = 1 - \beta_{lk}$。通过专家评分可得出目标集的排序及相邻目标的相对重要性模糊标度值 $\beta_{k,k+1}$,只需得出各模糊标度值的关系即可由 $\beta_{k,k+1}$ 计算出其他模糊标度值。

考察 $\beta_{k,k+2}$ 与 $\beta_{k,k+1}$ 及 $\beta_{k+1,k+2}$ 之间的关系。在数轴 $0 \sim \beta_{kl}$ 上,$\beta_{k,k+2} \in [\beta_{k,k+1}, 1]$;在数轴 $0 \sim \beta_{k+1,l}$ 上,$\beta_{k+1,k+2} \in [\beta_{k+1,k+1}, 1] = [0.5, 1]$,参见图 9.2。

将 $\beta_{k+1,k+2}^{(k+1)}$ 从坐标系 $0 \sim \beta_{k+1,l}$ 的 $[0.5, 1]$ 区间投影到坐标系 $0 \sim \beta_{kl}$ 的 $[\beta_{k,k+1}, 1]$ 区间上,即将 $\beta_{k+1,k+2}^{(k+1)}$ 转换为 $\beta_{k+1,k+2}^{(k)}$,则有

$$\beta_{k+1,k+2}^{(k)} = \beta_{k,k+2} - \beta_{k,k+1} \tag{9.1}$$

$$\beta_{k+1,k+2}^{(k+1)} = \beta_{k+1,k+2} - \beta_{k+1,k+1} = \beta_{k+1,k+2} - 0.5 \quad (9.2)$$

$$\frac{\beta_{k+1,k+2}^{(k)}}{(1-\beta_{k,k+1})} = \frac{\beta_{k+1,k+2}^{(k+1)}}{0.5} \quad (9.3)$$

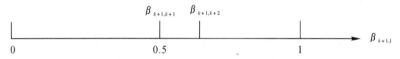

图 9.2　模糊标度值 $\beta_{k,k+2}$ 和 $\beta_{k+1,k+2}$ 之间的投影关系

可得出统一的递推公式:

$$\beta_{k,l} = \beta_{k,l-1} + 2(1-\beta_{k,l-1})(\beta_{l-1,l} - 0.5) \quad (9.4)$$

如此就可以由相邻目标的相对重要性模糊标度值求得任何两个目标的相对重要性模糊标度值,从而得到目标关于重要性的有序二元比较矩阵:

$$\boldsymbol{\beta} = \begin{bmatrix} \beta_{11} & \beta_{12} & \cdots & \beta_{1m} \\ \beta_{21} & \beta_{22} & \cdots & \beta_{2m} \\ \vdots & \vdots & & \vdots \\ \beta_{m1} & \beta_{m2} & \cdots & \beta_{mm} \end{bmatrix} = (\beta_{kl}), \quad k,l=1,2,\cdots,m \quad (9.5)$$

每行标度值之和(不含自身比较)可以看作是非归一化的目标权重:

$$\omega'_k = \sum_{l=1}^{m} \beta_{kl} \quad k,l=1,2,\cdots,m; \quad k \neq l \quad (9.6)$$

经归一化处理后得

$$\omega_k = \frac{\omega'_k}{\sum_{k=1}^{m}\omega'_k}, \quad k=1,2,\cdots,m \quad (9.7)$$

从而得到目标权重向量 $\boldsymbol{\omega} = [\omega_1 \quad \omega_2 \quad \cdots \quad \omega_m]^T$。

(2) 熵权法。以模糊综合评判矩阵 $\boldsymbol{R}(r_{ij})$ 作为研究系统,$H(i)$ 为系统中第 i 个评价因素的熵值,可表示为

$$H(i) = -\frac{1}{\ln n}\sum_{j=1}^{n} r_{ij} \ln r_{ij} \quad (9.8)$$

式中,n 为系统目标因素集中因素数目;规定当 $r_{ij}=0$ 时,$H(i)=0$。

第 i 个指标的熵权可表示为

$$w_i = \frac{1-H(i)}{\sum_{i=1}^{m}(1-H(i))} \tag{9.9}$$

式中，m 表示指标数。同理，可以一次求出其他指标对应的权重，这样就得到了基于熵权的评价指标权重向量 $\boldsymbol{W} = [w_1 \quad w_2 \quad \cdots, \quad w_m]^T$。

则通过相邻优属度方法和熵权法综合得到的组合权重 $\bar{\omega}$：

$$\bar{\omega} = \frac{w_j \omega_j}{\sum_{j=1}^{m} w_j \omega_j}, \quad j = 1,2,\cdots,m \tag{9.10}$$

5. 综合评判结果

根据模糊综合评判的方法，单层次综合评判结果由下式求得：

$$B_i = \bar{\omega_i} \circ \boldsymbol{R}_i \tag{9.11}$$

式中，B_i 为单层次综合评判结果；$\boldsymbol{R}_i$ 为模糊综合评判矩阵。由此可以计算出各子评价因素层次上的模糊综合评判结果，在各单层次评判结果基础上可以构成上一层因素集的模糊综合评判矩阵，通过最大隶属度原则，取与评判结果最大值对应的目标元素为最终评判结果，由此得出维修方式决策的最终结果。

9.1.3 维修方式决策实例

对某保障设备应用上述方法进行维修方式决策，参评的指标评价因素包括可行性、可靠性、安全性、可监测性和经济性五方面。在咨询专家意见的基础上，确定该设备维修方式决策的各个影响因素集，并对各指标对目标因素的隶属度进行计算，其中可靠性指标因素的隶属度见表 9.1。

在得到评判矩阵后，需得出各指标因素的权重，这里就要用到上述的相邻优属度和熵权综合求权的方法。综合专家意见后，得出各因素的重要程度排序从大到小依次是作战任务的重要程度、设备质量的稳定性、专用程度、故障后替代程度，其相邻因素相对重要性模糊标度值为 $\beta_{12} = 0.65, \beta_{23} = 0.7, \beta_{34} = 0.55$。

表 9.1 可靠性指标隶属度

性能因素	评价因素	目标隶属度			
		v_1	v_2	v_3	v_4
可靠性	故障后替代程度	0.4	0.4	0.1	0.1
	专用程度	0.2	0.1	0.35	0.35
	对作战任务的重要程度	0.1	0.1	0.4	0.4
	设备质量的稳定性	0.3	0.3	0.3	0.1

则 $\beta_{13}=\beta_{12}+2(1-\beta_{12})(\beta_{23}-0.5)=0.79$,同理可得 $\beta_{14}=0.81, \beta_{24}=0.73$,

$$\boldsymbol{\beta}=\begin{bmatrix} 0.5 & 0.65 & 0.79 & 0.81 \\ 0.35 & 0.5 & 0.7 & 0.73 \\ 0.21 & 0.3 & 0.5 & 0.55 \\ 0.19 & 0.27 & 0.45 & 0.5 \end{bmatrix}$$

相邻优属度法得到的目标权重向量为

$$\boldsymbol{\omega}=[0.36, 0.29, 0.20, 0.15]$$

熵权法得到的权重向量为

$$\boldsymbol{w}=[0.35 \quad 0.17 \quad 0.35 \quad 0.13]$$

则综合权重向量为

$$\bar{\boldsymbol{\omega}}=[0.48 \quad 0.19 \quad 0.26 \quad 0.07)$$

可靠性指标的评估结果为

$$\boldsymbol{u}_1=[0.3, \quad 0.23 \quad 0.2 \quad 0.27]$$

其他指标的评估结果计算过程与可靠性指标相同:

$\boldsymbol{u}_2=[0.2 \quad 0.12 \quad 0.34 \quad 0.34]$, $\boldsymbol{u}_3=[0.32 \quad 0.24 \quad 0.35 \quad 0.09]$
$\boldsymbol{u}_4=[0.12 \quad 0.23 \quad 0.32 \quad 0.33]$, $\boldsymbol{u}_5=[0.33 \quad 0.35 \quad 0.24 \quad 0.08]$

二层权重为$[0.13 \quad 0.32 \quad 0.22 \quad 0.09 \quad 0.23]$,则评估结果为 $\boldsymbol{u}=[0.25 \quad 0.13 \quad 0.38 \quad 0.24]$,由最大隶属度原则,选择定期维修作为该保障设备的维修方式。

9.2 导弹装备维修间隔期优化

许多装备在使用中具有耗损特性,即随使用时间增加装备的可靠性逐渐降低,因此在装备寿命期内需进行预防性维修以降低故障率,本节提出以装备使用可用度与维修费用之比最大为目标的优化模型,对维修间隔期进行优化。

9.2.1 维修间隔期优化目标

预防性维修针对的主要对象是可靠性随使用时间的不断增加而有明显下降趋势,并可通过实施定期检查、维修和更换备件等措施提高可靠性的装备。

在已有的对维修间隔期优化模型中,大部分采用的是分别以使用可用度最大和费用最小作为目标,进行分析得出两组目标的维修间隔期,进而再对两组值运用模糊综合评判或其他方法集结得出最终的优化结果。这种方法综合了两个目标,有一定的实际意义,但对两个目标的集结缺乏合理性,并且采用解析方法,无法考虑到维修过程中的复杂性,对故障后维修对费用的不同影响考虑很少,且维修策略不能很好地符合实际情况。如采用定期维修时,在发生随机故障并采取维修措施后到达预防性间隔期,此时再采取定期预防维修就不符合实际,不仅造成了资源的浪费,而且过度拆修会造成可靠性降低。因此,这里采用计算机仿真的方法对维修间隔期进行优化。

1. 使用可用度

使用可用度[77-78]是描述装备在规定条件下使用,在寿命期内功能处于可正常工作状态的概率。使用可用度可以表达为

$$A = \frac{\mathrm{MUT}}{\mathrm{MUT} + \mathrm{MDT}} \tag{9.12}$$

其中,MUT 为平均可能工作时间;MDT 为平均不能工作时间。装备具有两种状态即可用和不可用,可用状态指装备的各项技术指标符合规定要求,能够完成规定的任务的状态;而不可用状态指由于故障、维修或其他活动使装备处于不可用状态。装备的可用性指需要开始执行任务的任一时刻,装备处于正常工作状态的程度。

对于维修间隔期优化过程,考虑的主要是维修所造成的不可工作时间,即由随机故障产生的维修和定期预防性维修所花费的时间,其他可能造成装备不能完成规定任务的事件不予考虑,则使用可用度可扩展为

$$A = \frac{\mathrm{MUT}}{\mathrm{MUT} + \mathrm{PMT} + \mathrm{CMT}} \tag{9.13}$$

其中,PMT 为装备在寿命期内总的预防性维修花费时间,CMT 为装备总的故障后维修花费时间。

2. 相关维修费用

维修间隔期优化中另一个目标就是在寿命期内总的维修费用最小,在装备的维修保障过程中投入的各种维修资源都以维修费的形式来度量。维修间隔期对维修费用有重要影响,维修间隔期过短则预防性维修费用增加,投入大量的人力设施设备;维修间隔期过长,装备故障率过高,故障后维修造成维修费用和相应风险,也会提高总体维修费用。因此,适时的预防性维修能降低总体维修费用,提高维修效益。

维修费用所涉及的主要也是两方面,即预防性维修花费的费用和故障后维修花费的费用。预防性维修中涉及费用包括维修工作中的人员工时费、维修设施设备成本、技术资料费、备件采购储备成本、维护保养费和故障检修费等。预防性维修费用成本相对固定,一般按照装备设计要求进行预防性维修工作,更换零部件,但也有一些如技术改造或随机性故障也会产生一些成本。故障后维修费用相对变化裕度较大,由于故障形式的多样性和故障严酷程度的不同,对维修资源要求有很大差别,维修所需要的时间也不同。其费用构成主要是故障检查费、备件采购储备成本、维修设施设备成本、维修人员工时费和运输费等。两种维修过程的费用结构

如图 9.3 所示。在费用分析模型中,可认为预防性维修花费费用时间固定,采用平均预防性维修时间和平均预防性维修费用两个参数,作为模型的两个输入值。但对故障后维修则引入故障严酷度概念,即装备故障后对其进行维修使其恢复应有的技术指标的难易程度,并认为维修费用和时间与故障严酷度有直接关系,也就是故障维修越难所需维修成本越高,费用和时间也就越多。根据以可靠性为中心的维修理论中的故障树分析(FTA)、修理级别分析(LORA)和损坏模式分析(DMEA)等可进行故障的分类,如明显功能故障和隐蔽功能故障、单个故障与多重故障等,对故障的维修难易程度进行分级,进而对模拟随机故障提供依据[79]。

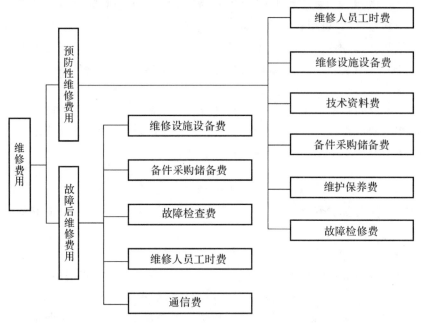

图 9.3　预防性维修和故障后维修费用结构图

9.2.2　维修间隔期优化模型

在维修间隔期优化模型中,以往的优化目标往往选取可用度最大和费用最小中的一个或对两者求得结果进行综合。在此引用效费比概念,即维修的效果也就是使用可用度与维修费用之比最大来作为模型目标,其关系为

$$V = \frac{A}{C} = \frac{\text{MUT}}{(\text{MUT}+\text{PMT}+\text{CMT})C} \quad (9.14)$$

预防性维修工作主要是对设备的维护保养、故障检修和更换备件等,也可以对设备进行技术改造。故障后维修应根据故障的严重程度,采取不同的维修措施,其所需花费的时间,因故障情况不同而有差别。预防性维修和故障后维修对装备降

低故障率有一定的效果,而故障后维修又进一步区分为修复型和更新型,修复型保持故障前的故障率不变,而更新型可降低故障率。预防性维修也可分为简单的预防维修和预防更换,其中预防维修使故障率降低到某一新点,但不会修复如新,即维修后状态处于 good as new 和 bad as old 之间;预防更换后工作时间恢复到零,故障率曲线为新设备的故障率。

预防性维修的维修策略有两种[80],其一是当装备工作时间等于预防性维修周期 T 时,进行一次预防维修,而装备工作时间小于预防维修周期 T 而发生故障后,则进行事后维修,并将修好的时刻作为新的时间起点,安排预防维修;其二是严格按照固定周期 T 进行预防维修,在预防维修周期 T 内无论是否进行了事后维修,在装备累计工作时间达到 T 则进行预防维修,两种维修策略如图 9.4 所示。这两种维修策略相比而言第一种更加合理,可以避免重复工作,造成装备可用度下降,但如果装备在达到维修间隔期之前一直发生故障,按照第一种策略就无法进行预防性维修,这样不是很合理,因此,需对第一种维修策略进行改进,在维修间隔期内进行故障严酷度比较高的故障后维修时,才重新计算下次维修间隔期的时间,这样能更好地符合实际维修情况,对解决模型一的问题有很大帮助,因为装备发生严重的故障概率比较低。

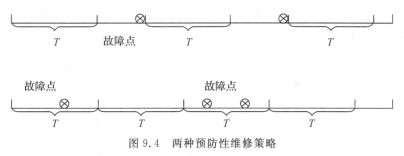

图 9.4 两种预防性维修策略

按照此种维修策略对装备进行寿命期的使用可用度与维修费用比的仿真,其模型的基本假设如下:

(1)不考虑每次预防性维修的差别,装备进行预防性维修花费的时间和费用取平均值,按照装备设计指标或与其他同类装备对比分析得出其预防性维修的平均指标;

(2)由于模型目标是优化维修间隔期,对费用值的时效性要求不高,因此不考虑通胀或其他与两种维修活动不相关的费用;

(3)进行随机故障的严酷度分级,并按照不同概率出现各级故障,中等故障和严重故障维修会发生更新型维修,并按照更新型维修发生比例和更新系数提升可靠性参数;

(4)每次预防性维修都能使装备的可靠性得到一定的提升;

(5)按照装备规定寿命期为仿真时钟截止时间。

故障分布函数是维修间隔期优化模型的基础,也是解决维修问题的关键,预防性维修针对的是故障率随时间增加有明显上升趋势的装备。假设某装备的故障分布函数为$\lambda(t)$,则t_1时刻出现故障的概率为$\lambda(t_1)$,如故障事件成立,则可对故障进行分类,即一般性故障、中等故障和严重故障,并对每种故障赋之以不同的发生概率,每种故障的维修费用和花费时间按照装备规律进行分析计算,对维修事件按照更新型维修和修复型维修两种来看待,更新型维修可使故障率恢复到维修发生时时钟时间与更新系数乘积得出时期的故障率水平,修复型维修继续按照故障率进行计算,到达预防维修周期时,进行预防维修,此事件的效果是花费一定维修时间和维修费用,并使故障率恢复到一定水平,如此重复到仿真的寿命期为止。仿真过程如图9.5所示。

模型中主要参数符号及说明如下:

$\lambda(t)$为装备故障分布函数;T为维修间隔期;T_{PM}为平均每次预防性维修花费时间;T_{CM1}为一般性故障维修所需时间;T_{CM2}为中等故障维修所需时间;T_{CM3}为严重故障维修所需时间;p_1为一般性故障发生的概率;p_2为中等故障发生的概率;p_3为严重故障发生的概率;p'为随机故障维修中更新型维修的概率;φ为更新系数;C_{PM}为平均每次预防维修花费费用;C_{CM1}为平均每次一般性故障维修费用;C_{CM2}为平均每次中等故障维修费用;C_{CM3}为平均每次严重故障维修费用;T_{LF}为装备寿命期。

9.2.3 维修间隔期优化实例

设某地面设备故障规律服从威布尔分布,其分布函数为

$$\lambda(t) = 1 - e^{-\left(\frac{t}{1\,000}\right)^3} \tag{9.15}$$

通过对其故障模式进行分析,得出其主要有三种模式,按照严重程度由低到高进行排序可分为一般故障、中等故障和严重故障,其平均花费维修时间和费用见表9.2。

表9.2 故障维修时间费用明细表

故障分类	平均维修费用/万元	平均维修时间/天
一般故障	0.3	2
中等故障	1.2	5
严重故障	2	10

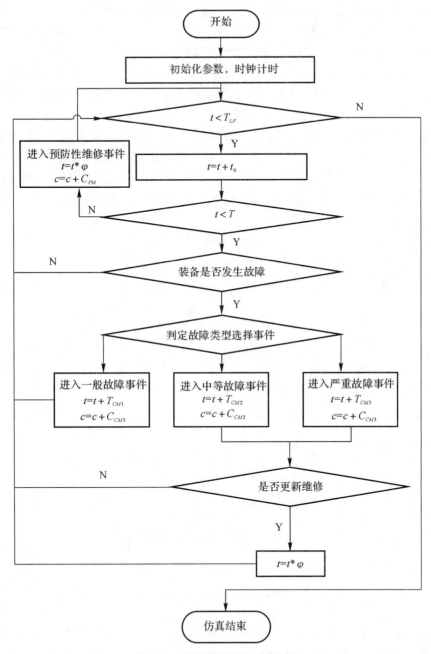

图 9.5 维修间隔期仿真过程图

通过统计分析在故障发生后一般故障概率为 0.7,中等故障概率为 0.2,严重故障概率为 0.1,且不考虑多故障同时发生的情况。中等故障和严重故障维修会产生更新型维修效果其更新系数为 0.4。预防维修的平均维修时间为 7 天,平均维修费用为 1.5 万元。按照以上参数进行仿真程序的初始化,装备的寿命期为 2 000 天。通过 MATLAB 编写仿真程序,采用 1 000 次仿真取其均值的方式。在以使用可用度与维修成本比值最大为目标的仿真过程中,其四阶关系曲线为

$$A/c = 0.011\ 0\ (T/100)^4 + 0.048\ 4\ (T/100)^3 - 0.290\ 9\ (T/100)^2 + 0.390\ 2(T/100) - 0.027\ 2 \tag{9.16}$$

其最高点值为 0.066 2,对应的维修间隔期为 265 天,这也是模型求取的最优维修间隔期,其仿真曲线如图 9.6 所示。以往的维修间隔期优化问题中,往往对两种目标得出的最优值进行综合,如各采用一定的权重进行加权,但两个最优值综合得出最优值精确性不如单目标得出的最优值,因此采用此模型可以提高维修间隔期值的准确度。

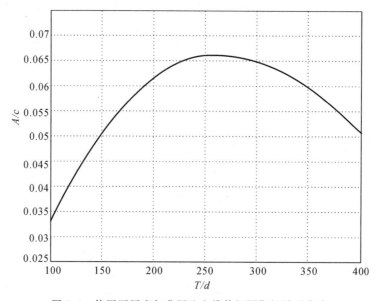

图 9.6 使用可用度与费用比和维修间隔期间关系曲线

9.3 导弹装备维修保障方案决策

导弹装备因受其结构复杂、使用环境特殊、作战使命要求高等影响,使得维修成为作战使用的前提条件。而维修什么、何时维修、在何处采取何种维修方式、采用什么样的策略进行维修,才能使导弹装备的维修效益最大化,这是维修实际中需要重点研究和解决的问题。

9.3.1 导弹装备维修保障方案概述

导弹装备维修是按照维修保障方案进行的,维修保障方案在装备寿命周期内要不断进行优化,维修保障方案基本确定了修复性和预防性维修的内容,以及在何时何地采用什么样的维修方式,采用何种维修策略。

导弹装备维修涉及经济性、安全性等多方面因素,维修工作可以划分为战场抢修工作、预防性维修工作和修复性维修工作等。不同维修工作的维修保障方案不同,大体包括维修工作内容、时机、资源配置,具体有维修级别、维修方式、维修等级、维修间隔和维修顺序等方面[81]。

1. 导弹装备维修策略

维修策略也称为维修原则,规定了某种装备预定完成修理的深度和方法,它既影响装备的设计又是维修保障系统设计的依据。在装备维修保障方案确定时,必须根据使用要求和经济性确定装备的修理策略。基本的修理策略包括不修复、局部可修复和全部可修复[82]。

(1) 不修复的产品。此类产品的基本修理策略是不修复,即故障后则报废,其可能有两种情况,其一是不能通过维修恢复其规定功能,另一种是维修成本比更换成本高,不值得修复,其结构一般是模块化的,且更换费用较低。由于发生单元故障后即予以废弃,所以不需内部的可达性、测试点等;由于维修只限于拆卸和更换,所以不需要维修用的检测设备,人员技能水平要求也较低,但是对备件的储备要求增加,备件费用较高。

(2) 局部可修复的产品。产品发生故障后,其中某些单元的故障可在某维修级别予以修复,而另外一些单元故障予以更换,局部可修复的产品有多种形式,修理策略主要需确定哪些产品是可修复的、哪些产品是不可修复的,以及在哪一级修复等,由于某一维修级别上的决策对其他级别会产生影响,所以必须全面考虑涉及的所有维修级别。

(3) 全部可修复的产品。设计准则必须包括其内部的零件层次。就检测与保障装备、备件、人员与训练、技术资料以及各种设施而言,实施这种策略需要大量的维修保障资源。

修理策略对装备的设计和维修保障资源有直接影响,在修理策略的制定过程中,需要考虑的首要因素是作战使用要求,也要考虑维修级别和资源消耗量的影响。修理策略在装备设计和保障资源确定后就很难改变了,因此在维修保障方案确定时,必须充分考虑修理策略的影响。在产品的具体使用阶段,修理策略可根据实际情况做小的调整。

2. 导弹装备维修保障方案结构及其内容

(1) 维修保障方案的基本概念。维修保障方案是对装备在规定的使用环境中进行维修与保障所采取的维修类型、维修策略、各维修级别的主要工作等的描述,它规定了每一维修级别上开展的维修活动及资源配置要求。通过制定装备的维修保障方案,可以为主装备设计和重要的维修保障资源设计提供基础,能够为建立维修保障系统提供依据,还可以对制定装备维修计划提供支撑。

(2)维修保障方案的内容。装备的维修保障方案对装备的设计方案和装备的维修保障有着重大的影响,其形成过程往往需要不断的综合权衡和分析。维修保障方案的主要内容包括:①预期的维修类型及其主要内容;②维修策略与约束;③维修级别的划分、职责及任务;④维修保障方式,如部队建制保障、承制方保障或两者结合等;⑤保障资源要求;⑥维修活动的约束条件;⑦维修环境条件等。

(3)维修保障方案优化。在确定装备的维修保障方案时,应根据装备的具体作战和使用要求,在确保满足相关要求的基础上确定修理策略,在设计阶段,可能会设想出多个可行的维修策略,但应根据利弊权衡出更合理的方案,并对其进行详细的分析。在维修保障方案的选择中,应按照方案的参数指标(如可用度、费用等)进行评价,各个维修保障方案反映了该装备的维修特性和维修任务的要求,需要通过综合各方面的数据来评判。在确定新研装备的维修保障方案时,相应数据和信息常常根据经验和其他装备的数据得到,对各个方案进行对比分析,比较其优缺点而最终选定维修策略,在使用阶段,应根据实际情况对其进行调整[83]。

在研制阶段的维修保障方案与使用后部队的具体维修保障方案是不同的,但总体说前者是后者的依据,后者是前者在使用阶段的落实。在使用中的维修保障方案如遵循研制阶段的维修保障方案,使保障系统与主装备可更好地相匹配,充分发挥主装备的可靠性、维修性和保障性等其他作战使用效能,而在维修保障过程中,设计阶段的维修保障方案也要不断修改和完善,以适应实际情况的需要。

9.3.2 导弹装备维修保障方案多属性决策方法

导弹装备维修保障方案分为研制阶段方案和使用阶段方案,研制阶段方案能够指导装备的设计并为使用阶段的维修奠定基础。无论何种维修保障方案,其制定过程都需要在综合分析各种影响因素基础上,对已有的或总结出的可行方案进行决策,都是在众多备选方案中进行选择的优化过程。传统的方案选择往往单纯依靠领导和专家的主观判断,缺乏对总体的把握,容易造成方案决策的失误,不仅易造成经济损失,也影响装备的维修性和可靠性,进而影响部队战斗力生成,因此提出一种对方案的科学决策方法是十分必要的。在众多的决策方法中,多属性决策是解决离散空间中方案集中选取最好方案和方案排序的常用方法。多属性决策[84]问题的研究始于1957年,在20世纪60年代以后受到人们的关注,90年代开始对不确定性多属性决策问题进行研究。维修保障方案的选优属于不确定性多属性决策的范畴。

多属性决策主要需解决两个问题:一个是确定属性值和属性权重;另一个是对决策信息进行集结,对方案进行排序。

1. 区间数

决策者确定方案各属性值时,并不能得出一个准确的数值,其结果往往是一个模糊值,这时可用区间数来表示属性值的不确定关系[85-87]。设 $\tilde{a}=[a^L,a^U]=\{x\mid a^L\leqslant x\leqslant a^U\}$,称 $\tilde{a}$ 为区间数。若 $a^L\geqslant 0$,则称 $\tilde{a}$ 为正闭区间数记为 $\tilde{a}\geqslant 0$。

(1) 运算法则。由模糊推理原理,给出区间数的运算规则如下:

设有两正闭区间数 $\tilde{s}=[s^L,s^U]$ 和 $\tilde{j}=[j^L,j^U]$,且 $\alpha\geqslant 0$,则有

相等　　当且仅当 $s^L=j^L$ 和 $s^U=j^U$ 同时成立时,$\tilde{s}=\tilde{j}$ 成立;

加减法　$\tilde{s}\pm\tilde{j}=[s^L\pm j^L,s^U\pm j^U]$;

数乘　　$\alpha\tilde{s}=[\alpha s^L,\alpha s^U]$,其中 $\alpha\geqslant 0$;

乘法　　$\tilde{s}\times\tilde{j}=[s^L j^L,s^U j^U]$;

除法　　$\dfrac{\tilde{s}}{\tilde{j}}=[s^L,s^U]\times\left[\dfrac{1}{j^U},\dfrac{1}{j^L}\right]=\left[\dfrac{s^L}{j^U},\dfrac{s^U}{j^L}\right]$。

(2) 方案属性值规范化。方案属性具有多种类型,属性值越大对结果越好的称为效益型属性,属性值越小对结果越好的称为成本型属性。对方案还需进行无量纲化,这样才能消除不同物理量纲对决策结构的影响,决策前必须进行规范化处理。

属性值的规范化有多种方法,在此选择如下方法,用 x_{ij} 表示第 i 个方案 X_i 关于第 j 个属性的属性值,则该方法的变换规则如下所示。

对于成本型属性:

$$y_{ij}^L=\dfrac{\dfrac{1}{x_{ij}^U}}{\sum_{i=1}^{m}\dfrac{1}{x_{ij}^L}},\quad y_{ij}^U=\dfrac{\dfrac{1}{x_{ij}^L}}{\sum_{i=1}^{m}\dfrac{1}{x_{ij}^U}},\quad i=1,2,\cdots,m,\quad j=1,2,\cdots,n \qquad(9.17)$$

对于效益型属性:

$$y_{ij}^L=\dfrac{x_{ij}^L}{\sum_{i=1}^{l}x_{ij}^U},\quad y_{ij}^U=\dfrac{x_{ij}^U}{\sum_{i=1}^{l}x_{ij}^L},\quad i=1,2,\cdots,m,\quad j=1,2,\cdots,n \qquad(9.18)$$

(3) 区间数比较。在进行基于区间数的多属性决策时,要对区间数进行比较,它是区间数多属性决策理论的基本问题,它直接关系到选择的科学性和合理性。区间数比较和排序的方法有弱偏好序关系排序法、线性关系比较法、基于可接受度的排序方法和基于可能度的排序方法。弱偏好序关系排序法主要是对区间数的端点、中值和长度进行比较;线性关系比较法定义了对区间数论域到实数集的映射函数,设定形态指数 λ 的概念,将区间数转换为实数,该方法容易造成信息缺失;基于可能度的排序方法用区间数中点值和区间半宽度定义了比较区间数的可接受性指

标,但该方法同样存在信息缺失的问题。基于可能度的排序方法由于其很好地反映了区间数间的关系,成为区间数排序方法中的热点。

对可能度进行定义:

当 $\tilde{s}$ 和 $\tilde{j}$ 同时为区间数或者其中之一为区间数时,设 $\tilde{s}=[s^L,s^U]$,$\tilde{j}=[j^L,j^U]$,且记 $l_s=s^U-s^L$,$l_j=j^U-j^L$ 分别为 $\tilde{s}$ 和 $\tilde{j}$ 的长度,则称

$$p(\tilde{s} \geqslant \tilde{j}) = \min\left\{\max\left(\frac{s^U - j^L}{l_s + l_j}, 0\right), 1\right\} \quad (9.19)$$

通过可能度的定义,设区间数集 $\tilde{s}_n=[s_n^L,s_n^U]$,可得出对区间数的排序向量 $v = [v_1 \quad v_2 \quad \cdots \quad v_n]$,本节给出的一个简洁的排序公式进行求解。

$$v_i = \frac{1}{n(n-1)}\left(\sum_{j=1}^{n} p_{ij} + \frac{n}{2} - 1\right), \quad p_{ij} = p(\tilde{s}_i \geqslant \tilde{s}_j) \quad (9.20)$$

2. 维修保障方案属性分析

维修保障方案评价中首先要对方案的主要评价指标进行界定,不同的维修方式所涉及的评价指标不同,但对于维修保障方案的评价指标主要从两方面选取,一是维修效果,二是维修成本。对于大部分维修保障方案有五个通用的评价指标,分别为预期维修效果、技术可行性、设备保障度、维修时间和费用。

(1)预期维修效果。维修保障方案是对装备维修工作的计划,在一定的时间、费用的投入之后,装备的技术状态会有一定程度的提高,预期维修效果即为经过维修后装备的预期技术状态。装备维修效果属性值的确定,应依靠专家对历史维修实践的经验判断,以语言评估标度的形式得出属性值。决策者通过模糊语言数的形式给出属性值,在评估标度设定时一般为奇数,这里采用"非常差,很差,差,一般,好,很好,非常好"7级标度。

(2)技术可行性。技术可行性是评估某种维修方式或维修策略在某个维修级别实现所需的技术力量的满足程度,并不是每一种维修工作在现有技术条件下都可行,如基层级一般只能进行简单的换件修理。对技术可行性属性评估值采用概率值的区间数来评价,如某方案的技术可行性为 0.8~0.85。

(3)设备保障度。设备保障度指某维修级别对故障检测和排除需要的设备或更换故障单元需要的备件的满足程度。其评估值也采用概率值的区间数来评价,如某方案的设备可行性为 0.9~0.95。

(4)维修时间。维修时间指按照维修保障方案的要求完成维修工作所需的总的时间,包括送修、故障检测、更换元件等工作的时间之和。维修时间评估值用区间数来表示,如某维修保障方案中的工作所需时间为 4~5 天。

(5)维修费用。维修费用可以指某项具体维修任务需要的费用,也可以是某预研装备维修的全寿命周期费用。维修费用主要包括检测设施设备、维修人员成本、技术投入和备件成本等。费用属性值用区间数表示,如某次维修任务需费用 3~4

万元。

3. 维修保障方案多属性决策模型

区间数的多属性决策问题中,语言评价标度的属性值需转换成区间数形式,针对维修效果属性值的语言标度转换区间数形式见表 9.3。

表 9.3 语言标度与区间数转换表

语言标度	非常差	很差	差	一般	好	很好	非常好
区间数	[0,1]	[1,2]	[2,3]	[3,4]	[4,5]	[5,6]	[6,7]

假设有 m 个待决策维修保障方案,方案的属性集个数为 n,决策者对第 i 个方案的第 j 个属性的决策属性值为区间数 a_{ij}, $a_{ij}=[a_{ij}^L, a_{ij}^U]$,则决策矩阵为

$$A = \begin{bmatrix} a_{11} & a_{12} & \cdots & a_{1n} \\ a_{21} & a_{22} & \cdots & a_{2n} \\ \vdots & \vdots & & \vdots \\ a_{m1} & a_{m2} & & a_{mn} \end{bmatrix}$$

其中 $a_{ij}=[a_{ij}^L, a_{ij}^U], i \in [0,m], j \in [0,n]$。

对决策矩阵按照式(4.17)和式(4.18)进行规范化,得出标准决策矩阵为

$$B = \begin{bmatrix} b_{11} & b_{12} & \cdots & b_{1n} \\ b_{21} & b_{22} & \cdots & b_{2n} \\ \vdots & \vdots & & \vdots \\ b_{m1} & b_{m2} & & b_{mn} \end{bmatrix}$$

其中 $b_{ij}=[b_{ij}^L, b_{ij}^U], i \in [0,m], j \in [0,n]$。

假设各属性权重为 ω_j,则权重向量为 $\boldsymbol{\omega} = [\omega_1 \quad \omega_2 \quad \cdots \quad \omega_j \quad \cdots \quad \omega_n]^T$。采用加权线性平均算子对决策矩阵 B 和维修保障方案属性权重 $\boldsymbol{\omega}$ 进行集结,得出集结后的综合属性值向量 $\boldsymbol{\gamma}$,记为 $\boldsymbol{\gamma}(\omega), \boldsymbol{\gamma}(\omega) = [\gamma_1(\omega) \quad \gamma_2(\omega) \quad \cdots \quad \gamma_m(\omega)]^T$,且 $\gamma_i(\omega) = \left[\sum_{j=1}^n \omega_j b_{ij}^L \quad \sum_{j=1}^n \omega_j b_{ij}^U\right]$。

此处得出的综合属性值中包括未知的权重向量,因此必须通过计算得出权重值,权重的计算方法有主观赋权法、客观赋权法和组合赋权法。主观赋权法是根据决策者主观经验和判断,依据特定的规则计算指标权重的方法,主要有专家调查法、层次分析法和环比评分法等;客观赋权法是根据决策矩阵提供的客观信息求取权重的方法,主要有熵值法、均方差法和线性规划法等;组合赋权法是两者相结合的确定权重的方法,主要有方差最大化赋权法、目标规划法等,此处采用组合赋权法中的最小偏差法。首先引入一致性模糊互补判断矩阵的概念,对于矩阵 $C = (c_{ij})_{m \times m}$,满足 $c_{ij}+c_{ji}=1, c_{ii}=0.5, c_{ij} \geqslant 0$ 且有 $c_{ij}=c_{ik}-c_{jk}+0.5$,就称为一致性

模糊互补判断矩阵。将综合属性值转换为一致性模糊互补判断矩阵,构造形式如下:

$$c_{ij} = \frac{1}{2}(E[\gamma_i(\omega)] - E[\gamma_j(\omega)] + 1) = \frac{1}{2}\left(\sum_{l=1}^{n}(E[b_{il}] - E[b_{jl}])\omega_l + 1\right) \tag{9.21}$$

权重求取要考虑决策者主观判断,通过对各个方案的偏好关系,即某方案相对另一方案的优势度,得出偏好关系矩阵$(\bar{c}_{ij})_{m \times m}$。该偏好关系矩阵为模糊互补判断矩阵,采用$0.1 \sim 0.9$标度,如$i$方案相对$j$方案的优势度为$0.9$,则$j$方案相对$i$方案优势度为$0.1$,两方案优势度相等则为$0.5$。

通过引入决策者主观偏好和客观综合属性值转换的模糊互补判断矩阵之间的偏差来求取权重,只有在偏差值最小时,体现出的才是主观和客观最符合的情况,即可以建立优化模型如下:

$$\left.\begin{array}{l}\min D(\omega) = \min \sum\limits_{i=1}^{m}\sum\limits_{j=1}^{m} d_{ij}^2 = \min \sum\limits_{i=1}^{m}\sum\limits_{j=1}^{m} \frac{1}{4}\left(\sum\limits_{l=1}^{n}(E[b_{il}] - E[b_{jl}])\omega_l + 1 - 2\bar{c}_{ij}\right)^2 \\ \omega \geqslant 0, \sum\limits_{i=1}^{m}\omega_i = 1\end{array}\right\} \tag{9.22}$$

解该优化模型即可求得未知权重值,进而集结求出综合属性值。按照可能度公式,可得出区间数排序向量,得出单决策者对维修保障方案的排序结果。但对于维修保障方案决策而言,多为多决策者优选排序,这样能够集中多人的智慧和经验,避免决策的片面化。在多人决策时,每个人均按照单人决策的过程进行决策,得出排序向量后再进行集结,此处采用等权重决策,即每个决策者的权重相等,应选取维修管理领域的专家,进行信息的综合。

假设决策者数量为q,各决策者的决策权重相等,分别为$\omega_j = \frac{1}{q}, j = 1, 2, \cdots, q$。对决策矩阵集结时采用 OWA(加权算术平均)算子进行计算,即$b'_i = (v_{i1} \cdot \omega_1) \oplus (v_{i2} \cdot \omega_2) \oplus \cdots \oplus (v_{in} \cdot \omega_n), i = 1, 2, \cdots, n$。整个模型的实现过程如图 9.7 所示。

9.3.3 导弹装备维修保障方案群决策方法

多属性决策方法对维修保障方案决策涉及的是单个决策者的情况,在实际情况中往往需要依托专家组群体的智慧来进行决策,这样可以克服单个决策者可能出现的决策偏差,能够有效降低风险。但是各个决策者对维修保障方案的优选排序结果不同,甚至是互相矛盾冲突的,本节主要解决的问题就是将各个决策者得出的决策结果进行集结。

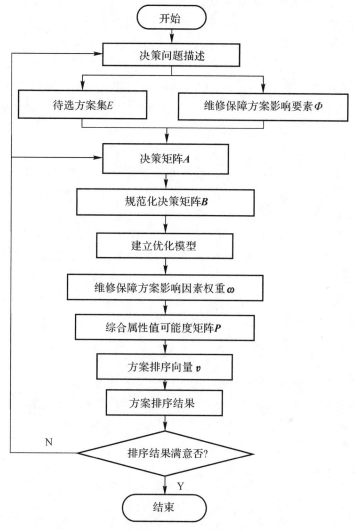

图 9.7　维修保障方案决策问题求解流程图

在进行集结前，首先要确定决策者的权重，权重体现了决策者排序结果对最终排序结果的重要程度，而这里采用等权重决策方法，即视各专家对决策结果的重要程度相同，这也反映了现实情况，在选择专家时，应选择对维修保障方案理论和实践知识都比较丰富的相关专家，以进行科学决策。在以往类似研究中，有权重不同的方法，但论文考虑实际情况认为在选取专家时注意选择条件，则无须对各专家区别对待，等权重也是一种合理的集结方法。本节主要对决策者得出的维修保障方案优选排序结果进行集结、综合处理，最后得出综合优选排序结果，从而解决维修保障方案优选排序问题。

1. 维修保障方案排序向量集结算子

（1）设有集合 $O=\{o_1,o_2,\cdots,o_l\}$，则称 O 为排名向量元素空间[88]。排名向量元素 $O_i,i=1,2,\cdots,l$ 不表示特定实际数值，只是一种带下标的符号标记，且有如下结论：

对于任意排名向量 $o^l\in O$，则 o^l 的元素个数与排名向量空间的元素个数相等，且 o^l 的取值为 O 中所有元素的一种排列组合，故排名空间 O 对应的排名向量个数为 $l!$。

对于任意排名向量 $o^l=(\cdots o_i,o_j\cdots)$，具有下列性质：

1）逆序性 若 $i\geqslant j$，则 $o_i\leqslant o_j$。排名元素对应的下标值越大，对应的排名越靠后，排名名次越低；

2）存在最大算子 如果 $o_i\geqslant o_j$，那么 $\max(o_i,o_j)=o_i$；

3）存在最小算子 如果 $o_i\geqslant o_j$，那么 $\min(o_i,o_j)=o_j$。

对于给定的两个排名元素 $o_i,o_j\in o^l$ 及 $\mu_1,\mu_2,\mu_3\in[0,1]$，根据数乘及幂乘的思想，定义如下操作：

1）乘法交换律 $o_i\otimes o_j=o_j\otimes o_i=o_{i\times j}$；

2）乘法分配率 $(o_i\otimes o_j)^{\mu_1}=(o_i)^{\mu_1}\otimes(o_j)^{\mu_2}$；

3）幂方运算 $(o_i)^{\mu_1}=o_{i^{\mu_1}}$；

4）同底次幂运算 $(o_i)^{\mu_1}\otimes(o_i)^{\mu_2}=(o_i)^{\mu_1+\mu_2}$。

以上四个关于排名元素操作的核心思想是：把对排名元素的乘法和幂运算均转移到对排名元素的下标值进行相应的运算，因为排名元素的下标值直接代表了排名元素之间的大小关系。这些操作是后面排名加权几何平均算子 RWGA 的定义基础。

（2）设 $RWGA:o^n\to o$，如果

$$RWGA_w(o_{a_1},o_{a_2},\cdots,o_{a_n})=(o_{a_1})^{w_1}\otimes(o_{a_2})^{w_2}\otimes\cdots\otimes(o_{a_n})^{w_n}=$$
$$(o_{a_1^{w_1}})\otimes(o_{a_2^{w_2}})\otimes\cdots\otimes(o_{a_n^{w_n}})=o_a \qquad(9.23)$$

其中 $a=\prod_{i=1}^n a_i^{w_i}$，$W=[w_1 \quad w_2 \quad \cdots \quad w_n]^T$ 是 o_{a_1} 的指数加权向量，且满足 $w_i\in[0,1]$，$\sum_{i=1}^n w_i=1$，那么称函数 RWGA 是排名加权几何平均算子，也称 RWGA 为算子[89-90]。

2. 维修保障方案排序向量集结步骤

根据 RWGA 算子，下面给出多决策者下维修保障方案优选排名集结的一般步骤：

第一步：求待选方案集中各个方案的排名向量。通过上一节介绍的方法求出各个决策者下待选维修保障方案的排序向量为 $v^{(D_t)}=\begin{bmatrix}v_1^{(D_t)} & v_2^{(D_t)} & \cdots\end{bmatrix}$

${}_l^{(D_l)}]^{\mathrm{T}}, i \in L$；

第二步：根据决策者权重向量 $\boldsymbol{\omega} = [\omega_1 \quad \omega_2 \quad \cdots \quad \omega_m]^{\mathrm{T}}$，应用排名加权几何平均算子 RWGA 对各方案下的排名向量 $\boldsymbol{o}^{E_i} = [o^{(E_i, D_1)} \quad o^{(E_i, D_2)} \quad \cdots \quad o^{(E_i, D_m)}]^{\mathrm{T}}, i \in L$ 进行集结，求得各维修保障方案的综合排名元素值，记为 $o^{E_i}, i \in L$；

第三步：根据排名向量的逆序特性及各维修保障方案的综合排名元素值 $o^{E_i}, i \in L$ 可得出最终维修保障方案优选排序结果。

9.3.4 导弹装备维修保障方案决策实例

在提出区间数多属性维修保障方案决策模型后，需验证其有效性，现通过对某地面设备分系统维修的实例来验证该决策模型的效果。

针对该地面设备某次故障后维修，通过初步分析提出维修级别限定在基地级维修和中继级维修之间，对该装备进行结构分析，其主要由三个外场可更换单元(LRU)组成，以其中一个外场可更换单元为对象进行修理策略分析，可以采取原样更换、拆解修理和对其进行技术改造三种。其中进行技术改造在中继级进行技术可行性太低，因而通过组合可形成 5 种对该装备的维修保障方案，见表 9.4。

表 9.4 对某地面设备 LRU 维修保障方案组合形式

维修级别	维修策略		
	直接更换 LRU B_1	拆解修理，更换全部的可更换单元 SRU 或 SUB-SRU B_2	拆解修理，部分更换，其他做技术改造 B_3
中继级维修 A_1	A_1B_1	A_1B_2	
基地级维修 A_2	A_2B_1	A_2B_2	A_2B_3

由此则可以取得到待决策方案集 $X = \{A_1B_1, A_1B_2, A_2B_1, A_2B_2, A_2B_3\}$，对方案选取有关方面的专家进行评价，得出某一专家对方案各属性决策的值见表 9.5。

表 9.5 专家对方案评价表

方案	属性				
	预期维修效果	技术可行性	设备保障度	维修时间/天	费用/万元
X_1	好	[0.93 0.95]	[0.90 0.96]	1~2	5~6
X_2	一般	[0.80 0.82]	[0.84 0.88]	4~6	3~4
X_3	好	[0.95 0.98]	[0.94 0.98]	1~2	5~6
X_4	一般	[0.90 0.92]	[0.88 0.94]	4~5	3~4
X_5	很好	[0.85 0.92]	[0.82 0.90]	5~8	5~8

决策者对方案集的决策矩阵为防为

$$A = \begin{bmatrix} [4 & 5] & [0.93 & 0.95] & [0.90 & 0.96] & [1 & 2] \\ [3 & 4] & [0.80 & 0.82] & [0.84 & 0.88] & [4 & 6] \\ [4 & 5] & [0.95 & 0.98] & [0.94 & 0.98] & [1 & 2] \\ [3 & 4] & [0.90 & 0.92] & [0.88 & 0.94] & [4 & 5] \\ [5 & 6] & [0.85 & 0.92] & [0.82 & 0.90] & [5 & 8] \end{bmatrix}$$

决策者通过对5个方案两两进行比较,在 0.1～0.9 互补标度给出方案集的偏好矩阵,即得出模糊互补判断矩阵为

$$P = \begin{bmatrix} 0.5 & 0.6 & 0.4 & 0.7 & 0.8 \\ 0.4 & 0.5 & 0.4 & 0.6 & 0.9 \\ 0.6 & 0.6 & 0.5 & 0.7 & 0.9 \\ 0.3 & 0.4 & 0.3 & 0.5 & 0.7 \\ 0.2 & 0.1 & 0.1 & 0.3 & 0.5 \end{bmatrix}$$

第一步:对决策矩阵按照前述变换法进行标准化得出标准决策矩阵为

$$B = \begin{bmatrix} [0.17 & 0.26] & [0.20 & 0.21] & [0.19 & 0.22] & [0.19 & 0.67] & [0.13 & 0.21] \\ [0.13 & 0.21] & [0.17 & 0.19] & [0.18 & 0.20] & [0.06 & 0.17] & [0.20 & 0.35] \\ [0.17 & 0.26] & [0.21 & 0.22] & [0.20 & 0.22] & [0.19 & 0.67] & [0.13 & 0.21] \\ [0.13 & 0.21] & [0.20 & 0.21] & [0.19 & 0.21] & [0.07 & 0.17] & [0.20 & 0.35] \\ [0.21 & 0.32] & [0.19 & 0.21] & [0.17 & 0.21] & [0.05 & 0.13] & [0.10 & 0.21] \end{bmatrix}$$

第二步:采用加权线性平均算子 WAA,对规范化后的决策矩阵 B 与属性权重向量 ϕ 进行集结处理,得出集结后的综合属性值向量,记为 $Z(\omega)$。则 $Z(\omega) = [Z_1(\omega) \quad Z_2(\omega) \quad \cdots \quad Z_5(\omega)]$。

将综合属性值向量转换为模糊互补判断矩阵,与偏好矩阵求取偏差得出优化模型如下:

$\min 0.5 \times [(-0.045\omega_1 - 0.025\omega_2 - 0.015\omega_3 - 0.315\omega_4 + 0.105\omega_5 + 0.2)^2 +$

$(0\omega_1 + 0.01\omega_2 + 0.005\omega_3 + 0\omega_4 + 0\omega_5 - 0.2)^2 +$

$(-0.045\omega_1 + 0\omega_2 - 0.005\omega_3 - 0.03\omega_4 + 0.105\omega_5 + 0.4)^2 +$

$(0.05\omega_1 - 0.005\omega_2 - 0.015\omega_3 - 0.04\omega_4 - 0.015\omega_5 + 0.6)^2 +$

$(-0.045\omega_1 + 0.035\omega_2 + 0.02\omega_3 + 0.315\omega_4 - 0.105\omega_5 - 0.2)^2 +$

$(0.005\omega_1 + 0.025\omega_2 + 0.01\omega_3 + 0.005\omega_4 + 0\omega_5 + 0.2)^2 +$

$(0.095\omega_1 + 0.02\omega_2 + 0\omega_3 - 0.025\omega_4 - 0.12\omega_5 + 0.8)^2 +$

$(-0.045\omega_1 - 0.01\omega_2 - 0.01\omega_3 - 0.03\omega_4 + 0.105\omega_5 + 0.4)^2 +$

$(0.05\omega_1 - 0.015\omega_2 - 0.02\omega_3 - 0.04\omega_4 - 0.015\omega_5 + 0.8)^2 +$

$(0.095\omega_1 - 0.005\omega_2 - 0.01\omega_3 - 0.03\omega_4 - 0.12\omega_5 + 0.4)^2]$;

$\omega_1, \omega_2, \omega_3, \omega_4, \omega_5 \geqslant 0$

$\sum_{n=1}^{5} \omega_n = 1$

利用 LINGO 进行求解得到各属性要素的权重向量

$$\boldsymbol{\omega} = [0.18 \quad 0.12 \quad 0.09 \quad 0.33 \quad 0.28]^{\mathrm{T}}$$

第三步：对方案决策矩阵和权重向量进行加权线性平均集结，得出综合属性值向量 γ。

$$\gamma = \boldsymbol{B} \otimes \boldsymbol{\omega} =$$

$$\begin{bmatrix} [0.17 & 0.26] & [0.20 & 0.21] & [0.19 & 0.22] & [0.19 & 0.67] & [0.13 & 0.21] \\ [0.13 & 0.21] & [0.17 & 0.19] & [0.18 & 0.20] & [0.06 & 0.17] & [0.20 & 0.35] \\ [0.17 & 0.26] & [0.21 & 0.22] & [0.20 & 0.22] & [0.19 & 0.67] & [0.13 & 0.21] \\ [0.13 & 0.21] & [0.20 & 0.21] & [0.19 & 0.21] & [0.07 & 0.17] & [0.20 & 0.35] \\ [0.21 & 0.32] & [0.19 & 0.21] & [0.17 & 0.21] & [0.05 & 0.13] & [0.10 & 0.21] \end{bmatrix} \otimes$$

$$\begin{bmatrix} 0.18 \\ 0.12 \\ 0.09 \\ 0.33 \\ 0.28 \end{bmatrix} = \begin{bmatrix} [0.170\,8, 0.371\,7] \\ [0.135\,8, 0.232\,7] \\ [0.172\,9, 0.372\,9] \\ [0.143\,6, 0.236\,0] \\ [0.120\,4, 0.203\,4] \end{bmatrix}$$

第四步：根据区间数可能度公式，计算决策结果排序向量。

首先得出可能度比较向量为

$$\begin{bmatrix} 1 & 0.792 & 0.454 & 0.778 & 0.885 \\ 0.208 & 1 & 0.201 & 0.471 & 0.624 \\ 0.546 & 0.799 & 1 & 0.784 & 0.892 \\ 0.222 & 0.529 & 0.216 & 1 & 0.659 \\ 0.115 & 0.376 & 0.108 & 0.341 & 1 \end{bmatrix}$$

进而得出排序向量为 $[0.270\,4 \quad 0.200\,2 \quad 0.276\,1 \quad 0.206\,3 \quad 0.172\,0]$，可得出方案排序为 $3 > 1 > 4 > 2 > 5$。

在通过多属性决策方法计算出各决策者的排序方案后，通过前述的群决策方法对各排序方案进行集结得出最终的排序方案。

待选方案记为 E_1, E_2, E_3, E_4, E_5；维修保障方案集合考虑的属性要素有预期维修效果、技术可行性、设备保障度、维修时间、费用；参与决策的决策者集合为 $D = \{D_1, D_2, D_3, D_4, D_5\}$。在此不再重复计算单个决策者的方案优选排序过程，得到了各个决策者决策信息下的维修保障方案优选排序结果按降序排列的结果分别为

$D_1: v_3 > v_1 > v_4 > v_2 > v_5$

$D_2: v_1 > v_3 > v_4 > v_2 > v_5$

$D_3: v_2 > v_3 > v_1 > v_5 > v_4$

$D_4: v_1 > v_5 > v_4 > v_3 > v_2$

$D_5: v_3 > v_2 > v_1 > v_5 > v_4$

因为各决策者权重相等,可以得出决策者权重向量为 $\boldsymbol{\omega} = [0.2 \ 0.2 \ 0.2 \ 0.2 \ 0.2]^T$。图9.8给出了求解各个方案的过程示意图,并给出了求解后的结果。

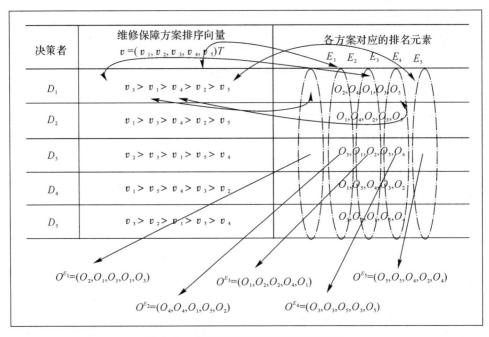

图9.8 多决策者排序集结求解过程图

运用RWGA算子对各维修保障方案的排名向量进行集结,求得各方案的综合排名 $\boldsymbol{O}^{E_i}, i=1,2,3,4$,如下所示:

$\boldsymbol{O}^{E_1} = \text{RWGA}[O_2 \ O_1 \ O_3 \ O_1 \ O_3] =$
$\quad (O_2)^{0.2} \otimes (O_1)^{0.2} \otimes (O_3)^{0.2} \otimes (O_1)^{0.2} \otimes (O_3)^{0.2} =$
$\quad O_2^{0.2} \otimes O_1^{0.2} \otimes O_3^{0.2} \otimes O_1^{0.2} \otimes O_3^{0.2} = \boldsymbol{O}_{1.7628}$

$\boldsymbol{O}^{E_2} = \text{RWGA}[O_4 \ O_4 \ O_1 \ O_5 \ O_2] =$
$\quad (O_4)^{0.2} \otimes (O_4)^{0.2} \otimes (O_1)^{0.2} \otimes (O_5)^{0.2} \otimes (O_2)^{0.2} =$
$\quad O_4^{0.2} \otimes O_4^{0.2} \otimes O_1^{0.2} \otimes O_5^{0.2} \otimes O_2^{0.2} = \boldsymbol{O}_{2.7595}$

$\boldsymbol{O}^{E_3} = \text{RWGA}[O_1 \ O_2 \ O_2 \ O_4 \ O_1] =$

$$(O_1)^{0.2} \otimes (O_2)^{0.2} \otimes (O_2)^{0.2} \otimes (O_4)^{0.2} \otimes (O_1)^{0.2} =$$
$$O_1^{0.2} \otimes O_2^{0.2} \otimes O_2^{0.2} \otimes O_4^{0.2} \otimes O_1^{0.2} = \boldsymbol{O}_{1.7411}$$

$$\boldsymbol{O}^{E_4} = \mathrm{RWGA}[O_3 \quad O_3 \quad O_5 \quad O_3 \quad O_5] =$$
$$(O_3)^{0.2} \otimes (O_3)^{0.2} \otimes (O_5)^{0.2} \otimes (O_3)^{0.2} \otimes (O_5)^{0.2} =$$
$$O_3^{0.2} \otimes O_3^{0.2} \otimes O_5^{0.2} \otimes O_3^{0.2} \otimes O_5^{0.2} = \boldsymbol{O}_{3.6801}$$

$$\boldsymbol{O}^{E_5} = \mathrm{RWGA}[O_5 \quad O_5 \quad O_4 \quad O_2 \quad O_4] =$$
$$(O_5)^{0.2} \otimes (O_5)^{0.2} \otimes (O_4)^{0.2} \otimes (O_2)^{0.2} \otimes (O_4)^{0.2} =$$
$$O_5^{0.2} \otimes O_5^{0.2} \otimes O_4^{0.2} \otimes O_2^{0.2} \otimes O_4^{0.2} = \boldsymbol{O}_{3.8073}$$

根据排序向量逆序特性,可知各维修保障方案的综合排名大小关系为

$$\boldsymbol{O}^{E_3} > \boldsymbol{O}^{E_1} > \boldsymbol{O}^{E_4} > \boldsymbol{O}^{E_2} > \boldsymbol{O}^{E_5}$$

所以可知最后的导弹装备维修保障方案的优选排序结果为

$$E_3 > E_1 > E_4 > E_2 > E_5$$

9.4 本章小结

本章对导弹装备维修过程管理中的维修方式决策、维修间隔期优化和维修保障方案决策等问题进行了研究,在对导弹装备维修方式分析的基础上,建立了基于多级模糊综合评判的维修方式决策模型,并将其运用于实例分析,得出了合理的维修方式;以装备使用可用度与费用比最大为目标,建立了维修间隔期优化模型,并得出了仿真曲线,得到了优化的维修间隔期;在对导弹装备维修保障方案分析的基础上,建立了多属性决策模型,并结合群决策方法对维修保障方案进行决策,得到了方案排序结果。

第 10 章　导弹装备维修费用管理决策方法

装备维修管理的目标是通过有效组织维修资源和维修活动提升维修的效益,降低装备维修费用。在之前提出的维修管理决策方法的基础上,本章主要分析维修资源和维修活动对装备维修费用的影响关系,提出维修费用模型,验证维修决策活动对维修费用管理的效果。

10.1　导弹装备寿命期维修活动

进行维修费用分析,需要以导弹装备维修活动为中心,对维修活动中涉及的维修资源消耗进行估算和评价,并对分担的基础设施投资进行核算,这样对装备的寿命期维修费用才能给予全面的估算[91]。装备大都由分系统、部件和元件等组成,在使用过程中,各部件由于材料疲劳和老化,所以性能逐渐劣化,而这种物理的劣化和老化,可以通过修理来得到局部或全面的补偿,部件也可以采用整体更换的方式更新,也就是更换备件。按照维修的性质、范围和深度,维修活动可以分为小修、中修和大修。

小修主要是为了消除在使用和保养中发现的零件磨损或故障。修理时通常不进行总成(部件、组件、分机等)解体,只修理相关部件,更换磨损的零组件和排除故障,修后要达到技术要求。小修通常在使用现场由使用人员完成,必要时可由修理分队派人进行技术指导。

中修是为克服主要总成之间的不平衡损坏而进行的一种平衡修理。修理时对装备进行局部解体和调整,拆卸分解需要修理的部分,修理或更换已损坏的总成、机件和使用期等于中修间隔期的零件。它通常由修理分队完成。

大修是对装备性能进行全面恢复的修理,其性质属于装备的全面恢复性修理,即全面解体装备,更换或修复所有不符合技术标准和要求的零部件,消除缺陷,使装备达到或接近新品标准或规定的技术性能指标。各类装备的有关条例和技术文件对其修理类别、修理周期和修理内容都有明确规定。

装备在经过几个大修期后就会达到其寿命,这里的寿命概念包括三种:物理寿命、技术寿命和经济寿命。物理寿命指装备从全新状态开始使用直到不能保持正常状态以致不堪再用而予以报废为止的全部时间期限。技术寿命指装备在市场上维持其价值的时期,也即一种使现有装备报废的新装备出现之前的时期。经济寿命指给定的设备具有最低等值年成本的时期,或最高的等值年净收益的时期。换言之,经济寿命即一台设备开始使用直至在经济前景分析中不如另一台设备更有效益而被替代所经历的时期[92]。

在装备使用过程中,对维修费用形式和主要影响因素进行分析,能够找出影响装备维修费用的关键因素,并做出针对性的调整,降低寿命期维修费用,进而延长装备的经济寿命。

10.2　导弹装备维修费用结构分析

装备维修成本是指为维护和修理一定数量和质量的装备而支出的物质费用和人工费用。维修费用主要体现在两方面,其一是可变的成本即维修活动中耗费的维修资源,如人力成本、材料、备件和运输费等,这些成本随维修活动的增加而增加;另一种是固定成本,如维修活动中需要的厂房机器的折旧费、修理费和管理费等[93]。

10.2.1　维修人员费用

维修人员是进行维修活动的组织者和执行者,包含维修机构的维修人员、维修活动中的外协人员和相关维修专家等。在导弹装备的维修体制中,小修和中修由基层级和中继级组织进行,而大修一般由企业化工厂进行。大修通常以合同或其他形式交由装备研制机构或专门的维修企业具体组织进行,导弹作战力量中的维修管理部门只负责维修方案的制定和维修质量的把关,因此,在进行导弹作战力量中的导弹装备维修人员费用分析时,只对基层级和中继级维修机构的维修人员费用进行分析,主要包括维修人员工资、维修人员培训费和维修任务补贴等。

10.2.2　维修设施及设备费用

设施设备主要指对装备进行维修所需的厂房、备件仓库、维修平台和相关维修测试设备、计量修校设备等所需的维护费、折旧费等。这部分费用相对比较固定,在装备定型后其配套的维修设施设备也会按标准配备,随着装备使用期的逐渐增加,维修设备和设施进行维护产生费用,其购置成本也会折旧。

10.2.3　维修器材费用

维修器材包括维修用工具和装备相应备品备件,其费用形式主要包括备件的维护保管费、成本费和采购费等。其中备件随维修活动的增加消耗量增加,而备件库存时间过长会产生备件失效或性能下降,也会造成损失,因此维修备件储备应按照一定规模,既不能储备过少造成装备维修缺少备件,又不能储备过多造成备件库存费用和失效成本大量增加。

10.3 导弹装备维修管理要素对维修费用的影响分析

导弹装备维修管理的主要目标就是降低其维修成本,提升维修效益。在建立对导弹装备维修管理的决策模型之后,本节进一步验证各种决策模型和方法对降低装备维修费用的成效。对维修费用影响分析,主要从减少维修人员配置、缩减维修资源消耗和降低维修活动次数三方面来分别考虑,从装备使用与维修的寿命周期角度出发,检验维修管理决策模型的经济效益。

10.3.1 维修人员数量对维修费用的影响

通过排队模型可以根据待修装备平均到达数量和平均维修装备数量两个参数,估算出某维修机构各专业所需的维修小组数量,进而可以根据每个维修小组的平均人员组成,计算出所需的所有维修人员数量。按照维修机构维修人员费用支出的形式,来综合所有维修人员所需的花费。

1. 维修小组的组成

从满足需求上说,一个作战单位有多少种装备就应有与之对应专业的维修人员,根据这一原则,通常将单位的维修专业分为液压、底盘和发动机等多个专业,每个专业维修人员中的技术人员分为高级工程师、工程师、助理工程师和技术员四个等级,维修人员中的修理工可根据技术熟练程度分为一至八级修理工(一级修理工技术水平最低,八级最高)。每个专业设置有若干维修小组,通过技术人员与修理工的组合完成维修任务,一般根据维修工作的复杂程度选配修理工的数目,以能够顺利完成维修工作为原则。设某个单位的维修人员编配数量情况见表10.1。

表10.1 某单位维修人员编配表(示例)

维修人员	维修专业1	维修专业2	维修专业3	维修专业4	维修专业5	维修专业6	其他
高工	1	1	1	1	1	1	2
工程师	1	1	2	2	2	1	3
助工	2	2	3	2	2	3	2
技术员	2	2	2	2	2	2	1
八级工	1	1	1	1	1	1	1
七级工	0	1	0	1	1	0	2
六级工	2	0	1	2	0	1	3
五级工	3	2	3	1	3	2	2
四级工	3	2	2	1	3	2	1

续表

维修人员	维修专业1	维修专业2	维修专业3	维修专业4	维修专业5	维修专业6	其他
三级工	2	3	4	2	3	2	1
二级工	3	2	3	2	4	3	2
一级工	4	5	4	5	3	6	1
合计	24	23	26	23	25	24	21

2. 维修人员费用支出形式

维修人员费用主要包括维修人员的工资、加班费、特殊岗位的补贴、维修人员的培训费及对维修人员的一些补贴费用。在估算维修人员费用时,需根据不同级别、不同专业维修人员来区分,如液压专业的八级工年工资平均8万元,平均培训费和其他费用总计5万元,则对液压专业的八级工可计其平均费用为13万元。设某个单位的维修人员费用支出形式见表10.2。

表10.2 某单位年维修人员费用支出统计表(示例)

维修人员	维修专业1	维修专业2	维修专业3	维修专业4	维修专业5	维修专业6	其他
高工	20	22	20	24	22	20	22
工程师	17	18	16	19	19	16	17
助工	13	14	13	14	15	14	13
技术员	10	11	11	12	13	11	11
八级工	13	13	14	15	13	14	13
七级工	12	12	12	13	12	12	11
六级工	11	11	11	12	11	11	10
五级工	9	9	10	10	9	10	9
四级工	8	8	9	8	8	9	8
三级工	7	7	7	7	7	7	7
二级工	6	6	6	6	6	6	6
一级工	5	5	5	5	5	5	5

3. 基于排队模型的维修人员费用分析

在第 3 章中提出的维修人员需求分析排队模型所得出的是某专业所需维修小组的数量，而最终要转化为求取维修人员费用，则需要分析某专业维修小组的平均组成费用。首先需统计目前维修小组组成情况、维修效率是否满足维修工作要求，如满足要求，则通过统计每个维修小组组成按照级别计算其分摊的费用，再按照维修小组数量求平均值，即为该专业的每个维修小组的人员费用值。如某维修机构维修专业 2 有 6 个维修小组，每个维修小组独立完成该专业的装备维修任务，该专业每个维修小组的组成见表 10.3。

设某维修机构共有某专业 n 个小组，第 i 小组第 j 技术等级的人员数量为 a_{ij}，$j=1,2,3,\cdots,12$，第 j 技术等级维修人员分摊费用为 c_j。则维修专业 2 每个维修小组平均分摊的费用为 $\dfrac{\sum_{i=1}^{n}\sum_{j=1}^{12}a_{ij}c_j}{i}$。则可求得示例中维修专业 2 各维修小组平均分摊费用为 67.5 万元。

经统计该维修机构维修专业 2 装备平均到达率为 1.8，每个维修小组平均服务率为 0.5，按照排队模型通过 λ 和 μ 值可算得满足 $\rho=\dfrac{\lambda}{c\mu}<1$ 的最小维修小组数量 c 值为 5，其相关数据见表 10.4。

表 10.3 某维修机构维修专业 2 维修小组组成

维修人员	维修小组一	维修小组二	维修小组三	维修小组四	维修小组五	维修小组六
高工	1	0	0	0	1	0
工程师	1	1	1	1	0	1
助工	0	1	1	1	1	1
技术员	1	1	1	1	0	1
八级工	0	1	0	1	0	0
七级工	0	0	0	0	0	1
六级工	1	0	0	0	0	0
五级工	0	0	0	0	1	0
四级工	0	0	1	0	0	0
三级工	1	1	1	1	1	1
二级工	0	0	0	0	0	0
一级工	1	1	1	1	1	1

表 10.4　维修小组数量和花费费用等参数表

参数名称	参数值				
维修小组数量 c	4	5	6	7	8
平均等待时间 t_q/d	3.94	0.59	0.16	0.05	0.02
花费费用/万元	270	337.5	405	472.5	540

可根据已知的维修装备平均到达率和平均服务率求得平均等待时间和所花费费用与维修小组数量的关系如图 10.1 所示。

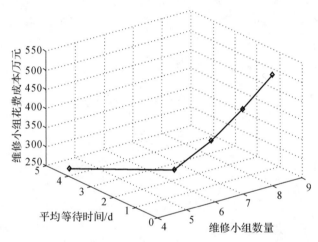

图 10.1　维修小组数量与平均等待时间和花费费用之间关系图

可以得出在维修小组数量为 4 组时虽花费费用最少,但平均等待时间有 4 d 左右,平均等待时间较长,如维修任务要求不高时,可选择 4 组;当维修小组数上升为 5 时,平均等待时间为 0.5 d 左右,可满足维修机构的较高要求,因此选择 5 个维修小组更为符合要求,此时花费费用为 337.5 万元,比较原维修机构设置可节省维修费用 67.5 万元,减少幅度为 17%,能够较大程度降低维修人员的成本。

10.3.2　备件管理对维修费用的影响

随着科学技术的发展,装备越来越复杂,其备件的品种和数量也越来越多,购置、储存费用越来越高。因此提高备件管理水平能够有效减少对费用的支出,降低维修成本。在本篇第 8 章中对备件分类和备件需求预测两个问题的解决方法进行了分析,然而二者又都是备件管理的基础,只有通过库存和订购策略才能体现出对备件费用的影响。备件储备首先应满足装备维修的基本需求,以保障装备维修的能力为衡量标准,如单位时间储备量过大则会造成储备中的损失如备件失效损失和备件维护费用等;如单位时间储备量小,则需多次订购,会增加订购成本和运输费用。因此合理的库存和采购策略能够减少维修备件的费用,本节主要对这个问题进行分析。

1. 经济订货模型

经济订货量与总成本之间呈现一种动态关系,因此存在一个最佳的进货批量,使成本总和保持在最低水平。假设在一段时间内备件消耗均匀,备件供应状况良好,一旦库存用完,在订货期后都能得到补充。

设经过预测某备件年需求量为 x,即每个月备件消耗量为 $\frac{x}{12}$。订货周期以月为单位,即订货周期大于 1 个月,设每次订货量为 Q,单位数量备件月储存费用为 c_1,备件订货费用为 c_2,订货费包括购买成本、运输费和订购费,则 g 个月的总成本费用为

$$C = \frac{Q}{2} c_1 g + \frac{x}{Q} c_2 \tag{10.1}$$

令 $\frac{\mathrm{d}C}{\mathrm{d}Q} = 0$,得到该备件每次的订货数量即经济订货批量为

$$Q = \sqrt{\frac{2 c_2 y}{c_1 g}} \tag{10.2}$$

订货间隔期 T 为

$$T = \sqrt{\frac{2 c_2 g}{c_1 y}} \tag{10.3}$$

即每隔 T 个月订一次备件。

2. 实例分析

某维修机构订购某型导弹装备维修备件,经分析该备件年消耗数量为 80,每个备件月储存成本为 500 元,平均每次运输费为 1 000 元,每次订购费为 1 000 元,该备件的单价随订单批量大小有一定变化,但幅度不大。其变化关系见表 10.5。

表 10.5 备件单价随订单规模变化情况表

数量范围/件	单价/元
1~10	5 000
11~20	4 800
20~50	4 500

备件年总成本费用 C 为

$$C = \begin{cases} 400\,000, & 1 \leqslant Q \leqslant 10 \\ 3\,000 Q + \dfrac{160\,000}{Q} + 384\,000, & 11 \leqslant Q \leqslant 20 \\ 360\,000, & 21 \leqslant Q \leqslant 50 \end{cases} \tag{10.4}$$

其关系如图 10.2 所示。

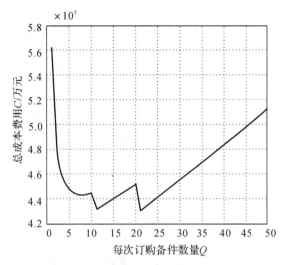

图 10.2　订购数量与总成本费用关系图

则订购周期 $T=17/80\times 12=2.55$,即可采取每两个月订购一次的策略,此时备件年总费用为 430 600 元。

10.3.3　维修间隔期对维修费用的影响

导弹装备寿命期内通常会进行一定次数的预防性维修,以保证其维持规定的可靠性和技术状态,而维修间隔期决定了预防性维修次数,进而对维修费用产生影响。下面运用本文建立的维修间隔期优化模型,分析维修间隔期对维修费用的影响。

维修成本与维修间隔期关系拟合的四阶函数曲线为

$$c=0.119\,4\,(T/100)^4-2.252\,9\,(T/100)^3+15.866\,7\,(T/100)^2- \\ 44.873\,5(T/100)+58.135\,2 \tag{10.5}$$

其最低点维修成本为 14.573 3 万元,对应的维修间隔期为 255 天。维修间隔期与维修成本关系的仿真曲线如图 10.3 所示。

维修间隔期在 100~200 d 之间时,维修成本较高,但随着维修间隔期的增长,维修总成本逐级降低,此时对维修费用起主要作用的是预防性维修费用。此时维修间隔期相对最优间隔期较短,导致相应预防性维修次数较多,而可靠性保持在一个较高的水平上,故障后维修费用对维修费用影响不明显。此时的维修费用随维修间隔期变化显著,说明平均预防性维修成本较故障后维修成本更大。

维修间隔期在 300~400 d 时,维修成本逐级上升,随维修间隔期增长,总维修成本增加,此时对维修成本起主要作用的是故障后维修费用。此时维修间隔期相对最优间隔期较长,导致装备可靠性水平不高,故障后维修费用对总维修费用影响显著。而此时的曲线斜率较小,说明平均故障后维修成本比平均预防性维修成本稍低。因此应就降低平均预防性维修费用做出努力,提高预防性维修的效益,减少无谓的浪费。

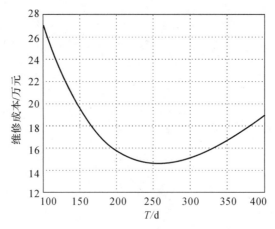

图10.3　维修成本与维修间隔期关系曲线

10.4　导弹装备维修费用管理对策分析

导弹装备维修费用的高低体现了导弹装备维修管理的好坏,在寿命期内影响导弹装备维修费用的因素有很多,通过分析各种因素对维修费用的影响程度并加以控制就可以有效地降低维修费用。本节分别就维修资源、维修过程两方面对维修费用影响进行分析,其中主要对维修备件、维修人员和预防性维修间隔期进行研究。针对研究结果,提出指导导弹装备维修管理的建议如下:

(1)系统分析导弹装备维修备件种类,做好维修备件的需求预测工作,并对备件库存和订货实行分类管理,做到突出重点、有所侧重。

导弹装备维修备件种类繁多,需对备件进行有效分类,明确备件重要程度,并分别制定采购和库存策略。备件采购费用与备件库存费用是两个相互制约的量,备件采购量大,则平均采购成本降低,但库存保管费用会增加,因此需权衡备件采购费与库存费对总费用的影响。随着科学技术的不断发展,物流和运输成本降低,而库存成本相对上升,许多地方企业采取了零库存的策略,有效降低了经营成本,部队维修备件管理虽有不同,但也能借鉴其优点,如可采取集中库存,只设置几个库存点,这样可以节约维护和保管费用。

备件需求量预测是备件管理的基础,通过对三种备件需求预测方法的研究,可以有效地预测备件需求量，并可对三种方法进行综合，以提高预测的准确程度。要注重平时向战时的转换，依据平时需求量预测战时各种备件的需求量，分析得出战斗损伤和非战斗损伤的备件消耗规律。

分析现有备件保障系统的结构，三级维修会导致备件的请领和下达时间延长，而且基层级维修能力偏弱，装备维修效率低，也制约三级维修保障，现代组织的层级发展趋势是扁平化，备件管理也可以尝试采取两层结构，这样有利于提高备件保障的各项指标，如备件的获取时间、备件库存水平和对可修件的修复时间等。

对各种历史数据可采用管理信息系统来管理，通过录入导弹装备维修备件的信息，并结合本节建立的相应预测和分类模型，可取得很好效果。提高导弹装备维修备件的管理效益，做到精确化管理，必然会使长期维修备件费用降低，信息化是现代装备管理的趋势，对维修备件管理更是必然选择，本篇建立的需求预测模型和分类模型可以很好地辅助备件管理信息系统的建设。通过提高导弹装备维修备件的管理效率，降低其库存消耗和采购费用，进一步降低总的维修费用。

(2)科学分析维修机构任务，提高维修人员利用率，加强维修人员训练和考核，提升维修人员工作水平。

维修机构的维修能力体现在两方面，即维修人员的利用率和维修人员的工作效率，降低维修人员费用可以从这两方面着手。排队模型可以改善维修机构组织构成，通过对各专业维修装备的密度的统计分析得出装备平均到达时间和平均修复时间，这样可以合理配置各专业的维修力量，使维修小组数量保持在较低水平，降低维修人员总成本。在部队维修机构管理中，应突出重点专业，合理分配维修力量，提高设施设备的利用率，做好维修器材的筹措和储存工作。

维修人员的工作水平影响维修费用的高低，低水平的维修工作造成较差的装备维修质量，进而需要更多的维修资源投入，可以通过训练考核等方式来提升维修人员的工作水平。现阶段导弹装备维修机构人员普遍的维修水平不高，尤其对一些高精尖专业缺乏人才，导弹装备发生的许多故障都需要返厂进行维修，因此需要加大对维修培训的投入。可以通过提升维修人员专业素质降低维修费用，但也要注意适度，导弹作战力量中的维修机构庞大必然会增加维修费用支出，可以采取军地结合方式来解决这个问题，既要依托工业部门的人才资源优势，也要注意培养专业维修人才提升维修能力，只有两者结合才能取得更好的效果。

维修机构的管理水平决定着维修机构人员的工作效率，需要绩效考核机制来推动维修人员的工作和学习热情，目前维修机构工作人员主要是现役军人，其工资等相对固定，因此容易产生懈怠心理，需要一定激励机制来促进维修人员工作创新，可以在保证安全的情况下引入非现役维修工，以达到相互促进、相互学习的目的。在维修人员管理中注重岗位考核，落实责任制，将装备维修质量落到维修小组和个人身上，使个人和维修小组主动学技术，创新维修工作，使个人发展与维修机构的整体发展结合在一起,从而提高维修人员的工作能力,降低维修费用消耗。

(3)合理确定装备预防维修间隔期,降低寿命期装备平均故障率,推进以可靠性为中心的维修理论在装备维修工作中的落实。

在导弹装备寿命期内,故障率的高低对维修费用的影响程度也很大,因此通过合理规划其检修间隔,严格落实维护保养制度,可以有效降低故障率,减少寿命期内维修成本。依据以可靠性为中心的维修理论,首先确定装备重要功能项目,进行预防性维修工作类型决断,而后进行维修间隔期探索。在装备维修中需确立哪些项目或单元应进行预防性维修,哪些单元故障会造成经济性或安全性的损失,哪些单元具有明显的耗损性,以免一刀切造成维修资源的浪费。

应分析预防性维修工作的内容,明确预防维修等级,提高小修质量,不能做过少或过多的维修。在费用分析中,本节得出预防性维修费用在寿命期内占据了大部分的结论,这对一些装备来说是共同的,因此导弹部队作战单位应就降低预防维修费用做工作,在预防维修预算和计划时加以控制以降低总的维修费用。

大修是大型装备寿命期内需要采取的补偿功能性损失的手段,在整个寿命期内其所耗费的维修费用巨大,因此,对装备大修进行经济性分析显得尤为重要,通过规划其中修和大修间隔期,可以减少寿命期内维修次数,进而降低装备总的维修费用。对导弹装备来说,每次中修和大修会花费巨大成本,但就其经济效益而言,仍然需要大修来恢复其技术状态,因此尽量减少大修次数,并对每次大修的内容、方式进行合理决策选择,能够较大程度提高装备可靠性,降低寿命期维修费用。

10.5 本章小结

本章主要对导弹装备维修费用管理决策方法进行了研究,从维修人员管理决策模型、维修备件管理决策模型和维修间隔期优化模型对导弹装备维修费用的影响进行了分析,得出定量分析结论,最后提出了导弹装备维修费用管理的对策建议。

参 考 文 献

[1] 花兴来,刘庆华. 装备管理工程[M]. 北京:国防工业出版社,2004.
[2] 张凤鸣,郑东良,吕振中. 航空装备科学维修导论[M]. 北京:国防工业出版社,2007.
[3] 曹小平,林晖. 装备维修经济学[M]. 北京:经济出版社,2005.
[4] 甘茂治,康建设,高崎. 军用装备维修工程学[M]. 北京:国防工业出版社,1999.

[5] 罗雄文. 高技术条件下装备维修保障工作探讨[J]. 装备质量, 2007, 4(12): 57-59.

[6] ASCHER H E. Reliablity models for repairable systems[J]. Naval Research Laboratory, 2008, 5(32): 112-115.

[7] JIANG X Y, MAKIS JARDINE V A K S.. Optimal Repair/replacement policy for ageneral repair model[J]. Advance Applied Probability, 2008 (33): 206-222.

[8] MCMASTERS A W. Derivations of Formulas for Measures of Ei Iectiveness, Safety Stock, and Min-Cost Order and Repair Quantities for a Readiness—BasedRepairable Item Inventory Model for the U. S. Navy[R]. Technical rept Naval Postgraduate School, Monterey, CA. Dept. of Systems Management, 2008: 160-165.

[9] DOHI T, KAIO N, OSAKI S. On the optimal ordering policies in miantenance — theory: survey and applications[J]. Appllied Stochastic Models and Data Analysis, 2008(14): 309-321.

[10] KABIR A B M Z, AL A S. Join optimization of age replace—meat and continuous review spare provisioning policy[J]. International Journal of Operations & Production Management, 2007, 14(7): 53-69.

[11] KAWAI H. An optimal ordering and replacement policy deterioration system under incomplete observation: part II [J]. Journal of the Operational Research Society of Japan, 2006, 26(4): 293-307.

[12] VERMEULEN S A, RIJANTO H, VAN DER DUYN SCHOUTEN F A. Modelling the influence of preventive maintenance on protection system reliability performance[J]. IEEE Transactions on reliability, 2008, 13(4): 1027-1032.

[13] STEAMS D E. Logistics Simulations Meta model for F404-GE-300 Engine Maintenance[R]. ADA359328, 2008: 70-73.

[14] MORSE P. Queues, Inventories and Maintenance[M]. New York: John Wiley and Sons, 2008: 157-179.

[15] BLANCHARD B S. Logistics engineering management[M]. 5th ed. New York: Prentice Hall, 1998.

[16] MURDOCK W P. Component Availability for An Age Replacement Preventive Maintenance Policy[R]. ADA308824, 2008.

[17] BARGERON J M. Optimal Depot Level Maintenance Planning[R]. ADA303505, 2007.

[18] BUNEA C, BEDFORD T. The effect of model uncertainty on maintenance optimization[J]. IEEE Transactions on Reliability,2008(4):486-493.

[19] LAM C, YEH R. Optimal Maintenance - Policies For Deteriorating Systems Under Various Maintenance Strategies[J]. IEEE Transactions on Reliability,2009(4):423-430.

[20] RUFLIN S J. Optimum Preventive Maintenance Policies for the AMRAAM Missile[R]. ADA342176,2008.

[21] STEAMS D E. Logistics Simulations Meta model for F404-GE-300 Engine Maintenance[R]. ADA359328,2008.

[22] SCHMORROW D D. Human Error Analysis and Model of Naval Aviation Maintenance Related Mishaps[R]. ADA355995,2008.

[23] MEEKS B P. Optimally Scheduling EA-6B Depot Maintenance[R]. ADA369581,2009.

[24] 叶红兵,单志伟.基于人工神经网络的维修人力仿真模型[J].装备指挥技术学院学报,2007,4(16):27-30.

[25] 孙可斐.基于维修策略的服务备件库存控制研究[D].上海:上海交通大学,2009.

[26] 赵敏.备件的库存模式与控制策略研究[D].武汉:华中科技大学,2008.

[27] 王刚,张正祥,阎保中.备件管理中的时间概率储备模型[J].工业工程与管理,2010(6):58-60.

[28] 付捷.船舶维修保养管理问题研究[D].大连:大连海事大学,2009.

[29] 曹明兰,黄侨,任远.混凝土桥面维修决策中的全寿命成本分析法[J].哈尔滨工业大学学报,2007,10(12):1621-1624.

[30] 苏尚国.基于RCM理论的某型坦克维修策略研究[D].长沙:国防科学技术大学,2009.

[31] 闫鹏飞.装甲装备维修性动态建模和维修策略优化方法研究[D].长沙:国防科学技术大学,2009.

[32] 胡海军,程光旭,段权,等.一种包含非理性维修的延迟时间模型[J].西安交通大学学报,2009(1):103-107.

[33] 史连艳,张睿,宋文渊.导弹武器系统定检周期的确定方法[J].兵工自动化,2009,2(1):13-15.

[34] 孙亮,徐廷学,代莹.基于定期检测的导弹储存可靠性预测模型[J].战术导弹技术,2009(4):16-19.

[35] 李检川.贝叶斯网络故障诊断与维修决策方法研究[D].长沙:国防科学技

术大学,2008.

[36] 吕耀平,曹瑞昌.战时装备维修保障决策模型体系研究[J].军事运筹与系统工程,2008(2):73-75.

[37] 陈学楚.现代维修理论[M].北京:国防工业出版社,2003.

[38] 宋建社.装备维修信息化工程[M].北京:国防工业出版社,2005.

[39] 李葆文.简明现代设备管理手册[M].北京:机械工业出版社,2004.

[40] 杨为民.可靠性维修性保障性总论[M].北京:国防工业出版社,1995.

[41] 徐旭森.装备维修工程学[M].北京:国防工业出版社,1993.

[42] 陈学楚.装备系统工程[M].北京:国防工业出版社,1995.

[43] 余高达,赵潞生.军事装备学[M].北京:国防大学出版社,2000.

[44] 张秀斌.视情维修决策模型及应用研究[D].长沙:国防科学技术大学,2008.

[45] 朱永根,吴勇.导弹武器系统全寿命R&M管理工程[M].北京:国防工业出版社,1998.

[46] 孟晓红.CBM建模理论及其在导弹武器维修中的应用研究[D].西安:第二炮兵工程学院,2011.

[47] 秦孝英,张耀文,江劲勇,等.可靠性维修性保障性管理[M].北京:国防工业出版社,2003.

[48] 范文庆.敏捷维修技术综合应用体系结构与维修人力资源管理研究[D].南京:南京航空航天大学,2007.

[49] 高崎.炮兵武器系统维修保障及其决策方法研究[D].南京:南京理工大学,2006.

[50] 何奕.航线维修人力资源的配置优化及应用研究[D].上海:上海交通大学,2008.

[51] 曹峰.机步团装备维修备件和人员优化配置研究[D].长沙:国防科学技术大学,2009.

[52] 张最良等.军事运筹学[M].北京:军事科学出版社,1993.

[53] MCMASTERS A W. Derivations of Formulas for Measures of Effectiveness, Safety Stockand Min-Cost Order and Repair Quantities for a Reradiness-Based Repairable Item Inventory Model for the U.S. Navy[R]. ADA379691, 2010.

[54] 杨光辉.基于排队论的装备维修人员数量需求模型[J].指挥控制与仿真,2007(10):116-120.

[55] 张会宾.基于排队论的车辆装备维修保障中维修组个数优化[J].武器装备自动化,2007(2):20-22.

[56] 屈小荣,王运吉. 基于排队论的机要保障装备系统建模与优化[J]. 火力与指挥控制,2007(10):123-126.

[57] 毕义明,汪民乐,等. 第二炮兵运筹学[M]. 北京:军事科学出版社,2003.

[58] 李保华,杨云. 备件需求预测模型研究[J]. 航空维修与工程,2008(5):59-61.

[59] 朱华进,陈瑾. 装备维修备件需求预测模型研究[J]. 舰船电子工程,2010(9):147-149.

[60] 彭文娟,韩松,孙铭明,等. 基于寿命分布的备件需求计算模型分析[J]. 舰船电子工程,2009(12):183-185.

[61] 姚远. 维修备件需求预测系统的设计及实现[D]. 上海:上海交通大学,2008.

[62] 金天球,张向龙,程明. 基于GM(1,1)的导弹备件需求预测[J]. 科技广场,2008(7):34-36.

[63] 李武胜. 备件需求预测技术综述[J]. 物流技术,2007(8):30-33.

[64] 向波. 备件管理概要[J]. 四川冶金,2010,4(3):51-56.

[65] 闫源江,王博. 试论军用装备维修备件的储存管理[J]. 装备制造技术,2009(9):97-99.

[66] 赵凤多. ABC分类法在备件管理中的应用[J]. 设备管理与维修,2009(6):11-12.

[67] 方梦庚. 基于剩余寿命分类预警备件管理系统的研究[J]. 中国水运,2010,10(10):109-111.

[68] 孟祥辉. 装备备件管理技术综述[J]. 装甲兵工程学院学报,2009(4):21-25.

[69] 王淑芬. 应用统计学[M]. 北京:北京大学出版社,2007.

[70] 葛新权,王斌. 应用统计[M]. 北京:社会科学文献出版社,2006.

[71] 贾俊平. 统计学[M]. 北京:中国人民大学出版社,2008.

[72] 张毅. 基于重要度划分的设备维修方式决策[J]. 兵工自动化,2008(6):23-24.

[73] 徐廷学. 海军导弹武器系统保障性参数体系研究[J]. 弹箭与制导学报,2006(2):193-195.

[74] 高萍. 基于可靠性分析的复杂设备预防性维修决策研究[D]. 北京:清华大学,2008.

[75] SURESH P, CHAUDHURI D, RAO B V A. Fuzzy-set approach to select maintenance strategies formultistate equipment [J]. IEEE Transactions on Reliability, 2009, 43 (3): 451-456.

[76] 顾煜炯. 基于熵权和层次分析的电站设备维修方式决策[J]. 华北电力大学学报,2008(6):72-77.

[77] 张宏强,余志刚,张永敬.导弹动力系统最佳预防维修周期的数字仿真[J].上海航天,2009(1):37-41.

[78] 杜小平.确定费用最小原则下设备最佳预防维修周期的计算机仿真方法[J].设备管理与维修,2006(2):4-6.

[79] 蒋太立.基于RCM理论的维修决策研究[D].武汉:武汉理工大学,2006.

[80] 郑睿,吕文元.基于时间延迟理论的预防维修模型及案例研究[J].中国管理科学,2010,18(2):48-53.

[81] 陈叶菁.装备维修保障设计方案评估方法研究[D].长沙:国防科学技术大学,2006.

[82] 王国成,刘红,李航.装备维修策略的选择方法[J].装备制造技术,2010(7):97-98.

[83] 仇多桥.电力电子装备维修方案优化分析[J].舰电技术,2008(2):38-40.

[84] 刘学生.基于粗集的不确定多属性决策排序法的研究[D].大连:大连理工大学,2009.

[85] 蒋国清.一种区间语言型多属性决策方法及其在野战防御体系中的应用[D].厦门:厦门大学,2009.

[86] 卢英.灰色模糊多属性决策分析方法研究[D].杭州:浙江工商大学,2009.

[87] 货运方式选择行为多属性决策模型的研究[D].重庆:西南交通大学,2009.

[88] 刘明星.基于多属性决策的海洋环境下装备优选方法研究[D].长沙:国防科学技术大学,2009.

[89] SUN Z. Mrthod of the multiple attributive group decision making under incomplete information[J]. Systems Engineering and Electronics, 2007, 29(7): 1098-1101.

[90] SEDIGHIZADEH M, REZAZADEH A. An interval-based multi-attribute decision making approach for electric utility resource planning[C]//Proceedings of world academy of science, engineering and technology, 2007: 757-761.

[91] 蔡春涛,周文松,宋维,等.导弹武器系统使用保障费用研究[J].飞航导弹,2009(3):8-10.

[92] 杨磊,易建军.产品生命周期使用维修阶段费用初探[J].机械工程与自动化,2006(1):52-55.

[93] 赵英俊.导弹武器装备使用保障费用分析[J].飞航导弹,2009(3):35-38.

第3篇 导弹装备退役管理决策方法

第 11 章　导弹装备退役管理决策导论

11.1　引　　言

随着现代导弹武器技术的迅猛发展,大量突防能力强和命中精度高的新型导弹装备列装服役,同时,部分型号导弹装备由于不能适应新形势下的作战需要,也面临退役和更新,但在决定导弹装备何时退役、如何退役时却存在许多困难,因此,导弹装备的退役问题已成为导弹装备管理决策中值得研究的重要问题之一。传统的定性分析方法已不能满足导弹装备退役决策科学化的要求,而运用定量分析手段合理而有效地进行导弹装备退役决策则显得十分必要。

导弹装备的全寿命周期包括立项论证、调研设计、组织生产、使用维护和退役处理等阶段,退役处理阶段是全寿命周期的终结阶段。通过对导弹装备在其寿命周期内的活动进行分析可以得知,影响导弹装备退役的主要因素有导弹装备本身的效能、可靠性、寿命周期费用、技术性能落后程度、超期服役程度及战略权重等六方面[1-2]。分析这些因素,将为导弹装备退役决策提供依据。

导弹装备的效能是指在导弹装备研制及使用的过程中所得的收效,即活动的效果,它体现了导弹装备的使用价值[3];由于导弹装备非常庞大而复杂,其可靠性的提高,可以大幅降低维修人力和使用保障费用,为导弹装备的作战使用提供有力保障;由于现代导弹武器的科技含量大大增加,导弹装备的研制和寿命周期内维修费用也随之增大,这些费用的迅猛增长,不但对国防经费的合理利用造成沉重的负担,而且削弱了国防武器系统的退役与更新的能力,所以准确预测装备寿命周期各阶段的费用,对费用实施管理,才能有效控制导弹装备费用的增长,提高导弹装备退役的准确性[4]。因此,以上因素应作为影响导弹装备退役决策的关键因素。

综上所述,由于武器装备的退役处理本身就是一个极其复杂的问题,本篇从影响导弹装备退役的效能、可靠性以及寿命周期费用等关键因素出发,对导弹装备退役决策问题进行系统研究,构建导弹装备退役评估模型,减少人为因素和主观意识的影响,为导弹装备的退役决策提供有力的辅助决策,也可以为装备部门提供一定的参考。

11.2 国内外研究现状及发展趋势

国内外对导弹装备退役决策的研究相对较少,公开发表的关于导弹装备退役决策的研究资料更是鲜见,本节则从影响导弹装备退役的三个关键因素来分析退役决策的研究现状和发展趋势。

11.2.1 导弹装备效能评估的现状与趋势

目前,军事装备的效能评估研究主要分为三个方向:单项效能评估、系统效能评估和作战效能评估[5]。军事装备的单项效能是指装备在规定条件下使用,达到某一使用目标的程度,如通信装备的抗毁能力、抗干扰能力和保密能力等。军事装备的系统效能是指装备系统在规定的条件下,完成特定任务的程度,是装备系统的有效性、可信性和固有能力的综合反映,如雷达装备系统效能等。军事装备的作战效能是指装备在特定的作战环境下使用,完成预期任务的能力,如坦克作战效能等[6]。

根据装备的类型及评估目标的不同,应选择合适的效能评估方法。军事装备效能评估一直是军事系统工程领域的一个热门研究课题,经过长期的发展,目前已初步形成了一套比较成熟的理论和方法体系,在具体装备的效能评估中取得了不小的成果。

从评估者角度来看,装备效能评估研究的重点应放在效能指标体系的建立和评估方法的选择上。建立科学的评估指标体系是保证装备效能评估结果科学有效的前提和基础,必须由该领域实际工作经验丰富的专家参与,并在实践中不断反馈、修正和完善[6]。同样,评估方法的选择也要紧密结合装备的实际特点,在具体应用中检验和改进。从理论研究者角度来看,装备效能评估研究的重点应放在评估方法的改进或创新上,并不断分析、归纳和总结效能评估的发展规律与特点、有关概念的内涵与外延、评估指标体系的建立、评估方法的选择、效能评估研究的发展方向和深化研究的途径等,形成理论以指导新的装备效能评估研究工作,这样能有效减少失误、少走弯路。

从未来战争的特点来看,装备效能评估研究要以体系对抗为背景。高技术条件下的现代战争,体系对抗特征明显。效能作为评价军事装备综合能力的一项重要指标,为使其符合未来战争的客观需求,必须向前迈出新的一步,从体系对抗出发研究问题。因而,在效能评估研究中应将有关因素按照战争的实际情况,同时进行分析研究。也就是将主战装备与各种保障装备联系起来,围绕既定作战目标同时进行评估。

11.2.2 导弹装备可靠性评估现状与趋势

1. 国外研究现状

20世纪40年代,由于各种复杂电子设备的相继出现,电子设备的可靠性问题严重地影响着装备的效能,出于军事装备效能研究的目的,美国首先在1943年成立了电子管研究委员会,专门研究电子管的可靠性问题。主要讨论采用新材料及工具、发展质量控制及检验统计技术来提高电子管可靠性的途径问题。为解决军用电子设备和复杂导弹系统的可靠性问题,美国国防部于1952年成立了一个由军方、工业部门和学术界组成的电子设备可靠性咨询组,并开始有计划地从装备的设计、试验、生产和使用等全面地实施了一个可靠性发展计划,并于1957年发表了《军事电子设备可靠性》的研究报告,从此奠定了可靠性研究发展的基石,标志着可靠性已成为一门独立的学科[7]。60年代,在各种军事装备的设计研制过程中,可靠性理论不断成熟,特别是有关电子设备可靠性分析与设计、可靠性分配与预计、故障模式及影响分析、故障树分析、冗余设计、可靠性试验与鉴定、可靠性评估等理论和方法有了全面的发展。英国、法国、日本及苏联等工业发达国家也都相继开展了可靠性的研究工作。70年代后,可靠性研究更加系统化,不仅在可靠性设计与计算方面有进一步发展,同时在可靠性政策、标准和手册的制定等方面也取得了进展。进入80年代以来,可靠性研究向着更深、更广的方向发展。在技术上,深入开展了机械可靠性、软件可靠性以及光电器件可靠性和微电子器件可靠性的研究,全面推广了计算机辅助设计技术在可靠性领域的应用。同时积极采用模块化、综合化、容错设计、光导纤维和超高速集成电路等新技术来全面提高现代武器系统的可靠性。国外可靠性技术研究成果对导弹武器的发展产生了巨大的推动作用。不仅极大地提高了导弹的战术技术性能和作战效能,而且拓宽了导弹的作战用途。第二次世界大战末期,德国的V_1导弹设计者皮鲁契加(E. Pierschka)和鲁塞尔(R. Lusser)等人利用概率论的知识,提出了V_1飞弹的可靠性串联模型,成了最初的可靠性理论著作。此后,美国人的可靠性技术始终处于领先地位,而且具有代表性,特别是在航天、航空领域取得了长足的发展。

2. 国内研究现状

我军兵种武器装备的可靠性工作,由于多种因素的影响和制约,相对来说起步较晚,发展也比较迟缓,20世纪70年代以前基本上是空白。进入80年代以后,武器装备的可靠性问题作为一个具有明确内涵的新概念,才在我国逐步被认识、接受并普及开来。特别是我国武器装备研制和使用维修实践中出现的许多重大质量问题,更进一步加深了对可靠性维修性保障性重要作用的认识,促进了可靠性、维修性和保障性工作的开展。陆续编译出版了一批可靠性维修性保障性文献资料,制定了一批急需的可靠性维修性保障性军用标准、手册,颁布了若干有关可靠性、维修性和保障性工作的指令性文件,如 GJB368《装备维修性通用规范》、GJB450《装备研制与生产的可靠性通用大纲》、GJB1371《装备保障性分析》以及原国防科工委《关于加强可靠性维修性工作的若干规定》《关于进一步加强武器装备可靠性维修性工作的通知》等[7]。在型号研制工作中也正在逐步贯彻落实可靠性、维修性和保障性要求,但从总的情况来看,兵种武器装备的可靠性工作还存在不少问题。特别是近年来研制发展的兵种武器装备的技术性能都有比较明显的提高,但由于有些装备在研制过程中没有明确的可靠性、维修性和保障性要求;有些装备虽提出了可靠性、维修性和保障性要求,但在研制过程中没有约束机制和保证措施,可靠性要求并没有在工程研制中真正落实,致使许多装备的可靠性、维修性和保障性水平不高,甚至有的还有下降的趋势。从兵种武器装备的质量状况,以及对部分兵种武器装备的试验与统计分析,可以明显看出,我国自行研制的武器装备与外军同类武器装备相比,在可靠性、维修性和保障性方面存在较大的差距。可靠性维修性保障性水平上不去已成为制约当前兵种武器装备发展的一个突出的薄弱环节。不改变这种状态,其他性能水平再高,在总体作战效能上也很难与外军同类装备相抗衡。

11.2.3 导弹装备寿命周期费用评估的现状与趋势

费用作为装备发展的一个很重要的指标,其发展也是与装备自身相适应的。因此,导弹装备自身的特点决定了其特定的费用预测,导弹装备一般种类繁多、系统复杂,其费用评估分析也具有自身的特点[8]。

(1)系统复杂,经费数额巨大,费用预测分析的不确定性因素多。系统复杂使得外购设备费增加,总价中利润绝对数也随之提高,最终使得导弹装备购置费增加。这决定了导弹装备经济性分析的复杂性,也增加了装备费用预测的不确定性因素。因此,在费用预测分析中,应按照技术经济的系统观点,充分考虑费用项目之间的相互影响。

(2)研制和建造周期长,可变因素对费用预测分析的影响程度较大。费用预测分析是规划计划以及各阶段工作的决定因素之一,费用预测是否准确可信,直接关系到决策的科学性。在这个过程中,随着时间的推移,影响费用的各种因素都可能产生变化。在导弹装备发展过程中,一些不确定性条件如物价的变化、技术状态的更改等都会使费用预测分析变得复杂得多,也带来了一定的风险。

(3)大型装备费用构成复杂,项目多,费用预测分析涉及面广。系统的复杂性同时决定了其费用构成的复杂性,由于费用构成涉及诸多系统,装备费用预测分析涉及的内容非常广泛。

作为导弹装备,其周期费用具有如下特点[9-10]:

(1) 动态化特征。决策的周期缩短导致了决策频率加大,从而导致预测成本提高,因此,应力求使费用预测模型能够在前后两次预测中具有一定的自适应性。

(2) 非线性特征。由于影响装备费用的变量越来越多,影响方式越来越复杂,且各因素对费用的影响以及因素之间的关系异常复杂,费用预测多表现为非线性,所以用线性方式描述问题与高精度的要求是不适应的。

(3) 灰色特征。由于大量影响费用的因素是不确定的,信息介于完全和不完全之间,即灰色状态,所以需要不断补充新的信息。

鉴于导弹装备寿命周期费用预测自身的特征、费用预测实践存在的困难以及信息科学和计算机技术的不断发展,构成了费用预测研究和实践发展的推动力。它们促使费用预测的精度和效率不断提高,并朝着以下的发展趋势:

(1) 简单化是指预测的方法将随着计算机的应用、模拟技术的发展逐渐简化,从而使预测成本降低;

(2) 复杂化是指预测会更多地利用计算机编程等高技术;

(3) 复合化是指预测将把宏观与微观、简单与复杂的方法相结合,改变以前在方法上较单一的局面,提高预测精度,完善预测方法。

总的说来,费用预测方法有数字化、模型化和计算机化的趋势。

11.2.4 导弹装备退役决策方法研究的现状与趋势

目前,对导弹装备退役决策方法进行研究相对较少,国外主要研究对即将退役导弹如何开发再利用和如何在不破坏生态环境的条件下安全处置退役的导弹;而由于受经济条件和科学技术的限制,国内主要研究如何延长导弹装备的寿命,对于导弹装备退役时机与方式的决策研究非常少,同时也鲜见关于导弹装备退役决策的研究资料。国内少部分导弹管理单位对某一型号列装的导弹装备,当达到出厂定型时既定的服役期时,就安排该型号导弹退役,而大部分单位则都通过各种技术手段对导弹装备进行延寿,使其超期服役。这些退役处理的方式主观性太强,缺乏合理性与科学性。导致的结果就是:有的导弹装备已不满足作战要求却还在服役,而有的导弹装备尚能够满足作战要求却早已退役,造成了大量的资源浪费[9],因此急需一种对导弹装备退役时机进行合理评估与确定的决策分析方法。基于此,国内的武文军、燕广庆等几位学者做了相关的研究,综合影响导弹退役的诸多因素利用模糊综合评判的方法对导弹装备退役时机进行了评估,但是都没有深入研究,未能给出影响退役的关键因素和具体的评估分析方案,操作性不强。鉴于此,本篇力求建立一种评估决策模型,既准确评估导弹装备退役的时机,又具有可行性。

11.3 本篇主要内容

本篇在对影响导弹装备退役的关键因素分析的基础上,研究导弹装备的剩余效能评估方法、当前可靠性评估方法以及剩余寿命周期费用的评估方法,建立导弹装备退役综合决策模型。本篇主要内容如下:

(1)导弹装备退役决策因素分析。在概述导弹装备及其组成的基础上,分析影响导弹装备退役的关键因素,并给出导弹装备退役的主要形式。

(2)导弹装备的剩余效能和剩余寿命周期费用评估。分析导弹装备剩余效能和剩余寿命周期费用评估的目的和意义,给出导弹装备剩余效能和剩余寿命周期费用评估的一般方法。

(3)导弹装备的当前可靠性评估。分析导弹装备的基本可靠性,研究基于Bayes估计的导弹装备当前可靠性评估方法,并给出导弹装备的发射可靠性、飞行可靠性以及储存可靠性的评估方法。

(4)导弹装备退役综合决策方法。基于有序加权平均算子,建立导弹装备退役的综合决策模型,并将其应用于导弹装备的退役决策,验证所建立的导弹装备退役综合决策模型的可行性。

第12章 导弹装备退役决策因素分析

退役决策优化问题是国内外研究比较活跃的一个领域,且被广泛应用于许多装备,其研究对象比较复杂,大到航空航天飞行器在内的复杂系统,小到车辆等装备。导弹武器作为现代战争中重要的精确打击武器,其退役问题也越来越引起军方的高度重视。本章从导弹装备退役决策需求出发,研究影响导弹装备退役的各种因素,并进而分析影响其退役的关键因素,给出退役的形式,为下一步研究导弹装备退役决策方法打下基础。

12.1 导弹装备及其组成

导弹装备是一整套能完成战斗和维护支援任务的设备总称,通常由导弹、制导控制设备、发射设备和维护支援设备等组成。因此,导弹装备除了导弹之外,还应包括射前瞄准、飞行控制、指挥通信、运输发射和维护检测等设备。导弹装备的特点可以归纳如下[11-12]:

(1)制导是导弹的基本特征,发射后需要进行飞行控制,因此在弹上或地面需要安装相应的制导设备。

(2)命中精度高。在导弹飞行过程中,导弹装备能够修正起始偏差和目标机动造成的偏差,因此命中精度比弹丸高一个甚至几个数量级,特别是现代精确制导的导弹,其制导精度可以达到直接碰撞坦克、飞机等目标的程度。

(3)系统自动化高。现代导弹装备通常对导弹实施制导和控制,包括自动的遥控指令控制和自动寻的控制,一般不需要操作手直接参与飞行控制。另外,指挥控制和系统检测等自动化程度也很高,都采用现代的高速计算机控制及通信技术,以便实施快速作战。

(4)系统成本较高,但摧毁能力较强。

(5)系统综合性强,现代导弹装备是多设备协同工作的综合系统。导弹装备综合效能不但体现在单个导弹,而且体现在系统各设备能协调有效工作,从而使各种武器系统能够组成体系协调作战。

战术技术指标是导弹装备所具备的基本特性和作战能力的总称。它既是评价导弹装备性能的主要指标,又是研制、生产与确定作战使用方案的基本依据。由于构成特点、发射方式不同,各类导弹装备的战术技术指标也不尽相通,具有普遍和共同性的指标如图12.1所示。

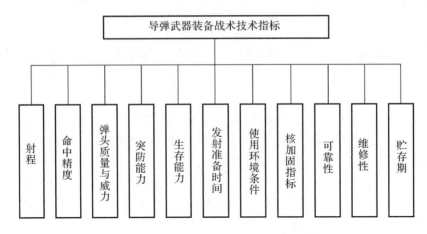

图 12.1 导弹装备主要战术技术指标示意图

12.2 导弹装备退役的关键因素

当今世界科学技术突飞猛进，各种新型导弹武器横空出世，我国研制导弹的水平也不断提高，大量突防能力强和命中精度高的导弹逐步装备部队，在这种情况下，部分导弹武器已经不能够适应新形势下的作战要求，面临着退役，而如何对导弹装备退役决策进行合理的定量分析就显得十分重要[13]。目前，导弹装备退役的原因主要有 5 种：导弹装备的效能低；系统本身的可靠性差；维护费用过高；技术性能落后；过度的超期服役。在此基础之上，综合导弹部队的实际情况，并考虑到其他的影响因素[13-14]，可将影响导弹装备退役的主要因素归纳为六方面因素。

12.2.1 导弹装备的剩余效能

导弹装备的剩余效能是指导弹装备在规定的条件下，服役到当前时间，仍能完成规定任务的程度。不同的武器装备有不同的任务剖面，即使是不同型号的导弹装备，也因其目标特性、作战空域等不同而各自有不同的任务剖面。而武器系统的作战效能表示不同武器系统完成各自不同任务剖面的能力。对于这项指标的定量化，比较典型的方法是 ADC 模型[2,4]，该模型把系统效能 E 分解为可用性 A、可信性 D 和能力 C 三部分，即

$$E = ADC \tag{12.1}$$

根据参考，对于战术导弹装备来定义系统模型效能，而本篇研究的导弹装备是弹道导弹装备[14]，因此可以类比此模型建立导弹装备定量化模型。在战斗过程中，一般只考虑系统的两种状态：正常"1 状态"和故障"0 状态"，且认为在执行任务

期间战术导弹装备是不可修复的,因此可得

$$A = \begin{bmatrix} a_1 & a_2 \end{bmatrix} \quad (12.2)$$

式中,a_i 表示导弹装备在开始执行任务时,武器系统处于 i 状态的概率。

$$D = \begin{bmatrix} d_{11} & d_{12} \\ 0 & 1 \end{bmatrix} \quad (12.3)$$

式中,d_{ij} 表示导弹装备在执行任务期间,由状态 i 转移到状态 j 的概率。

$$C = (c_1, c_2)^T = (c_j)^T \quad (12.4)$$

式中,c_j 表示导弹装备在状态 j 完成任务的能力,常用完成任务概率或有关的期望值表征。从而可以得到

$$E = ADC = a_i d_{ij} c_j \quad (12.5)$$

对于不同的导弹装备,a_i,d_{ij} 和 c_j 的计算不尽相同,计算结果 E 是一个 $0 \sim 1$ 之间的数值,其大小反映了不同武器系统完成各自不同任务剖面的能力。随着武器装备服役时间的增长,将呈现逐渐下降的趋势,这种效能的时效性主要归结于以下两方面的原因:

(1)技术的进步及导弹防御手段的变化;
(2)服役过程中的效能磨损。

12.2.2 导弹装备的当前可靠性

导弹装备的当前可靠性是指导弹装备在常规的使用、维护条件下,服役到当前时间,仍然具有的可靠性。通常用导弹在规定条件下能正常发射、正常飞行及战斗部起爆并达到预定威力的概率表示,是导弹的重要品质特性和设计指标之一,是导弹的战术技术性能之一。如图 12.2 所示,通常包括导弹飞行可靠性、导弹发射可靠性和导弹储存可靠性三项指标。它是通过合理设计、精密制造和严格的科学管理来实现的。导弹装备的可靠性对加

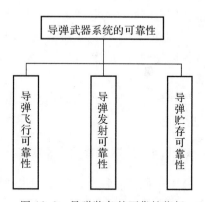

图 12.2 导弹装备的可靠性指标

快导弹研制定型,保证导弹装备作战效能,改善系统的维护性,减少维修费用,延长服役时间,有着巨大的军事、经济效益。通过可靠性分析和评估,采用经过考验的设计、工艺,尽量简化系统设备的结构,减少零部件数量,提高操作使用人员的技术熟练程度等措施,来提高导弹装备的可靠性。

12.2.3　导弹装备的剩余寿命周期费用

导弹装备的剩余寿命周期是指导弹装备服役到当前时间所剩余的寿命期,因而导弹装备的剩余寿命周期费用就是其在剩余寿命期内的服役费用,是其全寿命周期费用的组成部分。

导弹装备的全寿命周期费用就是构成导弹装备的各分系统在导弹装备全寿命周期内所发生的直接、间接、经常性、非经常性以及其他有关费用的总和。包括导弹装备的论证研制费、购置费、使用维修与保障费和退役处理费,各部分的说明如下[15]:

(1)论证研制费:是指一个产品立项后,从论证开始,经过研制直至投产前所发生的一切费用总和,包括论证和方案研究费、设计与试制费、试验与鉴定费、分摊的保障条件费以及此阶段的管理费。

(2)购置费:是指研制成果转化为完全可部署的装备所支付费用的总和,包括主要装备的购置费、安装费、初始人员培训费、初始部署保障费以及其他费用。

(3)使用维修与保障费:指在使用阶段装备的使用、保障有关的所有费用总和。其中,使用费指装备服役期间所消耗的油料费、训练用弹药及器材费、训练费和管理费等;维修费指装备服役期间为保持或恢复其战术技术性能所花费的计划修理、自修、监修的器材和修理费以及维修人员培训费等;保障费指地面保障和技术保障设施费等;此外,还有技术改进费以及其他有关费用。

(4)退役处理费:指装备退役或报废过程中所发生的费用,对一般装备来说,退役或报废处理时,通常可回收一部分残值,而对于核弹头,为处理核废料则需要支付相当大的处理费。

导弹装备的剩余寿命周期费用主要由上述费用中的使用维修与保障费、退役处理费等构成。

12.2.4　技术性能落后程度

技术性能落后程度是综合评价武器装备各项战术技术指标的落后程度结果的主要因素之一[18]。对于导弹装备来说,能反映其性能的战术技术。

指标有许多项,但这里没有必要对其一一进行评价,而只从武器装备发展的角度,选取几个当前发展变化快、对比明显、具有决定意义的指标,采用模糊综合评判的方法,对战术导弹装备的总体技术性能进行综合评价。对于某一型号的战术导弹装备,根据武器装备的发展情况及空袭环境,选取 n 个主要技术指标,组成评判因素集[19]:

$$F = \{f_1, f_2, \cdots, f_n\} \tag{12.6}$$

利用层次分析法确定它们的相对权重为

$$A = \begin{bmatrix} a_1 & a_2 & \cdots & a_n \end{bmatrix} \tag{12.7}$$

建立评价集为

$$E = \{e_1 \quad e_2 \quad e_3 \quad e_4 \quad e_5\} = \{先进, \quad 较先进, \quad 一般, \quad 较落后, \quad 落后\} \tag{12.8}$$

采用 Delphi 法对 n 项技术指标进行测评,得到评价矩阵

$$R = \begin{bmatrix} r_{11} & r_{12} & r_{13} & r_{14} & r_{15} \\ \vdots & \vdots & \vdots & \vdots & \vdots \\ r_{n1} & r_{n2} & r_{n3} & r_{n4} & r_{n5} \end{bmatrix} \tag{12.9}$$

式中,r_{ij} 为第 i 项指标属于第 j 个评价等级的权重。

综合评价向量为

$$S = AR = \begin{bmatrix} s_1 & s_2 & s_3 & s_4 & s_5 \end{bmatrix} \tag{12.10}$$

则其中最大分量 s_i 所对应的评价等级 e_i 就是综合评判的结果。

12.2.5 超期服役系数

导弹装备的年均使用费用可以用来确定导弹武器的最佳服役期 T^*,即导弹装备的经济寿命,是导弹装备退役与更新的重要依据。假设某导弹装备在 t_0 年开始装备部队,采购费用为 J,服役期内各年度的使用维护费分别为 $F_1, F_2, \cdots, F_n$,退役残值 R,i 为年利率,则采购费用与各年度的使用维护费及退役残值都折算到 t_0 年的总费用为

$$C = J + \sum_{k=1}^{n} F_K (1+i)^{-k} - R (1+i)^n \tag{12.11}$$

年均费用为

$$g(n) = C \frac{i(1+i)^n}{(1+i)^n - 1} \tag{12.12}$$

最佳服役期 T^* 就是使年均费用最小的服役期限,即

$$T^* = \{n/g(n) = \min g(n)\} \tag{12.13}$$

为了反映武器装备的实际服役时间与最佳服役期的对比情况,这里采用超期限服役系数表示。

$$\eta = \frac{T}{T^*} \tag{12.14}$$

其值越大于 1.0,说明超期限服役越严重,也就越应当退役。

12.2.6 战略权重

有些导弹装备虽然使用维护费用高,或可靠性较低,或服役年限已超期,但由于它可以对敌方形成一定的威慑,或者在整个防空体系中起着重要作用,或者暂时

无相当的新型装备替代而继续服役,所以用战略权重值来反映这些政治、军事和经济等因素的影响。它也是一个综合评价的结果,采用专家评估对的方法对导弹装备的战略权重值进行综合评判,评判集为

$$E = \{e_1 \quad e_2 \quad e_3 \quad e_4\} = \{重要, \quad 较重要, \quad 一般, \quad 次要\} \quad (12.15)$$

12.3 导弹装备退役的形式

通过 12.2 节综合分析影响导弹装备退役的关键因素分析,在深入调研导弹装备服役现状之后,本篇在研究影响导弹装备退役问题时,主要从以下三个关键因素出发:

(1)导弹装备的剩余效能;

(2)导弹装备的当前可靠性;

(3)导弹装备的剩余寿命周期费用。

从分析影响导弹装备的关键因素出发,并根据导弹武器使用寿命的前提下,从各个方面考虑导弹装备的退役,可以分为以下三种形式[13,16]:

(1)自然寿命退役。自然寿命退役是指导弹装备从开始使用到由于实体发生坏损、老化,直至报废。

(2)技术寿命退役。技术寿命退役是指从投入使用到由于更好功能装备的出现而被硬性淘汰的所经历的时间。它主要是由于技术的更新,通过淘汰落后的技术装备,采用先进的技术装备来提高导弹装备性能。

(3)经济寿命退役。主要是指从导弹装备从投入使用到其经济效益低于新装备所经历的时间。一般情况下,经济寿命是确定装备使用寿命的主要依据,这是因为装备在使用过程中,使用维修费用不断增加,但超过一段时间后,尽管从自然寿命上就还可以继续使用,但从经济效益上讲不如更换新的[18-19]。而技术寿命由装备的性能相对整个社会而言的存在价值所决定的。但是对于导弹装备来说,它是装备中比较特殊的武器装备,可能从技术寿命和经济上讲都要退役,但是该武器的存在对我国的政治、军事或外交上还有很大的意义,因此需要综合各个方面的因素来全面的考虑。

从以上分析可知,若从单一的方面考虑导弹装备的退役问题,将可能带来判断误差,甚至是误判断,将会造成很大的损失。因此,为了综合全面地考虑导弹装备退役问题,本篇的观点是从导弹装备的剩余效能、当前可靠性以及剩余寿命周期费用等三个关键因素出发,综合考虑自然寿命、技术寿命和经济寿命,为导弹装备退役提供可靠有力的决策保障。

12.4 本章小结

本章从导弹装备及组成出发,对影响导弹装备退役的因素和退役的主要形式进行分析。本章的研究表明:从导弹装备的当前可靠性、导弹装备的剩余效能和导弹装备的剩余寿命周期费用出发来研究导弹装备的退役问题,是比较全面和可靠的。

第 13 章　导弹装备的剩余效能与剩余寿命周期费用评估

现代战争对导弹装备提出了更高要求,现有或即将退役的装备能否满足高技术战争的需求,以及需要付出多大代价才能完成任务等问题是军方关注的焦点之一。要想回答这些问题,导弹装备的剩余效能与剩余寿命周期费用评估无疑是非常重要的。导弹装备的剩余效能与剩余寿命周期费用评估是衡量装备优劣的基本手段,也是评估导弹退役时机的重要途径和前提,能够为导弹装备的退役提供决策基础。同时,通过评估也能够为现有装备的运用方式和方法提供指导,为导弹装备的改进(作战效能的提高)和在战术上充分发挥现有装备的潜力指明方向。

13.1　导弹装备的剩余效能评估

13.1.1　导弹装备剩余效能概念的内涵

在从事一项工作或制造一种装备系统的时候,不论活动大小总要追求从中所得的收效,即活动的效果。在经济及其他一些社会活动中,将其称为效益;在军事活动中,尤其是围绕军事装备或系统的活动中,则将其称为效能,用来体现装备或系统所具有的使用价值。根据 GJB1364—1992,军事装备效能(effectiveness)的定义[5]:在规定的条件下达到规定使用目标的能力。规定的条件是指环境、使用方式、人员和时间等因素;规定的使用目标是指所要达到的目的;能力是指达到目标程度的定量或定性的表示。

导弹装备的效能体现了导弹装备的使用价值,它又随研究角度不同而有具体内涵和度量的特点。这里的"规定条件"是指环境条件、时间和使用方式等因素;能力是指达到使用目标的定量或定性程度,可用概率表示,也可以用其他指标表示。如导弹装备的飞控系统效能是在规定的飞行高度、速度、气动力冲击、温度、湿热和电磁干扰等条件下,仍能正常使用的程度。而导弹装备的剩余效能是导弹装备在其剩余寿命期内能够保持和发挥的效能,体现的是导弹装备的剩余使用价值,而这一指标正是进行退役决策的重要依据之一。

13.1.2 导弹装备剩余效能评估的目的和意义

如前所述,导弹装备的剩余效能评估正是衡量其剩余使用价值的基本手段,也是计算导弹装备效费比的前提[21]。通过对导弹装备进行效费分析,可以比较选择最优的导弹装备方案,避免现实军事意义不大、寿命周期费用过高的导弹装备列装或长期服役;通过对现有导弹装备的实际效费分析,可为判定其现有或改进价值提供理论依据,避免使用维护费用过高、改进意义不大等现象的发生[22]。同时,从导弹装备退役的角度来讲,对当前服役的导弹装备进行剩余效能评估,能够为导弹装备管理人员提供准确的决策依据,从而克服对导弹装备退役的主观性和盲目性。

13.1.3 导弹装备剩余效能评估方法

目前常用的武器装备效能评估模型有美国航空无线电研究公司的系统效能模型(ARINC 模型)、美国工业界武器系统效能咨询委员会的系统效能模型(WSEIAC 模型)、美国陆军的导弹系统效能模型(AAM 模型)和美国海军的系统效能模型(AN 模型)等。下面对这些模型做简单介绍。

1. ARINC 系统效能模型

美国航空无线电公司(ARINC)把系统效能定义为:"系统效能是系统在规定的条件下工作时,在规定的时间内满足使用要求的概率"。ARINC 模型把系统的效能分解为任务的可靠性、战备状态和设计适当性三部分,概括成三个概率的乘积:

$$P_{SE} = P_{OR} \times P_{MR} \times P_{OA} \tag{13.1}$$

式中,P_{SE} 为系统效能;P_{OR} 为当要求系统工作时,系统正常工作或做好战斗准备的概率;P_{MR} 为在执行任务所要求的期间内,系统持续正常工作的概率;P_{OA} 为系统在设计要求范围内工作时,顺利地完成起规定任务的概率。

2. WSEIAC 系统效能模型

美国工业咨询委员会(WSEIAC)定义系统效能为:"系统效能是系统能满足一组规定任务要求之程度的度量,它是可用度、可信赖度及能力的函数。"该定义表示为 $E = ADC$,式中 E 为系统效能;A 为可用度,是系统在开始执行任务时所处状态的量度;D 为可信赖度,已知系统在开始工作时所处的状态,系统在执行任务过程中所处状态的量度;C 为系统能力,已知系统在执行任务过程中所处的状态,表示系统完成规定任务之能力的量度。

由于 ADC 评估模型具有许多优点:覆盖范围广,该模型几乎包括了系统各个方一面的性能指标,对武器系统性能参数考察比较全面,因此得出的效能指标可信度高;另外模型灵活多变,可根据不同的任务,选择不同的品质因子,得出相应的效能指标。所以这个模型得到广泛的应用,在实践中得到了推广,针对具体的系统有不同的修正模型。

3. ARC 模型

在某些特殊情况下，WSEIA（模型蜕化成三个量的乘积 $E=ARC$，A 表示系统在使用前处于规定战斗准备状态且可靠工作的概率；R 表示使用中系统可靠工作的概率；C 表示武器系统在使用可靠条件下完成战斗任务的概率。

4. QADC 模型

WSEIAC 模型未考虑敌方的对抗，而敌方的对抗对武器系统效能有很重要影响，故改进为 $E=QADC$，Q 被定义为"武器系统在未被敌方火力击毁的条件下实施发射的概率"。$Q=P_A+(1-P_A)(1-\overline{PR})$，其中 P_A 表示我方武器系统先于敌方发射的概率；R 表示敌方武器系统发射可靠、飞行可靠的概率；P 表示敌方武器系统条件杀伤概率。

5. KADC 模型

任何硬件都需要人去操纵，人的素质和训练水平的差异对武器效能的发挥有着明显的影响。考虑到这些实际存在问题，美国海军研究效能模型时修正如下：

可用性： $\qquad A_P=K_1A$

可信度： $\qquad D_P=K_2D$

能力： $\qquad C_P=K_3C$

式中，K_1，K_2，K_3 分别表示操作人员掌握硬件的能力、素质和水平系数，其数值小于1，可根据统计规定之。

6. AAM 系统效能模型

根据武器系统效能工业咨询委员会 WSEIAC 系统效能模型，美国陆军为评价导弹系统建立了 AAM 效能模型，该模型表示为

$$E_{FF}=A_O P_{DET} \times P_{KSS} \qquad (13.2)$$

式中，E_{FF} 为系统效能；A_O 为作战的使用性，即

$$A_O=\frac{MTBF}{MTBF+MTTR} \qquad (13.3)$$

式中，MTBF 为系统的平均故障间隔时间；MTTR 为系统的平均修复时间；P_{DET} 为系统发现、鉴别、传递目标信息的概率，即 $P_{DET}=P_{CUM}P_O P_{TR}$。式中，$P_{CUM}$ 为发现概率；P_O 为鉴别概率；P_{TR} 为传递目标信息概率；P_{KSS} 为单发击毁概率，即

$$P_{KSS}=P_L P_F M_L \qquad (13.4)$$

式中，P_L 为导弹发射可靠性；P_F 为导弹在飞行期间的可靠性；M_L 为导弹的毁伤威力。

7. AN 系统效能模型

美国海军对武器系统效能的概念也包含了系统的三种基本特性，即性能、有效

度和利用率。它将系统效能定义为:"系统在规定的工作条件下和规定的时间内,能够满足作战要求的概率。"系统效能可表达为

$$E_S = PAV \tag{13.5}$$

式中,E_S 为系统效能;P 为系统性能指标,即假设系统的有效度和性能利用率为 100% 的条件下,表示系统有能力的数值指标;A 为系统的有效度指标,即系统做好战斗准备,能圆满地完成其规定任务之程度的数值指标;V 为系统的利用率指标,即在执行任务期间,系统性能被利用程度的数值指标。

8. 对数模型

对数模型是由朱宝鎏教授等人于 1987 年提出的,作战飞机效能的数学表示为

$$E = a_1 C + a_2 K_1 D \tag{13.6}$$

式中:a_1,a_1 为空对空和空对地任务分配系数,两者之和为 1;K_1 为调整系数;C 和 D 分别为飞机空对空作战能力指数和空对地作战能力指数。

$$C = \left[\ln B + \ln\left(\sum A_1 + 1\right) + \ln\left(\sum A_2\right)\right]\varepsilon_1\varepsilon_2\varepsilon_3\varepsilon_4 \tag{13.7}$$

式中,B,A_1 和 A_2 分别为飞机的机动性参数、火力参数和探测能力参数,而 ε_1,ε_2,ε_3 和 ε_4 分别为操作效能系数、生存力系数、航程系数和电子对抗能力系数。

$$D = [\ln(R_{eq}) + \ln(W_{eq})]\varepsilon_4 \tag{13.8}$$

式中,R_{eq} 为航程;W_{eq} 为当量载弹量。

对数模型是迄今为止国内提出的作战效能模型中对飞机各分系统(包括机载武器系统、航空电子系统和火力控制系统)效能指数描述最全面的一种方法,具有操作性强、实用性好等特点,得到了军方和航空工业部门的广泛认可和引用,其不足之处是对某些飞机子系统能力的指数评估过于简化。

上述模型的定义中都包括了武器系统效能模型的基本概念,但从层次概念上看,WSEIAC 武器系统效能模型显得最为清晰,最容易被人们所理解和接受。因此,本篇在后面对导弹装备的剩余效能进行实际评估计算时模拟了 WSEIAC 模型的层次结构。必须指出的是,在运用上述模型进行导弹装备的剩余效能评估时,应以导弹装备的当前状态参数作为模型的输入。

13.2 导弹装备的剩余寿命周期费用评估

13.2.1 导弹装备剩余寿命周期费用评估的目的和意义

为了说明导弹装备的剩余寿命周期费用对导弹装备退役的影响,应分析导弹装备的剩余寿命周期费用与导弹装备的当前可靠性和战备完好性之间的权衡关系。

图 13.1 表示主要考虑采办费、使用保障费的寿命周期费用与可靠性之间的权衡[16],可见,可靠性的改进使采办费用增加,但是由于故障率的减少而使使用保障费用减少,而在导弹装备的剩余寿命周期内,其主要费用是使用保障费,所以可以找到一个使剩余寿命周期费用最少的最佳平衡点。

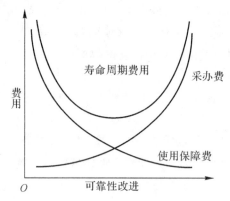

图 13.1 寿命周期费用与可靠性之间的权衡

图 13.2 表示剩余寿命周期费用与战备完好性之间权衡的一个示例。图中按性能中的作用距离大小分别有备选方案 A、B、C。三个方案随着战备完好性的逐渐提高,其剩余寿命周期费用都逐渐提高,只有备选方案 C 部分曲线落在同时符合剩余寿命周期费用与战备完好性指标的区间,因此权衡分析的结果方案 C 为最佳方案。

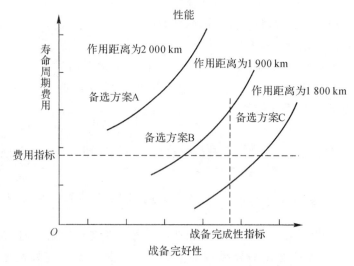

图 13.2 剩余寿命周期费用与战备完好性之间的权衡

总之,剩余寿命周期费用对导弹装备的退役有着重要影响,包括[17]:

(1)剩余寿命周期费用可以为确定费用设计指标提供依据;

(2)通过对剩余寿命周期费用的分析可以实现导弹装备维修与保障方案评价,寻求费用进度、性能之间达到最佳平衡的方案;

(3)可以为导弹装备使用维护方案与保障计划的修改及调整提供决策依据。

13.2.2 导弹装备剩余寿命周期费用评估方法

随着现代科学技术的飞速发展,现代导弹武器的科技含量大大增加,研制、维修和服役费用也随之增大。这些费用的迅猛增长,不仅对国防经费的合理利用造成沉重的负担,而且还影响到对导弹装备退役的决策,削弱了导弹装备的退役与更新的能力。因此,对现代导弹装备的退役进行决策必须首先进行导弹装备服役费用的估算,然后来决定该导弹装备是否退役。由此可见,费用已成为影响导弹装备退役决策的关键因素,只有准确评估导弹装备寿命周期各阶段的费用,尤其是剩余寿命周期费用,对费用实施管理,才能有效控制导弹装备费用的增长,提高导弹装备退役的准确性。

经过多年的工程实践,已经形成多种导弹装备寿命周期费用估算的建模方法,基本的方法主要包括参数法、专家评估法、类推费用法、时间-费用模型、工程估算法和灰色评估法等。

1. 参数法

参数法是一种根据同类系统的历史统计资料数据,建立起各项费用与系统主要参数的数学关系式来估算新研系统寿命周期费用的方法。利用以往收集起来的具有类似功能的硬件和软件的大量数据库资料,仅用新系统的少量的结构参数(如质量、尺寸、体积等)或性能参数(如速度、承载能力、功率、故障间隔时间等)来表达费用的参数方程,然后把一系列费用估算关系方程有机地排列和组合,构成费用模型,通过计算机处理,得到相应的费用。费用估算关系式可能是简单的,也可能很复杂,即可反映系统研制、生产和使用保障费用,又能反映这些费用的个别部分或几个部分的组合,因此系统级或分系统级均可采用此法来估算费用。

2. 专家评估法

专家评估法是评估技术中德尔菲法在费用估算中的应用,它是由多个专家根据经验独立判断评估出装备寿命周期费用的估计值,然后加以综合,以提高评估准确度。它是一种定性评估方法,灵活性较强,且简单迅速,省时省费用,注重费用变化趋势的评估。但易受人的知识、经验等主观因素的影响,尤其是缺乏对事物发展的精确的数量描述。一般在费用不足或没有足够统计样本以及难以确定参数费用关系式时使用,或用于辅助其他评估方法。

3. 类推费用法

类推费用法也称为类比法和模拟法,是将装备与已有准确费用数据和技术资料的现有相似装备,在技术、使用与保障方面进行比较,分析两者的差异对费用的影响,利用经验判断找出装备相对于现有相似装备的费用修正方法,修正相似装备历史的实际数据,以补偿技术、工艺、使用与保障、装备数量及进度等的影响,估计出待估的装备的费用估计值。进行比较分析用的现有装备称为基准比较系统。对于简单装备的基准比较系统可以是一种装备,而复杂装备的基准比较系统往往是由取自多个装备的相似分系统的组合体。它主要适用于装备的研制阶段,特别是在方案论证阶段,用于制定各项费用指标和确定各备选设计方案及保障方案费用;适用于估算装备寿命周期费用;也适用于估算装备各费用单元的费用或各有关分系统的费用。该方法在使用时需具有必要的专门知识及专家的参与。

4. 时间-费用模型

时间-费用模型具有一定的评估功能,可为计划、控制和分配经费提供一种量化的方法。常采用威布尔分布的形式,也曾见用龚帕兹曲线形式的。时间-费用模型主要用于分配和控制系统研制、生产过程中相应年份(月份)的投资强度和总费用的需求量。

5. 工程估算法

相对于参数法和类比法是从上到下整体估计费用而言,工程估算法则采用了从下到上估计整体费用的方法。它以装备的初始清单、结构、试验方案等为基础,把原材料费、劳动费及各种直接费用、间接费用、利润等作为费用的主要要素,然后累加。全寿命费用的通用数学表达式为

$$C_r = \sum_{i=1}^{n} C_i \quad (13.9)$$

式中,C_r 为全寿命费用;n 为计算费用的单元数;C_i 为第 i 项费用单元的费用。该方法计算精度比较高,一般适用于方案论证后期,特别是工程研制阶段以后;适用于详细地估算装备及各有关分系统的购置费;适用于估算各种保障设施的修建费用和保障设备的研制或购置费用。但该方法要求详细了解系统结构、生产过程、工作标准和编制程序等,是一种既冗长又麻烦的方法。

6. 灰色评估法

数理统计方法如回归分析、方差分析等,需要大量的样本数据,但实际评估中获取样本数据往往存在困难,而灰色模型(GM,Grey Model)解决了这个问题。它的基本思想是:将原始数据进行灰色生成,使其随机因素弱化,然后对生成数列建立白化形式的微分方程,求出方程的解数列,最后进行累减生成,得到评估值。灰色评估法理论坚实,适用于样本小、分布规律不典型的情况,但它的序列性要求原始数据一般以时间序列形式出现,或是可以按时间序列进行处理。

近年来,随着新理论的出现和计算机软件的发展,以神经网络为代表的智能技术在费用评估领域得到了广泛的应用,评估的精度和效率都得到了提高。本篇在分析现有导弹装备寿命周期费用评估方法的基础上,采用基于模糊数学的贴近度理论,研究拟退役装备与已有装备在特征因素上的贴近程度,根据神经网络理论来预测评估拟退役导弹装备的费用,以期来指导导弹装备退役决策。在具体方法上,同样可采用4.4.2节提出的基于模糊贴近度的导弹装备费用预测的神经网络模型。

13.3 本章小结

本章在导弹装备剩余效能和剩余寿命周期费用概念的基础上,阐述了在导弹装备退役决策中进行剩余效能和剩余寿命周期费用评估的目的和意义,分别给出了导弹装备剩余效能和剩余寿命周期费用的评估方法,达到了只要给出导弹系统的基础性能指标就能对其剩余效能和剩余寿命周期费用进行评估的目的,为实际开展评估工作打下了基础。

第 14 章　导弹装备的当前可靠性评估

导弹装备是非常庞大的复杂系统，具有三个特点：一是可以将导弹装备的组成结构以金字塔的形式分成许多"级"，即元器件、零件、组合件、整机（部件）、分系统和系统（见图 14.1）；二是在任意相邻的两级之间除了串联、并联、串并联、并串联、n 中取 k、冷储备这些可靠性结构之外，还可能有其他更为复杂的逻辑结构；三是在不同的环境之下，复杂系统的各"级"取得的数据也可能是多种多样的，例如，数据可以服从二项分布、指数分布、威布尔分布及 Γ 分布等[32]。为计算方便，将成败型、指数寿命型以外的分布形式统称为"其他型分布"。

图 14.1　导弹装备的递阶结构

对于导弹装备的可靠性，也像单元一样，根据系统的实验信息对其进行评估。但是受到人力、研制经费及研制周期的限制，导弹装备进行多次或者时间较长的实验是不现实的[32]。导弹装备的实验一般也要按金字塔形即符合金字塔实验程序，"级"越高实验数量越少，而信息量远不能满足评估导弹装备的可靠性的要求。解决的办法是把大量的导弹装备各个组成单元的模拟使用实验数据和少量的整个导弹装备的实验数据结合起来，对导弹装备的可靠性进行评估[33]。本节讨论的可靠性综合评估就是根据导弹装备相邻两级间的可靠性逻辑结构及其各"级"在不同的环境下所获得的具有各种分布类型的试验信息，逐级向上综合，来确定除各级外，直至全系统的可靠度下限值。这样做不仅可充分利用丰富的导弹装备各级可靠性信息，扩大信息量，而且导弹装备以下各级信息如能利用得好，就可使全系统一级的试验量减少[34-35]。

在小子样情况下,导弹装备的金字塔式综合评估方法的数学难度很大(见图 14.1),所得可靠度的精解具有一定的局限性,非常复杂,不易给出明确的物理解释,而且计算烦琐,不易被工程界所采用。当前广泛使用的是近似限法。

14.1 基本可靠性分析

导弹装备可靠性涉及设计、试制、生产和使用各个方面,是一个综合问题,同时,在全寿命周期内不同的阶段,可靠性工作的侧重点也有所不同。导弹系统作为集机械、电子和液压等多种技术为一体的复杂武器系统,涉及的可靠性问题内容多、范围广、专业领域宽和技术难度大。从研究范围讲,有可靠性管理、可靠性设计、可靠性试验与评估等;从可靠性专业领域讲,有电子设备可靠性、机械可靠性、液压系统可靠性、测发控系统可靠性、储存使用可靠性、软件可靠性等;从结构层次讲,有系统可靠性、分系统可靠性、零部件可靠性[36-37]。

实践证明:可靠性是提高装备作战能力、控制全寿命周期费用的主要因素,武器装备复杂程度和技术含量越高,对装备的可靠性要求也越来越高。本节主要研究可靠性的变化对导弹装备退役时机的影响。

导弹装备的基本可靠性反映了导弹装备对维修人力和后勤保障的要求,是导弹装备在规定的条件下无故障的持续时间或概率。它与规定的条件有关,即与导弹装备所处的环境、应力和全寿命周期有关。导弹装备的基本可靠性反映了导弹装备及其子系统可能发生故障引起的维修及保障性的要求。

14.2 基于 Bayes 方法的可靠性建模

Bayes 理论起源于英国统计学家 Bayes 在 1763 年提交的关于二项分布中的逆概率问题,而后 Laplace 对该定理进行了总结,提出了一般形式下的逆概率定理。目前使用的就是经 Laplace 改进后的 Bayes 定理[38]。

对于导弹装备来说很难做出科学合理的统计推断,因为导弹武器是非常昂贵的装备,同时又是非常复杂的系统,实际试验的次数非常少。这是存在于导弹系统可靠性评估中的一大难题。目前,应用综合方法研究导弹装备的可靠性已成为解决这一问题的有力手段。Bayes 分析是这些方法中应用较广泛的一种,其特点是能充分有效地利用验前信息和地面试验信息对系统的可靠性进行综合评估[39-40]。

运用 Bayes 方法进行可靠性建模的基本原理如下:

设 $A_1, A_2, \cdots, A_n$ 为一完备事件组,B 为任一事件,且 $p(B) > 0$。则有

$$\left.\begin{array}{l}p(B \cap A_i) > 0 = p(B)p(A_i \mid B) = p(A_i)p(B \mid A_i) \\ p(B) = \sum_{i=1}^{n} p(A_i)p(B \mid A_i)\end{array}\right\} \quad (14.1)$$

可推得

$$p(A_i \mid B) = \frac{p(A_i)p(B \mid A_i)}{\sum_{i=1}^{n} p(A_i)p(B \mid A_i)} \quad (14.2)$$

式(14.2)为离散型随机变量的 Bayes 公式。对于连续型的随机变量,可推导出类似的公式,设随机变量 X, θ 的联合概率密度函数为 $f(x,\theta)$,由概率论知

$$\left.\begin{array}{l}f(x,\theta) = \pi(\theta)p(x \mid \theta) = p(x)\pi(\theta \mid x) \\ p(x) = \int_{\Theta} \pi(\theta)p(x \mid \theta)\mathrm{d}\theta\end{array}\right\} \quad (14.3)$$

因此

$$\pi(\theta \mid x) = \frac{\pi(\theta)p(x \mid \theta)}{\int_{\Theta} \pi(\theta)p(x \mid \theta)\mathrm{d}\theta} \quad (14.4)$$

式(14.4)即为连续型随机变量的 Bayes 公式。其中,Θ 为随机变量 θ 的论域,$\pi(\theta)$ 为先验密度函数,$p(x \mid \theta)$ 为条件密度函数,也称似然函数。

而融合方法的基本原理如图 14.2 所示。

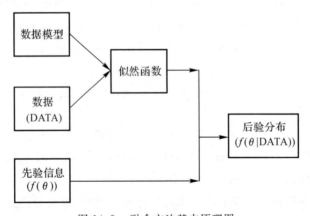

图 14.2 融合方法基本原理图

图 14.2 直观地描述了 Bayes 融合方法的实现过程。通过 Bayes 方法融合先验信息和实验数据得到后验分布,利用后验分布可以对未知变量进行统计判断[41]。

14.3 Bayes方法在导弹装备当前可靠性评估中的应用

几十年来,国内外的许多学者深入研究了 Bayes 小子样统计理论和方法。为了弥补现场试验信息的不足,Bayes 方法充分利用了验前信息(相似或相关产品的试验信息、专家或工程师的意见及经验等),在不降低置信度的前提下减少了试验次数,一般情况下导弹装备的研制、设计是以老型号为基础,是一个逐步完善的过程,新型号在继承老型号的许多特性的同时也有不同于老型号之处,逐步改进老型号的相应环节以满足特定的任务需求[42],从而导弹装备的继承性是利用 Bayes 方法对导弹装备可靠性进行评估,减少新型号试验次数的基础。因为老型号导弹的可靠性指标已经得到了验证,而导弹在进一步改进、发展中却引入了可靠性中的不确定性,可靠性试验正是为了评估这种不确定性。基于以上认识,在下面的分析中引入了分层 Bayes 方法并采用了混合 Beta 验前分布,这样既描述了导弹装备的继承性,又描述了导弹装备的发展,利用验前分布对导弹装备的成败型试验进行 Bayes 可靠性评估,这种评估方法和经典统计方法相比较有明显的优越性。

从本质上看,导弹装备的当前可靠性是导弹装备服役到当前阶段尚具有的可靠性。对于导弹装备而言,为计算方便常将导弹装备及其分系统的可靠性试验数据当作成败型数据来处理,同时由于分系统试验信息量很大,在综合评估系统可靠性时,对分系统以下各级的试验信息可以不考虑。下面利用 Bayes 方法对导弹装备的当前可靠性进行评估。

1. 继承因子 ρ 确定的情况[42]

经过上面的分析,本节将导弹装备可靠性试验数据当作成败型数据来处理。由于导弹装备的设计、研制和生产有一定继承性,这样就有许多相关型号的导弹装备的可靠性信息以及主观信息可以利用,而若应用经典统计方法进行评估就忽略了这些信息,造成可靠性试验的样本容量较大。从信息论的角度来看,在小子样(即现场试验样本较少)的情况下,充分可信的验前信息可以提高可靠性评估的精度。将导弹系统可靠性试验数据当作成败型数据来处理时,对于其可靠性而言,记 R 为产品的可靠性,传统的 Bayes 方法采用的验前分布通常是 Beta 共轭分布,即

$$\pi(R) = \frac{R^{a-1}(1-R)^{b-1}}{\beta(a,b)}, \quad 0 \leqslant R \leqslant 1 \tag{14.5}$$

式中,a 和 b 为验前分布超参数。

对于可靠性的 Bayes 分析而言,a 和 b 的选取至关重要,因为这些超参数充分

体现了验前信息，Bayes 方法就是要充分利用这些相似或者相关型号导弹的可靠性试验信息。假设验前信息共有 m 批，$l_i(i=1,2,\cdots,m)$ 表示各批试验的次数，R_i 表示在各批试验中可靠性的点估计[43]，则有

$$\left. \begin{aligned} a+b &= \frac{m^2\left[\sum_{i=1}^{m}R_i - \sum_{i=1}^{m}R_i^{\ 2}\right]}{m\left[m\sum_{i=1}^{m}R_i^{\ 2} - K\sum_{i=1}^{m}R_i\right] - (m-K)\left[\sum_{i=1}^{m}R_i\right]^2} \\ a &= a + b\bar{R} \end{aligned} \right\} \quad (14.6)$$

其中

$$K = \sum_{i=1}^{m} l_i^{-1}, \quad \bar{R} = \frac{\sum_{i=1}^{m}R_i}{m}$$

当 m 值较小时，抽样误差可能会引起式(14.6)中 $(a+b)$ 的估计值为负，此时当作如下修正：

$$a+b = \left[\frac{m-1}{m}\right]\left[\frac{m\sum_{i=1}^{m}R_i - \left(\sum_{i=1}^{m}R_i\right)^2}{m\sum_{i=1}^{m}R_i^2 - \left(\sum_{i=1}^{m}R_i\right)^2}\right] - 1 \quad (14.7)$$

当验前分布超参数 a 和 b 确定以后，若导弹系统进行了 n 次试验，失效了 f 次，那么根据 Bayes 定理可以得到

$$\pi(R \mid D) = \frac{R^{n-f+a-1}(1-R)^{b+f-1}}{\beta(n-f+a, b+f)} \quad (14.8)$$

其中 $D=(n,f)$ 为试验信息，R 的验后分布是 $\text{Beta}(n-f+a, b+f)$。利用式(14.8)的 Beta 分布对导弹系统二项分布模型进行 Bayes 可靠性评估，这只是考虑了导弹装备的继承性，而任何新型导弹系统都有其独特的方面，这样导弹系统的可靠性就有了不确定性，这种不确定性可以用均匀分布来描述[10]。因此，采用混合 Beta 分布来描述导弹系统可靠性的继承性和引入的不确定性，体现了继承与发展的辨证关系。混合 Beta 验前分布为

$$\pi(R) = \rho \frac{R^{a-1}(1-R)^{b-1}}{\beta(a,b)} + (1-\rho) \quad (14.9)$$

式中，$0 \leqslant R \leqslant 1$，$0 \leqslant \rho \leqslant 1$ 是继承因子，反映了新旧装备在可靠性方面的相似程度，可以由专家或者实验信息给出。那么 $(1-\rho)$ 就是更新因子，它反映的是新装备在改进时引入的可靠性的不确定性。

混合 Beta 验前分布的使用融合了经典统计方法和传统 Bayes 方法，是两种方法的折中。

对导弹系统可靠性的验证和评估而言继承因子 ρ 的作用非常重要,因此必须十分谨慎地确定因子 ρ。ρ 反映了新型号导弹对老型号的继承程度,若新型号在老型号的基础上改动较大,则 ρ 的取值较小;反之,若新型号在老型号的基础上改动较小,则 ρ 的取值较大。

ρ 可以由各方面的专家结合具体的导弹装备以及相关信息综合给出。如果存在 j 种相关导弹系统的可靠性信息可以利用,那么可构造下面的混合 Beta 验前分布:

$$\left. \begin{array}{l} \pi(R) = \sum_{i=1}^{j}\left[\rho_i \dfrac{R^{a_i-1}(1-R)^{b_i-1}}{\beta(a_i,b_i)}\right] + (1-\rho) \\ \rho = \sum_{i=1}^{j}\rho_i \end{array} \right\} \quad (14.10)$$

ρ_i 表示新型号导弹和相关老型号之间的相似性、继承性。为方便起见,假设只有一种导弹装备的可靠性信息利用,此时验前分布如式(14.9),根据 Bayes 定理有

$$\pi_\rho(R \mid D) = \dfrac{(1-\rho)R^{n-f}(1-R)^f + \rho\dfrac{R^{n-f+a-1}(1-R)^{b+f-1}}{\beta(a,b)}}{(1-\rho)\beta(n-f+1,f+1) + \rho\dfrac{\beta(n-f+a,b+f)}{\beta(a,b)}} \quad (14.11)$$

此时有

$$\gamma = \int_{R_L,B_1}^{1} \pi_\rho(R \mid D)\mathrm{d}R \quad (14.12)$$

$$\mu_{bk_1} = E[R^k] = \int_0^1 R^k \pi_\rho(R \mid D)\mathrm{d}R \quad (14.13)$$

通过式(14.12)就可以得到成败型导弹系统单元的可靠性置信下限(置信水平为 γ),通过式(14.13)就可以得到单元可靠性的各阶矩。

2. 继承因子 ρ 不确定的情况[42]

Bayes 可靠性评估认为继承因子 ρ 为一确定量,可以由验前多源信息给出。若在工程实践中,不能精确给出 ρ 值,可以采用分层 Bayes 方法来处理,即认为 ρ 是一随机变量,而 ρ 的概率密度函数由专家或其他信息确定。显然,分层 Bayes 方法增加了处理问题的灵活性,同时使问题的结论更加稳健。记 $\pi(\rho)$ 为 ρ 的概率密度函数,$\pi(\rho)$ 的确定应根据具体问题进行分析,不能一概而论。下面以均匀分布为例说明分层 Bayes 方法的应用,当然结论可以推广到其他类型的分布。仍采用混合 Beta 分布式(14.7)作为的验前分布,考虑继承因子 ρ 服从均匀分布:

$$\varphi(\rho) = \begin{cases} \dfrac{1}{\rho_2 - \rho_1}, & \rho_1 \leqslant \rho \leqslant \rho_2 \\ 0, & \text{其他} \end{cases} \quad (14.14)$$

其中，$0 \leqslant \rho \leqslant 1$，$\rho_1$ 和 ρ_2 由验前多源信息确定。结合式(14.11)和式(14.12)，可以得到 R 的验后密度函数[44] 为

$$\pi(R \mid D) = \int_0^1 \pi_\rho(R \mid D) \varphi(\rho) \, d\rho \tag{14.15}$$

令

$$A = R^{n-f}(1-R)^f \tag{14.16}$$

$$B = \frac{R^{n-f+a-1}(1-R)^{b+f-1}}{\beta(a,b)} \tag{14.17}$$

$$C = \beta(n-f+1, f+1) \tag{14.18}$$

$$D = \frac{\beta(n-f+a, b+f)}{\beta(a,b)} \tag{14.19}$$

$$\varphi(x) = \ln[C - (C-D)x] \frac{AD - BC}{(C-D)^2} + \frac{A-B}{C-D} x \tag{14.20}$$

这样，式(14.15)可以改写为

$$\pi(R \mid D) = \frac{1}{\rho_2 - \rho_1} [\varphi(\rho_2) - \varphi(\rho_1)] \tag{14.21}$$

此时的可靠性评估应该基于 R 的验后概率密度 $\pi(R \mid D)$，有

$$\gamma = \int_{R_L, B_2}^1 \pi(R \mid D) \, dR \tag{14.22}$$

$$\mu_{bk_2} = E[R^k] = \int_0^1 R^k \pi_\rho(R \mid D) \, dR \tag{14.23}$$

式中，$k = 0, 1, 2, \cdots$。

这样就可以利用式(14.22)得到成败型单元的可靠性置信下限，利用式(14.23)得到成败型单元可靠性的各阶矩。

3. 算法分析

假定要对某导弹装备进行可靠性评估，此装备在以往使用中获取的实验数据为 $n_0 = 1\,000$，$f_0 = 2$，现对此设备进行改进，改进后获取的实验数据为 $n_1 = 50$，$f_1 = 1$，要求对改进后的系统可靠性进行评估。

若采用经典统计方法，则有

$$\sum_{x=0}^{f_1} \binom{n_1}{x} R_{L,C}^{n_1-x}(1-R_{L,C})^x = \gamma \tag{14.24}$$

其中，$R_{L,C}$ 为 R 的置信下限，置信水平度为 γ，当 $\gamma = 0.9$ 时，有 $R_{L,C} = 0.924\,4$。

若采用传统的 Bayes 方法，则有 $R_{L,BO} = 0.994\,3$。经典统计方法只利用改进后的设备实验信息，而忽略了以往的信息。因此评估过于保守。

假如根据设备改进的过程以及实验信息可以给出继承因子 ρ 的值，则可以根

据式(14.9)和式(14.10)进行可靠性评估。假定 $\rho=0.7$,则 $R_{L,B1}=0.9927$,$\rho=0.8$,则 $R_{L,B1}=0.9940$;由此可见,继承因子越大,可靠性评估结论也越大,直至 $\rho=1$ 时,可靠性评估的结论与传统 Bayes 方法的可靠性评估结论相同。对于不能给出 ρ 的确切值,但是可以给出 ρ 的统计特性的,假定 ρ 服从均匀分布 $U(\rho_1,\rho_2)$,$\rho_1=0.3$,$\rho_2=0.8$,此时采用分层 Bayes 方法有 $R_{L,B2}=0.9779$。

因此,从以上仿真结果可以看出,充分考虑设备研究和改进设备中信息对系统可靠性的评估将产生较大的影响。

14.4 发射可靠性评估

考虑导弹发射是一个包括三方面任务的过程。假定发射必须在预定时间内进行,地面检查的故障可能导致不能按时发射,并可能导致任务的失败,因此地面检查也属于发射任务的一部分。为简便起见,这里不考虑弹头落地后是否爆炸,只考虑把弹头送到目标区域为完成任务。本节从导弹的发射任务出发,根据仿真数据来分析发射可靠性。

设导弹的地面检查方面共有 15 项任务,将各项任务编号为 1~15,图 14.3 为地面检查方面任务可靠性结构图。

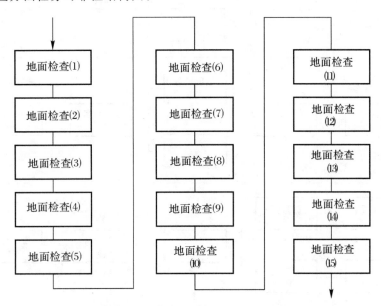

图 14.3 地面检查方面任务可靠性结构图

根据图 14.3 中的任务编号,则地面检查方面的各项任务故障率见表 14.1。

表 14.1 地面检查方面各项任务的故障率

编号	故障率	编号	故障率
1	0.003 09	9	0.000 180 6
2	0.003 09	10	0.000 180 6
3	0.000 12	11	0.002 436
4	0.000 12	12	0.002 436
5	0.000 12	13	0.000 516
6	0.000 12	14	0.000 744
7	0.000 12	15	0.000 024
8	0.000 12		

设导弹的发射方面共有 19 项任务,将各项任务编号为 1～19,图 14.4 为发射方面任务可靠性结构图。

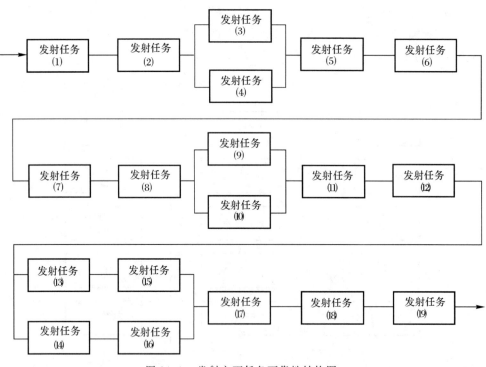

图 14.4 发射方面任务可靠性结构图

根据图 14.4 中发射方面各项任务编号,各项任务的故障率见表 14.2。

第14章 导弹装备的当前可靠性评估

表14.2　发射方面各项任务的故障率

编　号	故障率	编　号	故障率
1	0.000 4	11	0.005 02
2	0.000 04	12	0.001
3	0.01	13	0.000 8
4	0.01	14	0.000 8
5	0.05	15	0.001 001
6	0.001 002	16	0.001 001
7	0.001 002	17	0.004
8	0.001 002	18	0.000 02
9	0.001 002	19	0.000 02
10	0.001 002		

设导弹的轨道方面共有7项任务,将各项任务编号为1～7,图14.5为轨道方面任务可靠性结构图。根据图14.5中的任务编号,轨道方面各项任务故障率见表14.3。

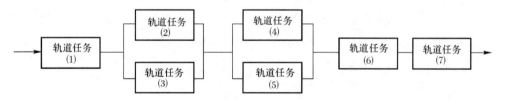

图14.5　轨道方面任务可靠性结构图

表14.3　轨道方面各项任务的故障率

编　号	故障率	编　号	故障率
1	0.000 01	5	0.000 025 2
2	0.000 02	6	0.000 01
3	0.000 02	7	0.000 001
4	0.000 025 2		

根据图14.3～图14.5中的串、并联结构和任务故障率的大小,用可靠性分析技术中的串联和并联系统的可靠性计算方法,即可算得全部导弹发射过程的可靠

度。由于各子系统均假设为指数分布,故在各方面任务可靠性的计算中,凡串联处有

$$R = \prod_{i=1}^{n} e^{-\lambda_{at}} \tag{14.25}$$

式中,$\lambda_{at} = \lambda \alpha k t$ 表示任务故障率;λ 表示基本故障率;α 表示降额因子;k 表示环境因子;t 表示任务时间。

凡并联处有

$$R_T = 2R - R^2 = 2e^{-\lambda_n} - e^{-2\lambda_n}$$

(1) 地面检查方面可靠性 $R_{地}$。

$$R_{地} = \prod_{i=1}^{15} e^{-\lambda_{ti}} = 0.999\ 39$$

(2) 发射方面的可靠性 $R_{发}$。

第一级点火装置 A、B 并联:$R_{点1} = 2e^{-0.01} - e^{-2\times 0.01} = 0.999\ 98$

第二级点火装置 A、B 并联:$R_{点2} = 2e^{-0.010\ 02} - e^{-2\times 0.010\ 02} = 0.999\ 98$

电源 A、B 并联:$R_{电} = 2e^{-0.000\ 8} - e^{-2\times 0.000\ 8} = 0.999\ 99$

通信 A、B 并联:$R_{通} = 2e^{-0.001\ 01} - e^{-2\times 0.001\ 01} = 0.999\ 99$

因此,发射方面的可靠性可得

$$R_{发} = 0.979\ 1$$

(3) 轨道方面的可靠性 $R_{轨}$。

电源 A、B 并联:$R_{电} = 2e^{-0.000\ 02} - e^{-2\times 0.000\ 02} = 0.999\ 99$

通信 A、B 并联:$R_{通} = 2e^{-0.000\ 025\ 2} - e^{-2\times 0.000\ 025\ 2} = 0.999\ 99$

因此,发射方面的可靠性可得

$$R_{轨} = 0.999\ 95$$

(4) 导弹总发射可靠性 $R_{总}$。

$$R_{总} = R_{地}\ R_{发}\ R_{轨} = 0.978\ 4$$

14.5 飞行可靠性评估

导弹按功能分为弹体系统、推进系统、制导控制系统和引战系统等,整体上属于成败型产品,但实际上导弹系统可以区分为一次工作的分系统和重复工作的分系统。弹上一次工作的分系统主要有发动机、战斗部等,它们属于成败型产品,其可靠性参数服从二项分布,导弹可能包括多个二项型分系统。弹上重复工作的分系统主要是弹上电子设备,将弹上所有重复工作的设备看作一个分系统,这个分系统的可靠性参数服从指数分布。这样,导弹可以看作由多个二项型分系统和一个

指数型分系统构成的串联系统。

假设某导弹由4个成败型分系统和1个指数型分系统串联组成,导弹系统的可靠性结构模型如图14.6所示。

图 14.6　导弹的可靠性结构模型

表14.4给出了各组成单元的地面试验信息。

表 14.4　各单元地面试验数据

单　元	分　布	(特征量,试验值)
分系统 1	成败型	(98,0)
分系统 2	成败型	(59,0)
分系统 3	成败型	(56,7)
分系统 4	成败型	(72,3)
分系统 5	指数型	(1,5)

注:对于成败型系统,特征量指的是试验中成功的次数;对于指数型系统,特征量指的是试验中的失效次数。

假设在前阶段的抽样试验中,共发射该型导弹9枚,其中1次失败。现场试验数据为发射5枚导弹,其中1次失败。先验信息有2个来源:一是分系统的地面试验信息,根据先验分布[采用共轭先验分布 Beta(a,b)]公式,可以计算出先验分布 $\pi_i(\theta)(i=1,2,\cdots,m)$,即计算出 $\pi_1(\theta)=\mathrm{Beta}(\theta\mid 65,6)$;另一个信息来源于历史试验数据,其先验分布为 $\pi_2(\theta)=\mathrm{Beta}(\theta\mid 8,1)$。

经典统计方法只考虑现场试验结果,则由参考文献[7]:

$$\sum_{x=0}^{f} C_n^x \theta_L^{n-x}(1-\theta_L)^x = 1-\gamma \tag{14.26}$$

式中,γ 为置信水平;θ_L 为置信下限。若取 $\gamma=0.9$,则有 $\theta_L=0.416\,1$,其可靠性点估计为 $\hat{\theta}=0.8$。但是由于样本太小,导致评估结果过于保守。而不用考虑分系统试验信息的 Bayes 估计,则验后分布为 $\pi(\theta\mid X)=\mathrm{Beta}(\theta\mid 12,2)$,仍取 $\gamma=0.9$,则有 $\theta_L=0.732\,2$,其可靠性的点估计为 $\hat{\theta}=0.833\,3$。

14.6 储存可靠性评估

针对导弹上不同部件在长期储存中、所受影响不同及可修性不同等特点,将弹上部件分为五类。在此基础上,研究给出了该类导弹的储存可靠性物理模型和相应的数学模型,可称作配套系统模型。

导弹通常由若干分系统组成,各分系统又由一系列整机、部件组成。在评估导弹储存可靠性时,常常不可能获得足够的全弹储存信息,利用各分系统、整机和部件的储存信息对全弹的储存可靠性进行评估是必然要碰到的问题。因此,如何利用整机和部件的储存信息,构造导弹储存可靠性评估模型就成为一个十分重要的问题。导弹储存可靠性是指导弹出厂交付作战使用单位,在规定的储存、维护条件下,到规定的储存时间仍能通过鉴定试验的产品检测合格率。这里所指的产品检测合格率是弹上整机通过单元测试、导弹通过综合测试的合格率。其特点是任务时间长,系统大部分时间处于不工作状态,检测是为了确定系统的状态,发现故障及时修复。显然这与已有的一些导弹可靠性评定模型存在着明显的差别。因此需要从导弹的储存可靠性的实际物理模型出发建立相应的数学模型和评估方法。本节在对延长储存期的导弹,开展储存可靠性评估的基础上,研究给出导弹的储存可靠性物理模型和相应的数学模型,可称作配套系统模型,并介绍一种具体计算方法。

一般来说,根据导弹储存可靠性物理模型的特点,一个型号的弹上部件可以分为五类。第一类是长期储存对其可靠性影响不大,可靠性极高的部件;第二类是定期检测,当检测发现有故障时可进行修复或用备件更换的部件,它们平时并不装在弹上,只是在战备需要时才装弹,至于装在哪枚弹上可以根据情况确定;第三类是进行定期检测,当检测发现故障时可进行维修,但它们是始终固定在某一枚导弹上的部件;第四类是性能参数有变化趋势的部件;第五类是储存寿命较短且易于更换的部件,为满足导弹所需的储存可靠度可采取定期更换的措施。

根据以上所述的导弹储存可靠性物理模型,可以确定导弹储存可靠性的数学模型是:先对第一部分和第二部分分别计算,然后再对两部分进行综合。

第一部分由第一类、第三类、第四类和第五类部件可靠性串联组。关于串联系统的可靠性综合,刘春和撰文在对成败型串联系统的六种近似方法,即 MMLI 法、LR 法、AWI 法、WOOD 法、AO 法,以及 L-M 方法进行比较后、认为 L-M 法使用最方便,且更接近于精确解[39]。对指数型串联系统的可靠性综合,他也认为 R 的修正加权算术平均近似置信限及 AO 法可作为一种近似方法。结合实际,发现指数型串联系统的两种近似方法使用不便。例如 AO 法要求系统内各个部件的试验失败次数大于等于1,且系统任务时间是统一的。但在这里,系统内各个部件的任务时间是不同的。因此确定用成败型串联系统的 L-M 方法。

这里简述一下串联系统可靠性综合评估的 L-M 方法。系统由 K 个成败型部件串联而成,记第 i 个部件的试验数据为 (n_i, f_i),n_i 为第 i 个部件的试验次数,f_i 为第 i 个部件的失败次数。则置信水平 γ 的系统可靠度置信下限 R_L 由以下一组公式确定:

$$N = \min_{1 \leqslant i \leqslant k} \{n_i\} \tag{14.27}$$

$$F = N\left[1 - \prod_{i=1}^{K} \frac{n_i - f_i}{n_i}\right] \tag{14.28}$$

$$\sum_{i=0}^{F} \begin{bmatrix} N \\ i \end{bmatrix} R_L^N (1-R_L)^i = 1 - \gamma \tag{14.29}$$

通过式(14.27)和式(14.28)求系统的等效试验数 N 和等效失败数 F 比较容易,通过式(14.29)求置信下限。第二部分是对第二类部件分别计算出各个部件相应任务时间的可靠性,可用指数寿命型数据的可靠性评估方法。计算公式如下:

$$\lambda_\mu = \frac{x_{2r+2,\gamma}^2}{2T} \tag{14.30}$$

$$R = \exp(-\lambda_\mu t_0) \tag{14.31}$$

式中,λ_μ 为失效率上限;T 为总存储时间(年);r 为失效次数;γ 为置信水平;$\chi_{2r+2,\gamma}^2$ 为 χ_{2r+2}^2 分布的下侧分布点;t_0 为任务时间(年);R 为存储可靠度。

通过式(14.30)和式(14.31)计算出各个部件的失效率置信上限及储存可靠度。

导弹储存可靠性的综合即由第一部分和第二部分这两部分的综合,它不同于熟悉的那些典型系统可靠性模型,如串联系统、并联系统、表决系统和贮备系统等,而是一类新的系统,可称作配套系统。由于通过定期检测可以确切知道第一部分及第二部分哪个产品合格,哪个产品不合格,且第二类部件可以配套地装在第一部分上。这就可以做到把合格的第二类部件配套地装在合格的由第一部分组成的弹体上,组成检测合格的导弹。这样导弹储存可靠性的综合即为从这两部分中取可靠性最低者[40-41]。计算公式如下:

$$R_{Ls} = \min(R_{L1}, R_{\rho 1}, R_{\rho 2}, \cdots, R_{\rho m}) \tag{14.32}$$

式中,R_{Ls} 为导弹储存可靠度;R_{L1} 为导弹第一部分储存可靠度;$R_{\rho 1}, R_{\rho 2}, \cdots, R_{\rho m}$ 分别为导弹第二类部件的 m 种部件的储存可靠度。

在这个模型中,第一部分的计算较为复杂,它由四类部件串联组成。其中第一类部件的任务时间是整个储存期,通常有很高的储存可靠性,在设计时已考虑到要万无一失;第三类部件由于通过检测发现故障得到修复,且在储存期内失效率不变,其任务时间为检测周期,所需数据通过检测记录得到;第四类部件是指性能参数有老化趋势的部件,通过理论分析和统计计算给出性能参数随储存时间的变化规律,而同一出厂年度各部件的性能参数值又分别位于预计值左右呈正态分布,这样就可以根据对性能参数的技术要求求出达到任务时间的储存可靠度,然后再转换成所需数据;第五类部件由于定期更换,其任务时间是更换周期,通常它是一个检测周期的整数倍,在确定更换周期时要考虑到保证导弹有足够的储存可靠度,所需数据通过更换时检测记录得到。计算第二部分各个部件的可靠度比较容易,根据分别累计的各个部件总储存时间及失效次数,计算任务时间内的可靠度,对可靠度较低而需要备件的部件,其备件数量可根据满足全弹配套所需计算得到。

14.7 本章小结

本章在研究导弹装备结构的基础上,分析了导弹装备基本可靠性,建立了基于 Bayes 估计的导弹装备当前可靠性评估模型,并针对导弹装备的发射可靠性、飞行可靠性以及储存可靠性分别进行了分析计算,验证了导弹装备当前可靠性评估模型的可信性。

第15章　导弹装备退役综合决策方法

本章在研究导弹装备剩余效能评估模型、当前可靠性评估模型和剩余寿命周期费用估算模型的基础上,运用基于有序加权平均算子(Ordered Weighted Averaging aggregation operator,OWA)的多属性决策方法建立导弹装备退役的综合决策模型,并将该决策模型应用于导弹装备退役决策,以检验该综合决策模型的可靠性和可行性。

15.1 基于有序加权平均算子的导弹武器装备退役综合决策建模

若采用单一的可靠性模型、寿命周期费用模型或效能模型来对导弹装备退役问题进行决策,依据的信息比较片面,可信度不高,因而须进行综合决策。根据本篇前文提出的方法,导弹装备退役决策评价指标可以给出具体的评估测度值,但是导弹装备退役决策评价指标的属性权重信息难以准确给出。因此,本章考虑对于单个决策者的情形,用基于有序加权平均算子的决策方法来进行导弹装备退役综合决策。

15.1.1 有序加权平均算子的定义

设函数 $f_{\text{OWA}}:\mathbf{R}^n \rightarrow \mathbf{R}$,若:$f_{\text{OWA}}(a_1,a_2,\cdots,a_n) = \sum_{j=1}^{n} w_j b_j$,其中 $w = [w_1 \quad w_2 \quad \cdots \quad w_n]$ 是与函数 f_{OWA} 相关联的加权向量,$w_j \in [0,1]$,$j \in N = \{1,2,3,\cdots,n\}$,$\sum_{j=1}^{n} w_j = 1$,且 b_j 是一组数据 $(a_1,a_2,\cdots,a_n)$ 中第 j 大的元素,$\mathbf{R}$ 为实数集,则称函数 f_{OWA} 是有序加权平均算子,简称 OWA 算子。

上述算子的特点是:对数据 $(a_1,a_2,\cdots,a_n)$ 按从大到小的顺序重新进行排序并通过加权集结,而且元素 a_i 与 w_i 没有任何关联,w_i 只与集结过程中的第 i 个位置有关(因此加权向量也称为位置向量)。

15.1.2 基于有序加权平均算子的导弹装备退役多属性决策方法

基于 OWA 算子的导弹装备退役多属性决策方法的具体步骤如下[59-62]:

步骤1：对于 n 套导弹装备的退役决策问题，将第 i 套导弹装备记为方案 x_i ($i=1,2,3,\cdots,n$)，由此构成方案集 $X=\{x_1,x_2,\cdots,x_n\}$，$U=\{u_1,u_2,\cdots,u_m\}$ 为属性集，决策属性权重信息完全未知，对于方案 x_i，按决策属性 u_j 进行测度，得到 x_i 关于 u_j 的属性值 a_{ij}，从而构成决策矩阵 $\boldsymbol{A}_d=(a_{ij})_{n\times m}$，见表15.1。

表 15.1 决策矩阵 $\boldsymbol{A}_d$

	u_1	u_2	$\cdots$	u_m
x_1	a_{11}	a_{12}	$\cdots$	a_{1m}
x_2	a_{21}	a_{22}	$\cdots$	a_{2m}
$\cdots$	$\cdots$	$\cdots$	$\cdots$	$\cdots$
x_n	a_{n1}	a_{n2}	$\cdots$	a_{nm}

属性类型一般分为效益型、成本型、固定型、偏离型、区间型和偏离区间型等。在此，对于导弹装备退役决策来说，其决策属性中的导弹装备的剩余效能、当前可靠性属于效益型，而剩余寿命周期费用属于成本型。成本型属性是指属性值越小越好的属性，效益型属性是指属性值越大越好的属性。设 I_1，I_2 分别为效益型和成本型属性的下标集，则决策矩阵 $\boldsymbol{A}_d$ 经过规范化处理：

$$r_{ij}=\frac{a_{ij}}{\max_i(a_{ij})}, \quad i\in N, \quad j\in I_1 \tag{15.1}$$

$$r_{ij}=\frac{\min_i(a_{ij})}{a_{ij}}, \quad i\in N, \quad j\in I_2 \tag{15.2}$$

$\boldsymbol{A}_d$ 经过规范化处理后可得到规范化矩阵 $\boldsymbol{R}=(r_{ij})_{n\times m}$。

步骤2：利用OWA算子对各方案 x_i ($i=1,2,3,\cdots,n$) 的属性值进行集结，求得其综合属性值 $z_i(w)$ ($i=1,2,3,\cdots,n$)：

$$z_i(w)=f_{\text{OWA}}(r_{i1},r_{i2},\cdots,r_{im})=\sum_{j=1}^m w_j b_{ij} \tag{15.3}$$

其中 $w=\begin{bmatrix}w_1 & w_2 & \cdots & w_m\end{bmatrix}$ 是OWA算子的加权向量（其确定方法见参考文献[62]的1.1节中的定理1.8～1.11），$w_j\geqslant 0$，$j\in M=\{1,2,\cdots,m\}$，$\sum_{j=1}^m w_j=1$，且 b_{ij} 是 r_{il} ($l\in M$) 中的第 j 大的元素。

步骤3：按 $z_i(w)$ ($i=1,2,3,\cdots,n$) 的大小对方案进行排序并择优，以 $z_i(w)$ 的计算值作为导弹装备退役决策值。

15.2 导弹装备退役决策评价指标值计算示例

15.2.1 指标体系的建立

根据第12章的分析可以得知,导弹装备退役决策因素主要体现在导弹装备剩余效能、当前可靠性和剩余寿命周期费用等三个关键因素,而每个因素又由若干评价指标所决定。相应地,评价指标集分为三个层次:第一层,总目标因素集 $u = \{u_1, u_2, u_3\}$;第二层,子目标因素子集 $1: u_1 = \{u_{11}, u_{12}, u_{13}, u_{14}, u_{15}\}$,子目标因素子集 $2: u_2 = \{u_{21}, u_{22}, u_{23}\}$ 和子目标因素子集 $3: u_3 = \{u_{31}, u_{32}, u_{33}, u_{34}\}$;第三层,子目标因素集 $u_{11} = \{u_{111}, u_{112}, u_{113}\}$。因此,导弹装备退役综合决策系统的评价指标体系结构如图 15.1 所示。

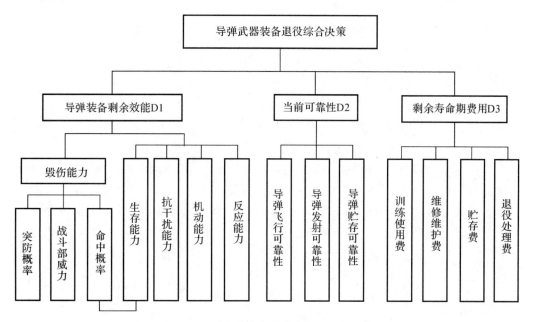

图 15.1 导弹装备退役综合决策指标体系

15.2.2 导弹装备剩余效能评估值计算

在此运用 ADC 模型计算导弹装备的剩余效能评估值,并采用3.3节的方法分别计算导弹装备的可用性、可信性和能力的评估值。设导弹装备中的导弹发射车、导弹发射筒和导弹的平均故障间隔时间 MTBF 分别为 100 h、100 h 和 200 h,三者的平均维修时间 MTTR 均为 1 h,导弹装备的任务工作时间为 1 h。导弹装备在执行发射任务过程中可能处于三种状态:状态一:导弹发射车、导弹发射筒和导弹状态正常;状态二:导弹发射车出现故障且可维修,导弹发射筒和导弹状态正常;状态三:导弹装备不能正常工作。

由 3.3.3 节的方法可得导弹装备的可用性评估值为

$$a_f = \frac{\mu_f}{\mu_f + \lambda_f} + \frac{\lambda_f}{\mu_f + \lambda_f} e^{-(\mu_f + \lambda_f)t} =$$

$$\frac{1/1}{1/1 + 1/100} + \frac{1/100}{1/1 + 1/100} e^{-(1/1 + 1/100) \times 1} = 0.9937$$

$$a_t = e^{-\lambda_t t} = e^{-(1/100) \times 1} = 0.9900$$

$$a_d = e^{-\lambda_d t} = e^{-(1/200) \times 1} = 0.9950$$

$$a_1 = a_f a_t a_d = 0.9937 \times 0.9900 \times 0.9950 = 0.9838$$

$$a_2 = (1 - a_f) a_t a_d = 0.0062$$

$$a_3 = 1 - a_1 - a_2 = 0.0100$$

故导弹装备的可用性矩阵为

$$\boldsymbol{A} = [0.9838 \quad 0.0062 \quad 0.0100]$$

由 3.3.4 节的方法可得导弹装备的可信性矩阵为

$$\boldsymbol{D} = \begin{bmatrix} 0.9236 & 0.5642 & 0.3126 \\ 0.6582 & 0.1637 & 0.1132 \\ 0 & 0 & 0 \end{bmatrix}$$

下面运用 3.3.5 节的神经网络评估方法获得导弹装备的能力向量。

通过专家调查,对于导弹装备的生存能力指标,有 85% 的专家认为好,10% 专家认为一般,3% 专家认为较差,2% 专家认为很差,于是建立导弹装备生存能力指标决策向量 $\bar{\boldsymbol{X}}_2 = [0.85 \quad 0.10 \quad 0.03 \quad 0.02]$。类似地对其余的能力指标参数分别进行评估得到相应的决策向量如下:

$$\bar{\boldsymbol{X}}_3 = [0.80 \quad 0.10 \quad 0.05 \quad 0.05]$$

$$\bar{\boldsymbol{X}}_4 = [0.90 \quad 0.05 \quad 0.03 \quad 0.02]$$

$$\bar{\boldsymbol{X}}_5 = [0.95 \quad 0.03 \quad 0.01 \quad 0.01]$$

由公式 $X_i = \dfrac{\sum\limits_{j=1}^{4} x_{ij}^2 C_j}{\sum\limits_{j=1}^{4} x_{ij}^2}$ 对输入指标参数进行量化处理,式中 $x_{ij}(i=2,3,4,5; j=1,2,3,4)$ 为第 i 个能力指标决策向量的第 j 个分量,C_j 为评估等级为 V_j 时对应表 3.2 中的等级参数的数值。

获得一组神经网络的输入为

$$[X_2 \quad X_3 \quad X_4 \quad X_5] = [0.8947 \quad 0.8901 \quad 0.8980 \quad 0.8995]$$

导弹装备可能的三种状态下分别获得神经网络输出 $\boldsymbol{C} = [c_1 \quad c_2 \quad c_3] =$

[0.963 1 0.036 9 0.0]，此即导弹装备的能力向量。

由此可得导弹装备的剩余效能为

$$E = ADC = [0.983\ 8\quad 0.006\ 2\quad 0.010] \times \begin{bmatrix} 0.923\ 6 & 0.046\ 2 & 0.030\ 2 \\ 0.756\ 0 & 0.204\ 8 & 0.039\ 2 \\ 0 & 0 & 0 \end{bmatrix} \times$$

$$[0.963\ 1, 0.036\ 91, 0.0]^T = 0.881\ 4$$

故导弹装备的剩余效能评估值为 0.881 4。

15.2.3 导弹装备当前可靠性评估值计算

针对导弹装备，采用 Bayes 方法实现对其进行可靠性评估。若将继承因子 ρ 认为是一个确定量，则可以由专家打分给出。但在考虑工程实际问题时，认为继承因子 ρ 不能精确地给出，因此采用分层 Bayes 方法来处理。

根据统计分析，ρ 的概率分布函数可以是均匀分布函数，即 ρ 服从的均匀分布函数 $U(\rho_1, \rho_2)$，并取 $\rho_1 = 0.3, \rho_2 = 0.9$，此时采用分层 Bayes 方法，根据 14.3 节公式 (14.20) 可得

$$\varphi(x) = \ln[C - (C - D)x] \frac{AD - BC}{(C - D)^2} + \frac{A - B}{C - D} x \quad (15.4)$$

其中

$$A = R^{n-f}(1-R)^f = 0.007\ 7$$

$$B = \frac{R^{n-f+a-1}(1-R)^{b+f-1}}{\beta(a,b)} = 0.009\ 5$$

$$C = \beta(n - f + 1, f + 1) = 0.005\ 7$$

$$D = \frac{\beta(n - f + a, b + f)}{\beta(a, b)} = 0.011\ 2$$

根据下式可以求出基于 R 的可靠性评估后验概率密度 $\pi(R \mid D)$：

$$\pi(R \mid D) = \frac{1}{\rho_2 - \rho_1}[\varphi(\rho_2) - \varphi(\rho_1)] \quad (15.5)$$

因此，可以求出导弹装备的当前可靠性评估值 $R_{L,B2} = 0.989\ 2$。

15.2.4 导弹装备剩余寿命周期费用评估值计算

这里选取 8 组导弹装备费用样本数据来进行费用评估分析，考虑到费用的时间因素，这里选择的数据均为同一年的数据。假设根据分析确定导弹装备费用主要与导弹起始质量、战斗部质量、偏差（CEP）和最大射程有关。其中前 7 组作为已有导弹装备的费用样本数据（见表 15.2），称为已有装备；第 8 组作为拟退役导弹装备的样本数据，称为退役装备。利用 4.4.2 节提出的导弹装备费用预测的神经网络模型对拟退役装备进行剩余寿命期费用预测评估，即对其累计成本进行预测

评估,并且与实际值进行比较。

表 15.2 导弹装备费用样本数据

导弹编号	起始质量 kg	战斗部质量 kg	偏差(CEP) m	最大射程 km	导弹成本 亿元	累计成本 亿元
1	×	×	×	×	0.3	1.2
2	×	×	×	×	0.5	1.3
3	×	×	×	×	0.6	1.5
4	×	×	×	×	0.8	1.6
5	×	×	×	×	1	3.2
6	×	×	×	×	1.8	4
7	×	×	×	×	2	4.6
退役装备	×	×	×	×	×	×

基于表 15.2 利用式(4.9)计算拟退役导弹装备的起始质量、战斗部质量、最大速度、最大射程对现有各种型号导弹装备的隶属度,可得表 15.3。

表 15.3 特征因素对各导弹装备的隶属度

导弹编号	起始质量 kg	战斗部质量 kg	偏差(CEP) m	最大射程 km
1	0.466 667	0.000 000	0.022 222	0.000 000
2	0.493 333	0.151 515	0.011 111	0.103 448
3	0.533 333	0.303 03	0.044 444	0.137 931
4	0.000 000	0.454 545	0.088 889	0.051 724
5	0.900 000	0.606 061	1.000 000	0.482 759
6	0.933 333	0.757 576	0.444 444	0.517 241
7	0.973 333	0.878 788	0.111 111	0.827 586
退役装备	1.000 000	1.000 000	0.000 000	1.000 000

将各隶属度值代入式(4.10),计算第 8 种导弹装备与前 7 种导弹装备的贴近度,结果见表 15.4 。

表 15.4 贴近度计算结果

贴近度	1	2	3	4	5	6	7
退役装备	0.709 13	0.684 315	0.720 305	0.812 469	0.837 966	0.847 882	0.950 457

在计算出待评估的拟退役导弹装备与已有导弹装备的贴近度之后,对贴近度由大到小进行排序,可以看到贴近度最大的三种已有导弹装备是 5、6 和 7。选取这三种导弹装备作为估算的基准。

建立 X_1, X_2, X_3, X_4[起始质量、战斗部质量、偏差(CEP)和最大射程]四变量作为输入、费用作为输出的 4 个输入节点、1 个输出节点的 BP 神经网络模型,同时将上面的样本集分成两个样本集:测试样本集、训练样本集。在建模过程中有关参数选取为:学习率 0.95,冲量系数为 0.8,系统误差为 0.003 2。通过多次训练选取 1 个隐层、6 个节点的网络拓扑结构,当样本学习到 7 890 周期时达到系统误差。

将拟退役导弹装备的 X_1, X_2, X_3, X_4[起始质量、战斗部质量、偏差(CEP)和最大射程]四变量值输入费用预测的 BP 神经网络,得到的输出值为 5.016 1。

故拟退役导弹装备的剩余寿命周期费用预测值为 5.016 1。

15.3 导弹装备退役综合决策仿真示例

15.3.1 计算条件

假设对 4 种待退役导弹装备进行退役决策,某一决策者考察了这 4 种导弹装备的剩余效能、当前可靠性和剩余寿命周期费用等三个评价指标即决策属性的情况,并运用 6.2 节的方法对指标值即决策属性的测度值进行评估计算,所得的评估结果见表 15.5。

表 15.5 决策矩阵 A_d

	D_1	D_2	D_3
m_1	0.902 6	0.998 2	6.015 4
m_2	0.781 4	0.989 2	6.557 4
m_3	0.843 5	0.953 7	5.987 5
m_4	0.812 5	0.874 2	5.016 4

15.3.2 仿真计算

步骤 1:由于 D_1、D_2 属于效益型指标,D_3 属于成本型指标,可根据参考文献

[59]中的方法将 A_d 规范化,得到规范化矩阵 R,见表15.6。

表 15.6 规范化后的决策矩阵 R

	D_1	D_2	D_3
m_1	0.865 7	0.875 8	0.917 3
m_2	1.000 0	0.883 7	1.000 0
m_3	0.926 4	0.916 6	0.913 1
m_4	0.961 7	1.000 0	0.765 0

步骤2:利用OWA算子对各方案 $m_i(i=1,2,3,4)$ 的属性值进行集结,求得其综合属性值 $z_i(w)(i=1,2,3,4)$(根据参考文献[62]给出的定理1.10得到 OWA 算子的加权向量 $w=(0.466\ 8, 0.266\ 6, 0.266\ 6)$,这里取 $a=0.2$):

$z_1(w)=\text{OWA}_w(r_{11},r_{12},r_{13})=0.466\ 8\times 0.917\ 3+0.266\ 6\times 0.875\ 8+$
$\qquad 0.266\ 6\times 0.865\ 7=0.892\ 5$

$z_2(w)=\text{OWA}_w(r_{21},r_{22},r_{23})=0.466\ 8\times 1.000\ 0+0.266\ 6\times 1.000\ 0+$
$\qquad 0.266\ 6\times 0.964\ 1=0.990\ 4$

$z_3(w)=\text{OWA}_w(r_{31},r_{32},r_{33})=0.466\ 8\times 0.926\ 4+0.266\ 6\times 0.916\ 6+$
$\qquad 0.266\ 6\times 0.913\ 1=0.920\ 2$

$z_4(w)=\text{OWA}_w(r_{41},r_{42},r_{43})=0.466\ 8\times 1.000\ 0+0.266\ 6\times 0.961\ 7+$
$\qquad 0.266\ 6\times 0.765\ 0=0.927\ 1$

步骤3:以步骤2的计算结果作为对各种导弹装备的退役决策评价值,对所有导弹装备按照退役决策评价值由大到小的次序进行排序,得到退役优先序如下:

$$m_2 > m_4 > m_3 > m_1$$

由此可知,第二种导弹装备应该优先退役。

15.4 本章小结

本章以前面章节提出的模型和方法为基础,结合导弹装备退役实例,对导弹装备的剩余效能、当前可靠性和剩余寿命周期费用进行了评估计算,应用计算结果,建立了基于OWA算子的导弹装备退役决策模型,对导弹装备的退役决策进行了综合评估。仿真结果表明,本章提出的导弹装备退役综合决策方法具有全面、科学、简单和可操作性强等特点。

参 考 文 献

[1] 孙延东.基于模糊聚类分析法的地空导弹武器退役模型[J].空军工程大学学报,2005(3):26-30.
[2] 廖勇,崔超,齐俊杰,等.基于模糊理论的武器装备退役模型构建[J].兵工自动化,2008(2):13-16.
[3] 李廷杰.导弹武器系统的效能及其分析[M].北京:国防工业出版社,2000.
[4] 韩景佣.航空装备寿命周期费用与经济分析[M].北京:国防工业出版社,2008.
[5] 高尚,娄寿春.武器系统效能评估方法综述[J].系统工程理论与实践,1998(8):109-114.
[6] 张杰,唐宏,苏凯,等.效能评估方法研究[M].北京:国防工业出版社,2005.
[7] 潘吉安.可靠性维修性可用性评估手册[M].北京:国防工业出版社,1995.
[8] 李积源.舰船装备经济性分析[M].武汉:海军工程学院出版社,1997.
[9] 毕义明,汪民乐,李景文,等.第二炮兵运筹学[M].北京:军事科学出版社,2005.
[10] 花兴来,刘庆华.装备管理工程[M].北京:国防工业出版社,2002.
[11] 谭东风.高科技武器装备系统概念[M].北京:国防科技大学出版社,2009.
[12] 杨建军.地空导弹武器系统概论[M].北京:国防工业出版社,2006.
[13] 燕广庆,杨建军,赵英俊.地空导弹武器退役的模糊聚类分析[J].军事运筹与系统工程,2002(2):61-64.
[14] 武文军,彭小龙,王鹏宇,等.战术导弹武器装备退役的模糊聚类分析[J].战术导弹技术,2005(3):19-22.
[15] 张志伟.大型复杂装备费用预测有关问题探讨[J].国防技术基础,2008(9):56-59.
[16] 张俊.基于全寿命周期成本(LCC)的变电站建设的决策分析[D].重庆:重庆大学,2007.
[17] 姚德民,李汉玲.系统工程实用教程[M].哈尔滨:哈尔滨工业大学出版社,1996.
[18] 傅家骥,仝允桓.工业技术经济学[M].北京:清华大学出版社,1996.
[19] 李清池,张中元.导弹装备技术经济性分析[M].北京:海潮出版社,2005.
[20] YANG R B, CAI Y W. Study on Effectiveness Analysis for launch Vehicle [J]. Journal of Command and Technology of Equipment,2002(5):50-52.
[21] BROWN K W. Measuring the Effectiveness of Weapon Systems in Terms of Systems Attributes [R]. Naval Post Graduate School, Monterey,

California,1995.

[22] 张最良,李长生,赵文志,等.军事运筹学[M].北京:军事科学出版社,1993.

[23] 张剑.军事装备系统的效能优化与仿真[M].北京:国防工业出版社,1999.

[24] 张廷良.地地弹道式战术导弹效能分析[M].北京:国防工业出版社,2001.

[25] 甄涛.地地导弹武器作战效能评估方法[M].北京:国防工业出版社,2003.

[26] 马俊安.某武器系统效能评估方法研究[D].哈尔滨:哈尔滨工业大学,2008.

[27] 焦李成.神经网络计算[M].西安:西安电子科技大学出版社,1993.

[28] 谢春燕,李为民.地面防空武器系统作战训练效能综合评估研究[J].空军工程大学学报,2003(4):11-16.

[29] 王小艺.一种改进的系统效能评估及其应用分析[J].火力指挥与控制,2007(5):21-26.

[30] 陈学楚.装备系统工程[M].北京:国防工业出版社,1995.

[31] 郭光,王峰,原超.舰空导弹武器系统效能评估模型及其仿真[J].现代防御技术,2008(5):1-5.

[32] 何国为.可靠性工程概论[M].北京:国防工业出版社,1988.

[33] 梅启智.系统可靠性工程基础[M].北京:科学出版社,1987.

[34] 方良海.产品可靠性评估中的多源信息融合技术研究[D].合肥:合肥工业大学,2006.

[35] 谢洪.导弹武器系统可靠性设计[M].北京:国防工业出版社,1992.

[36] ALAIN P, MICHEL G. System Reliability:Evaluation and Prediction in Engineering [M]. London: North Oxford Academic, 1986.

[37] BERGER J. Statistical Decision Theory and Bayesian Analysis[M]. 2nd ed. New York:Springer Verlag, 1985.

[38] COOLEN F P A. On Byesian reliability analysis with informative priors and censoring [J]. Reliability Engineering and System Safety, 1996(1):91-98.

[39] THOMAS A,MAZZUCHI R S. A Bayesian method for assessing product reliability during development testing[J]. IEEE Trans on Reliability, 1993,42(2):161-178.

[40] IRESON W G. Handbook of Reliability Engineering and Management [M]. New York:McGray-Hill Book Company, 1988.

[41] 刘琦,冯静,周经伦,等.类似系统可靠性信息在复杂系统Bayes可靠性评估中的应用[J].航空动力学报,2004,19(1):7-11.

[42] 张士峰.Bayes小子样理论及其在武器系统评估中的运用研究[D].长沙:国防科技大学,2000.

[43] 柴建.系统可靠性评估中的信息融合方法及应用[D].西安:西北工业大

学,2006.

[44] 张士峰,蔡洪. 小子样条件下可靠性试验年信息的融合方法[J]. 国防科技学学报,2004,26(6):25-29.

[45] 章国栋. 系统可靠性与维修性的分析设计[M]. 北京:北京航空航天大学出版社,1990.

[46] 王汉功,甘茂治. 装备全系统全寿命管理[M]. 北京:国防工业出版社,200

[47] 温熙森,匡兴华. 军事装备学导论[M]. 长沙:国防科技大学出版社,2005.

[48] BLANCHARD B S. Logistics engineering management[M]. 5th ed. N York:Prentice Hall,1998.

[49] 马国惠. 军事装备全寿命管理研究[M]. 北京:海潮出版社,1999.

[50] BLANCHARD B S. System engineering and management[M]. N York:John Wile & Sons,1997.

[51] 朱永根. 导弹武器系统全寿命 R&M 管理工程[M]. 北京:国防工业出社,1998.

[52] 张志伟. 大型复杂装备费用预测有关问题探讨[J]. 国防技术基础,2008(56-59.

[53] 刘国庆,陈庆华. 航天装备全寿命费用估算方法初探[J]. 装备指挥技术学学报,2003,(4):11-14.

[54] BERGER J O. Statisticai Decision Theory and Bayesian Analysis[M]. N York:Springer-Verlang,1985.

[55] 陈守煜. 工程模糊集理论与应用[M]. 北京:国防工业出版社,1998.

[56] 胡志根. 基于模糊预测的工程造价估算模型研究[J]. 系统工程理论与实 1997(2):33-38.

[57] 达庆利,刘新旺. 区间数线性规划及其满意解[J]. 系统工程理论与实 1999,19(4):3-7.

[58] 樊治平,张权. 一种不确定性多属性决策模型的改进[J]. 系统工程理论实践,1999,19(12):42-47.

[59] HWANG C L,YOON K. Multiple Attribute Decision Making Applications[M]. New York:Spring-Verlag,1981.

[60] CHEN S M. A New method for evaluating weapon systems using fuzzy theory[J]. IEEE Transactions on System,Man and Cybernetics:Part 1996(2):310-322.

[61] 郭齐胜,董志明. 军事建模与仿真[M]. 北京:国防工业出版社,2007.

[62] 徐泽水. 不确定多属性决策方法及应用[M]. 北京:清华大学出版社,200